《大学》广义

潘麟 著

复旦大学出版社

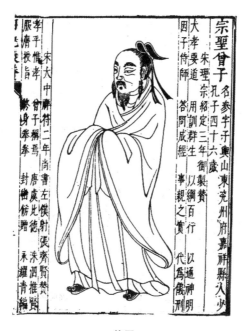

曾子

潘麟

· 目录 ·

《礼记·大学》原文 1

弁言片语 1

《大学》之由来 1

宗圣曾参 7

何谓「大人」 13

为己之学 19

道具三义 21

德性与仁心 34

止于至善 48

物有本末，事有终始 55

大圆满与儒家近道 82

三纲与八目 111

致知格物之小结 154

心性之全体大用 159

壹是皆以修身为本 165

富润屋，德润身 176

克明峻德 192

大畏民志，此谓知本 204

修身在正其心 214

齐家 治国 平天下 219

无以为宝，惟善以为宝 234

附录：新国学宣言 244

后记 270

I

《礼记·大学》原文

大学之道，在明明德，在亲民，在止于至善。知止而后有定，定而后能静，静而后能安，安而后能虑，虑而后能得。物有本末，事有终始。知所先后，则近道矣。

古之欲明明德于天下者，先治其国。欲治其国者，先齐其家。欲齐其家者，先修其身。欲修其身者，先正其心。欲正其心者，先诚其意。欲诚其意者，先致其知。致知在格物。

物格而后知至，知至而后意诚，意诚而后心正，心正而后身修，身修而后家齐，家齐而后国治，国治而后天下平。自天子以至于庶人，壹是皆以修身为本。其本乱而末治者否矣。其所厚者薄，而其所薄者厚，未之有也。此谓知本，此谓知之至也。

所谓诚其意者，毋自欺也。如恶恶臭，如好好色，此之谓自谦。故君子必慎其独也。小人闲居为不善，无所不至。见君子而后厌然，掩其不善而著其善。人之视己，如见其肺肝然，则何益矣！此谓诚於中，形於外。故君子必慎其独也。曾子曰："十目所视，十手所指，其严乎！"富润屋，德润身，心广体胖。故君子必诚其意。

《诗》云:"瞻彼淇奥,菉竹猗猗。有斐君子,如切如磋,如琢如磨。瑟兮僴兮!赫兮咺兮!有斐君子,终不可谖兮。""如切如磋"者,道学也。"如琢如磨"者,自修也。"瑟兮僴兮"者,恂慄也。"赫兮咺兮"者,威仪也。"有斐君子,终不可谖兮"者,道盛德至善,民之不能忘也。

《诗》云:"於戏!前王不忘。"君子贤其贤而亲其亲,小人乐其乐而利其利。此以没世不忘也。

《康诰》曰:"克明德。"《大甲》曰:"顾諟天之明命。"《帝典》曰:"克明峻德。"皆自明也。

汤之《盘铭》曰:"苟日新,日日新,又日新。"《康诰》曰:"作新民。"《诗》曰:"周虽旧邦,其命惟新。"是故君子无所不用其极。

《诗》云:"邦畿千里,惟民所止。"《诗》云:"缗蛮黄鸟,止于丘隅。"子曰:"於止知其所止,可以人而不如鸟乎?"《诗》云:"穆穆文王,于缉熙敬止。"为人君,止于仁。为人臣,止于敬。为人子,止于孝。为人父,止于慈。与国人交,止于信。子曰:"听讼,吾犹人也。必也使无讼乎?"无情者,不得尽其辞,大畏民志。此谓知本。

所谓修身在正其心者,身(应为"心")有所忿懥,则不得其正;有所恐惧,则不得其正;有所好乐,则不得其正;有所忧患,则不得其正。心不在焉,视而不见,听而不闻,食而不知其味。此谓修身在正其心。

所谓齐其家在修其身者,人之其所亲爱而辟焉,之其所贱恶而辟焉，之其所畏敬而辟焉，之其所哀矜而辟焉，之其所敖惰而辟焉。故好而知其恶，恶而知其美者，天下鲜矣。故谚有之曰："人莫知其子之恶。莫知其苗之硕。"此谓身不修，不可以齐其家。

所谓治国必先齐其家者，其家不可教，而能教人者，无之。故君子不出家，而成教于国。

孝者，所以事君也。弟者，所以事长也。慈者，所以使众也。《康诰》曰："如保赤子。"心诚求之，虽不中，不远矣。未有学养子，而后嫁者也。一家仁，一国兴仁，一家让，一国兴让，一人贪戾，一国作乱，其机如此。此谓一言偾事，一人定国。尧舜率天下以仁，而民从之。桀纣率天下以暴，而民从之。其所令反其所好，而民不从。是故君子有诸己，而后求诸人；无诸己，而后非诸人。所藏乎身不恕，而能喻诸人者，未之有也。故治国在齐其家。

《诗》云："桃之夭夭，其叶蓁蓁。之子于归，宜其家人。"宜其家人，而后可以教国人。《诗》云："宜兄宜弟。"宜兄宜弟，而后可以教国人。《诗》云："其仪不忒，正是四国。"其为父子兄弟足法，而后民法之也。此谓治国在齐其家。

所谓平天下在治其国者，上老老，而民兴孝；上长长，而民兴弟；上恤孤，而民不倍。是以君子有絜矩之道也。所恶于上，毋以使下；所恶于下，毋以事上；所恶于前，毋以先后；所恶于后，毋以从前；所恶于右，毋以交于左；所恶于左，毋以交于右。此之谓絜矩之道。

《诗》云："乐只君子，民之父母。"民之所好好之，民之所恶恶之，此之谓民之父母。《诗》云："节彼南山，维石岩岩。赫赫师尹，民具尔瞻。"有国者不可以不慎，辟，则为天下僇矣。

《诗》云："殷之未丧师，克配上帝。仪监于殷，峻命不易。"道得众则得国，失众则失国。是故君子先慎乎德，有德此有人，有人此有土，有土此有财，有财此有用。德者，本也；财者，末也。外本内末，争民施夺。是故财聚则民散，财散则民聚。是故言悖而出者，亦悖而入；货悖而入者，亦悖而出。

《康诰》曰："惟命不于常。"道善则得之，不善则失之矣。《楚书》曰："楚国无以为宝，惟善以为宝。"舅犯曰："亡人无以为宝，仁亲以为宝。"《秦誓》曰："若有一介臣，断断兮，无他技，其心休休焉，其如有容焉。人之有技，若己有之，人之彦圣，其心好之，不啻若自其口出，寔能容之，以能保我子孙黎民，尚亦有利哉！人之有技，媢疾以恶之，人之彦圣，而违之俾不通，寔不能容，以不能保我子孙黎民，亦曰殆哉！"

唯仁人放流之，迸诸四夷，不与同中国。此谓唯仁人，为能爱人，能恶人。见贤而不能举，举而不能先，命也；见不善而不能退，退而不能远，过也。好人之所恶，恶人之所好，是谓拂人之性，菑必逮夫身。是故君子有大道，必忠信以得之，骄泰以失之。

生财有大道：生之者众，食之者寡；为之者疾，用之者舒，则财恒足矣。仁者以财发身，不仁者以身发财。未有上好仁，而下不好义者也；未有好义，其事不终者也；未有府库财，非其财者也。孟献子曰："畜马乘，不察於鸡豚；伐冰之家，不畜牛羊；百乘之家，不畜聚敛之臣，与其有聚敛之臣，宁有盗臣。"此谓国不以利为利，以义为利也。长国家而务财用者，必自小人矣。彼为善之，小人之使为国家，菑害并至，虽有善者，亦无如之何矣。此谓国不以利为利，以义为利也。

弁言片语

余少年向学，根器不敏。其时举国贫困，余家尤甚。以至于卖血换钱以购书，故倍感学路之艰辛。初徜徉于佛老与文史哲等凡二十有年，终觉此身无归，此心难安。其间数度经历天崩地塌式的精神危机，幸有圣贤荫佑，每每得以涅槃重生。虽于20岁前已接触儒学，那时年少轻浮，学力太浅，见地不足，于此学不能感应道交，不能欣赏其宫庭之富丽、道德之庄严。自经历更多生活之曲折、人生之沉浮后，复玩味于仁义良知之教，忽然间情有所动，心有感通，方知华夏智慧，一脉千古，朴实无华而又微妙深远。遂涵养此学于日日夜夜，参悟性理于事事物物，不觉间十数春秋恍惚而过。

久欲为此学进献点滴绵力，以报圣贤教化之恩，以报国土养育之德，故不避孤陋，发愤著此《〈大学〉广义》。值此时代巨变、举世彷徨之际，以期张扬此圣学于当世及未来，企求薪火相传，为民族指示方向，为人生指示归途。若如是，吾心得安，吾愿足矣。

《大学》之由来

有"儒家《圣经》"或"中国《圣经》"之称的《大学》，本是《小戴礼记》中的第四十二篇。东汉郑玄注《礼记》时一并作注，唐孔颖达作《礼记正义》也一并作疏。至宋代，仁宗天圣五年（1027）八月，以《大学》赐新第进士王拱辰。后来，登第者皆赐以《儒行》《中庸》《大学》等篇。不久，司马光著有《大学广义》一卷，是为《大学》别出单行之始。至二程兄弟（程颢1032—1085、程颐1033—1107），表彰《大学》《中庸》二篇，以为《大学》是"孔氏之遗书，而初学入德之门也。于今可见古人为学次第者，独赖此篇之存，而《论》《孟》次之。学者必由是而学焉，则庶乎其不差矣"。宋南渡之后，朱熹（1130—1200）于孝宗淳熙时，撰《大学章句》，与《中庸章句》《论语集注》《孟子集注》并行。元仁宗皇庆二年（1313），朱子所撰《大学章句》被定为科举考试官方教材，一直沿袭到清代，《大学》遂成为士人应举之必读书。

《礼记》是战国至秦汉年间儒家学者解释说明经书《仪礼》

的文章选集,是一部儒家思想资料的汇编。《礼记》的作者不止一人,写作时间也有先有后,其中多数篇章可能是孔子(前551—前479)的七十二弟子及其学生们的著作,还兼收先秦的其他典籍。

《礼记》是中国古代一部重要的典章制度书籍。汉代把孔子编定的典籍称为"经",其弟子们对"经"的各种解说和诠释,则统称为"传"或"记",《礼记》因此得名,即对"礼"的解释。

先秦流传下来的《礼记》共有131篇。西汉礼学家戴德和他的侄子戴圣对《礼记》进行了重新选编。戴德选编的85篇版本,叫做《大戴礼记》,在后来的流传过程中若断若续,到唐代只剩下了39篇。戴圣选编的49篇版本,叫做《小戴礼记》,即我们今天见到的《礼记》。这两种版本各有侧重和取舍,各有特色。东汉末年,著名学者郑玄为《小戴礼记》做了出色的注解,后来这个本子便盛行不衰,并由解说经文的著作逐渐成为经典,到唐代被列为"九经"之一,到宋代被列入儒家"十三经"之中,成为古代士人必读之书。

《礼记》的内容主要是记载和论述先秦的礼制、礼仪,解释《仪礼》,记录孔子和弟子间的问答,记述修身为学的准则。实际上,这部九万字左右的著作内容广博,门类杂多,涉及政治、法律、道德、哲学、历史、祭祀、文艺、历法、地理、日常生活等诸多方面,几乎包罗万象,集中体现了先秦儒家的政治、哲学和伦理思想,是研究先秦社会的重要资料。

北宋程颢、程颐兄弟在数十年的讲学中,时常引用或讲说《大学》,赞其为"入德之门",并对《大学》语句次序,进行了多处调整和重新编辑。南宋朱熹在二程改编的基础上继续加工，将《大学》《中庸》《论语》《孟子》合编在一起，称为《四书》，并分别注释之，名之为《四书章句集注》，简称《四书集注》。

从成篇直到北宋儒学复兴之前的千余年间，《大学》作为《礼记》中的一篇，并未受到特别的重视。此间虽有郑玄为之作注，孔颖达为之作疏，却都是并《礼记》而行。降乎中唐，韩愈（768—824）鉴于佛、老二家"欲治其心而外天下国家，灭其天常；子焉而不父其父，臣焉而不君其君，民焉而不事其事"以及"老者曰：'孔子，吾师之弟子也。'佛者曰：'孔子，吾师之弟子也。'为孔子者，习闻其说，乐其诞而自小也，亦曰：'吾师亦尝师之云尔。'不惟举之于其口，而又笔之于其书。噫！后之人，虽欲闻仁义道德之说，其孰从而求之"之现状，愤而著《原道》一篇，于其篇中着重引述《大学》"古之欲明明德于天下者，先治其国；欲治其国者，先齐其家；欲齐其家者，先修其身；欲修其身者，先正其心；欲正其心者，先诚其意"一段，以《大学》所秉承的尧、舜、禹、汤、文、武、周、孔、孟等古来圣贤"一以贯之"之仁义之道，阐述其"吾所谓道德云者，合仁与义言之也，天下之公言也。老子之所谓道德云者，去仁与义言之也，一人之私言也"，据以批判佛、老的"一人之私言"。自韩愈著《原道》引用《大学》语句后，《大学》遂渐为天下学者所重。

南宋宁宗嘉定五年（1212），朱熹的代表作《四书集注》中的《论语集注》和《孟子集注》被正式列入学官，作为法定的教科书。理宗于宝庆三年（1227）下诏盛赞《四书集注》"有补治道"。宋以后，元、明、清三朝都以《四书集注》为官学教科书和科举考试的标准答案，《四书集注》被历代统治者抬举到了无以复加的高度。

其后，宋元明清通儒硕学，几乎鲜有不对《大学》加以阐发者。诸代《艺文志》以及《四库全书总目》著录《大学》专门著述达60余种，而以"四书"为名论及《大学》的著作尚不知凡几。因此可以说，《大学》乃是由宋迄清900年间最为流行的经典之一。而在所有依《大学》立论的著述中，对社会思想发生最为重大和深远影响的，当首推朱熹的《大学章句》，其次便是王守仁（号阳明，1472—1529）的《大学古本旁注》。

在《大学章句》中，朱熹遵从二程观点，认为《礼记》中的《大学》一篇（即后来王阳明所谓"大学古本"）有问题："河南程氏两夫子出，而有以接乎孟氏之传，实始尊信此篇而表章之，既又为之次其简编，发其归趣，然后古者大学教人之法、圣经贤传之指，粲然复明于世。虽以熹之不敏，亦幸私淑而与有闻焉。顾其为书犹颇放失，是以忘其固陋，采而辑之，间亦窃附己意，补其阙略，以俟后之君子。极知僭逾，无所逃罪，然于国家化民成俗之义、学者修己治人之方，则未必无小补云。"（朱子《〈大学章句〉序》）所谓"采而辑之，间亦窃附己意，补其阙略"者，除了将古本"在亲民"之"亲"改为"新"，"身有所忿懥"之"身"改为"心"之外，最主要地是将古本分为"经"一章，"传"十章，并按"经"之"明明德""新民""止于至善""本末""格物致知""诚意""正心修身""修身齐家""齐家治国"

"治国平天下"的论说次序,对"传"文直接进行了调整。所谓"补其阙略",则是在"传"之第五章下,以"按语"形式补入一段曰:"所谓致知在格物者,言欲致吾之知,在即物而穷其理也。盖人心之灵莫不有知,而天下之物莫不有理,惟于理有未穷,故其知有不尽也。是以《大学》始教,必使学者即凡天下之物,莫不因其已知之理而益穷之,以求至乎其极。至于用力之久,而一旦豁然贯通焉,则众物之表里精粗无不到,而吾心之全体大用无不明矣。此谓物格,此谓知之致也。"

在朱熹《大学章句》大行天下的氛围中,明代王阳明起而对之提出了异议。他批评朱熹对《大学》旧本的调整是"合之以敬而益缀,补之以传而益离",认为"旧本析而圣人之义亡矣",因而"吾惧学之日远于至善也,去分章而复旧本,傍为之什,以引其义,庶几复见圣人之心,而求之者有其要"(《〈大学古本〉序》)。王阳明这种"悉以旧本为正"的做法,甚至连其亲密弟子都"始闻而骇"。究其实质,王阳明是基于"圣人之道,吾性自足,不假外求"的"格物致知之旨"(《明儒学案·姚江学案》),标举"《大学》之要,诚意而已",以反对程朱之格物求理、由外及内的工夫进路。王阳明所谓"格物致知之旨",即"致吾心之良知于事事物物也。……致吾心之良知者,致知也。事事物物皆得其理者,格物也"(《传习录·答顾东桥书》)。这也就是专一用力于内以求本心之诚,进而将本心之诚显发推扩于外的工夫进路。自王阳明大力提倡古本《大学》并为之倾力作序与注释之后,古本《大学》同样在士林之中得到广泛重视,成为继朱熹《大学章句》之后,又一部影响深远的《大学》版本,即《大学古本》。相对《大学古本》，朱熹所编辑的版本则称之为《大学新本》或《大学今本》。本次我们讲解《大学》，取王阳明之见，以《礼记》中《大学》原文（即阳明所谓之"古本"）为准，不取朱熹"窃附己意，补其阙略"之《大学新本》。

宗圣曾参

关于《大学》的作者，程颢、程颐认为是"孔氏之遗言也"。朱熹把《大学》重新编排整理，分为"经"一章，"传"十章，认为"经一章盖孔子之言，而曾子述之；其传十章，则曾子之意而门人记之也"。就是说，"经"是孔子的原话，曾子只是将其忠实地记录下来；"传"文部分是曾了解释"经"文的话，为曾子所说并由曾子的弟子们记录下来。自《大学》成篇以来，曾子一直被认为是其作者，至少被认为是其主要作者。

曾子（前505—前435），姓曾（zēng），名参（shēn），字子舆，春秋末年生于鲁国东鲁（今山东省平邑县），后移居鲁国武城（今山东省嘉祥县）。16岁拜孔子为师，勤奋好学，颇得孔子真传。积极推行儒家主张，传播儒家思想。他的"修齐治平"的政治观，"省身""慎独"的修养观，"以孝为本"的孝道观等影响了中国两千多年。除《大学》一书外，儒家另一部重要经典《孝经》亦归为其名下。曾子为先秦儒门五圣之一，后世儒家尊他为"宗圣"。（另四圣为：孔子"至圣"，颜回"复圣"，子思

"述圣",孟子"亚圣"。)

曾参之父名曾点,字子皙,亦称曾晳,生卒年月不详,为孔门弟子七十二贤之一。曾点对子女教育之严堪称第一。据《孔子家语》载,有一次,曾点叫曾参去瓜地锄草,曾参不小心将一棵瓜苗锄掉。曾点认为其子用心不专,便用棍子责打曾参。由于出手太重,将曾参打昏。当曾参苏醒后,立即退到一边"鼓琴而歌",以此告诉父亲,作为儿子的他并没有因为被误打而怨忿不平。孔子知道此事后说:"小杖则受,大杖则走。今参委身待暴怒,以陷父不义,安得孝乎?"参曰:"参罪大矣!"——孔子说:"如果父母不是很严重的责打,做子女的承受即可。如果此时父母处于盛怒之下,出手难免过重,这样很可能将子女打伤残,待父母气消之时,必然后悔莫及。你这不是孝,而是陷父于不义之中。"(曾点那时已处于盛怒之下,而曾参并没有溜走,任其责打直至休克为止。)曾参听到孔子这一番教导后说:"(我以为任由父母责打就是所谓的孝啊!)看来是我理解错了。"

据《论语·先进篇》载,曾点和子路、冉有、公西华侍坐于孔子旁谈论各自的志趣,当孔子问曾点:"点,尔何如?"曾点鼓瑟希,铿尔,舍瑟而作,对曰:"异乎三子者之撰。"子曰:"何伤乎?亦各言其志也。"曰:"莫春者,春服既成,冠者五六人,童子六七人,浴乎沂,风乎舞雩,咏而归。"夫子喟然叹曰:"吾与点也。"(孔子问:"曾点,你的人生志趣是怎样的呢?"正在弹瑟且近尾声的曾点"铿"的一声将瑟放下,站起来答道:"我和他们三位所言志趣不同。"孔子说:"那有什么关系呢?也就是各人讲自己的志向而已。"曾点道:"暮春三月,穿上春天的衣服,我和五六位成年人、六七个少年，去沂河里洗洗澡，在舞雩台上吹吹风，再一路唱着小曲走回来。"孔子听后喟然长叹一声说："我的志趣与曾皙不谋而合呀。"）

鲁国大夫季武子（春秋时鲁国正卿，若今日之国家总理）去世了，曾点前去吊唁，"倚其门而歌"，故被称为"鲁之狂士"。但其狂狷之状受到了孟子的赞美："狂者进取，狷者有所不为也。"——不是谁都有资格被称为"狂狷之士"的，他除了于人生中积极进取之外，还要有足够的智慧与德行，明白何事当为，何事不当为。

有这样一位狂狷之士的父亲才能调教出如此出色的儿子。曾点教子，一直以来被作为教子有方之典范，与"孟母三迁"的故事一样，被后人所传诵。

曾子小孔子46岁。孔子去世后，曾参始聚徒讲学，有不少弟子。曾子终生汲汲于讲授孔子思想，并身体力行之，对先秦儒家学说有颇多丰富与创造。相传他就是儒家子思、孟子一派（史称"思孟学派"）的创始人。

其上承孔子道统，下开思孟学派，曾参在孔门弟子的地位原本不太高，其于儒家思想史上以及中国思想史上崇高的学术地位，在唐、宋以后才为一些人所逐步承认。唐玄宗时追封其为"伯"。中唐以后，随着孟子地位的上升，曾参的地位也随之步步高升。北宋徽宗时加封为"武城侯"，南宋度宗时加封为"国公"，元代的至顺元年时加封为"宗圣公"，到明代世宗时改称为"宗圣"。

曾子简谱

鲁定公五年（前505）十月十二日，曾参生于鲁国南武城。是年孔子47岁，少孔子46岁。

鲁哀公元年（前494）曾参12岁。常随父学《诗》《书》，有"伏案苦读"之说。

鲁哀公三年（前492）曾参14岁。"躬耕于泰山之下，遇大雨雪旬日不得归，因思父母，而作梁山之歌。"（《淮南子》）

鲁哀公五年（前490）曾参16岁。奉父命至楚，从学孔子。

鲁哀公七年（前488）曾参18岁。随孔子离楚去卫。

鲁哀公十一年（前484）曾参22岁。随孔子自卫返鲁。《孔子家语》记，他"敝衣而耕，常日不举火"。鲁国君要赠其"食邑"（中国古代诸侯封赐所属卿、大夫作为世禄的田邑。又称采邑、采地、封地。因古代中国之卿、大夫世代以采邑为食禄，故称为食邑），曾参辞而不受。

鲁哀公十三年（前482）曾参24岁。孔子的高才弟子颜回病故，曾参遂成为孔子学说的主要继承人。

鲁哀公十五年（前480）曾参26岁。孔子呼而告之，曰："参乎，吾道一以贯之。"曾子曰："唯。"子出，门人问曰："何谓也？"曾子曰："夫子之道，忠恕而已矣！"（《论语·里仁篇》）

鲁哀公十六年（前479）曾参27岁。是年，孔子卒，终年73岁。曾参若父丧，守孔子墓。孔子临终将其孙子子思托孤于曾参，令曾参将所受之学传授于子思。

鲁哀公十九年（前476）曾参30岁。三年守墓过后，"子夏、子张、子游以有若似圣人，欲以所事孔子事之，强曾子。曾子Ａ：'不可。江、汉以濯之，秋阳以暴之，皓皓乎不可尚已！'"（《孟子·滕文公上》）（孔门弟子子夏、子游、子张认为有一个师兄弟——有若，他的面貌与恩师孔子很是相似，就想把有若当孔子来侍奉，逼着曾参同意。曾参拒绝说："不可。老师的德行如江水般清澈，如秋阳般高洁，怎能仅凭外貌的相似呢？"）

鲁哀公二十年（前475）曾参31岁。父病故时，曾参"泪如涌泉，水浆不入口者七日"，以后"每读丧礼则泣下沾襟"（《礼记》）。

鲁哀公二十七年（前468）曾参38岁。武城大夫聘曾参为宾师，设教于武城（今山东平邑城南40公里曾子山下）。

鲁悼公元年（前466）曾参40岁。离鲁去卫。

鲁悼公十一年（前456）曾参50岁。时齐聘以相，楚迎以令尹，晋迎以上卿，曾子皆不应命。

鲁悼公二十一年（前446）曾参60岁。与子夏、段干木等设教于西河一带。

鲁悼公三十一年（前436）曾参70岁。是年，曾参有疾卧床，把弟子叫到跟前说："启予足，启予手。《诗》云：'战战兢兢，如临深渊，如履薄冰。'而今而后，吾知免夫，小子。"（"你们掀开被子，看看我的脚和手，都保全得很好吧！我一生正如《诗经》所说：'战战兢兢，如临深渊，如履薄冰。'小心谨慎，以保其身。从今以后，我知道身体能够免于毁伤了。弟子们，要记住啊！"）

鲁悼公三十二年（前435）曾参71岁。曾子寝疾，病。乐正子春坐于床下,曾元、曾申坐于足,童子隅坐而执烛。童子曰:"华而睆大夫之箦与?"子春曰:"止!"曾子闻之,瞿然曰:"呼!"曰:"华而睆,大夫之箦与?"曾子曰:"然斯季孙之赐也,我未之能易也。元起易箦。"曾元曰:"夫子之病革矣!不可以变。幸而至于旦,请敬易之!"曾子曰:"尔之爱我也,不如彼。君子之爱人也以德,细人之爱人也以姑息。吾何求哉?吾得正而毙焉,斯已矣!"举扶而易之,反席未安而没(《礼记·檀弓上》)。

(曾子卧病,病得很重。乐正子春坐在床下,曾元、曾申坐在脚旁,童儿坐在墙角,端着蜡烛。童儿说:"好漂亮光滑的席子,是大夫用的垫席吧?"子春说:"不要作声!"曾子听到了,猛然惊醒,吁了一口气。童儿又说:"好漂亮光滑的席子,是大夫用的垫席吧?"曾子说:"是的。这是季孙氏的礼物,我没能换掉它。元儿,扶起我换掉它。"曾元说:"老人家的病很危急了,不能够移动。希望待到早晨,再允许我恭敬地换掉它。"曾子说:"你爱我还不如那个童儿。君子爱人靠的是德行,小人爱人靠的是姑息迁就。我还有什么要求呢?我能够按照规矩而死就罢了。"大家抬起曾子,帮他换掉席子。等放回到席子上时,还没有放平稳就断气了。)

曾子在临去世时,心智仍然高度清醒,生死能够自主,来去能够自由。这从一个侧面反映出曾子一生之修为已达圆满与成熟之境——因为在生死面前,最能反映出一个人平素之行持与造诣。

何谓"大人"

大学之道

程子曰:"如读《论语》,未读时是此等人,读了后又只是此等人,便是不曾读。"此处程子即二程之弟——程颐。程子谈读《论语》需如此,我们今日学习《大学》《中庸》等儒家经典,何尝不需如此!

盖儒家之学,以及中国和印度在内的整个东方传统学术,无不始终紧扣着"实践"而为学。故东方文化是人生实践之学,是心性实践之学,是圣贤实践之学(即内圣之学),是智慧实践之学,其学可一言以蔽之:皆为生命实践之学,简称为"生命学"。

所谓"生命学",它是探索生命真相、转化身心素质、掌握生命智慧的一门学问。包括中国和印度在内的东方文化,因其始终紧扣生命探索和生命实践而为学,故我们将东方文化定义为"生命的文化",将东方的学问定义为"生命的学问"。具言之,生命学即是"探索作为意识存在的生命之真相,并通过不同方式

（实践的路径）回归生命本身而获得人生终极圆满的一门科学"。

"作为意识存在的生命"一语中的"意识"与"生命"为同义语。在生命学中，生命即意识之义，意识即生命之义。生命与意识在生命学中，及在东方文化中随时可以互用。不仅生命与意识二词为同义，在正统儒家思想中，"天""道""体""仁""心""性""理"等，皆为生命之别名，这些词语或指生命之体，或指生命之相，或指生命之用，或兼备体、相、用三义。

近来也有统称西方科学中的脑科学、神经科学、生物学、生理学、解剖学、遗传学等为生命科学的说法。严格而言，这些学科只应称之为"生命体科学"或"生物体科学"，而不应称"生命科学"。依我们东方文化中对"生命"一词之理解和界定，生命是一个超越而本体的概念，它是一个意识性的、主体性的存在。对于超越而本体、意识性和主体性的存在，古人有"天""道""体""仁""心""性""理"等种种之异称。尽管儒、佛、道诸家之思想形态各异，实践与体证入路多端，但其讲学运思，皆不离"心性"二字则同也。因"心""性"二字为生命之别名，故东方诸学皆可称之为"生命科学"则无疑问。如是，我们可以说，真正的生命科学在东方，而西方的"生命体科学（Bioscience）"群则仍属于自然科学范畴。

如是，人类基本的科学系统可分为三类：建立在人对自然界认识之上的科学，称之为"自然科学（Natural Science）"；建立在人对社会认识之上的科学，称之为"社会科学（Social Science）"；建立在人对自己认识之上的科学，则称之为"生命科学（Life Science or Lifeology）"。现代意义上的自然科学和社会科学,起源和发展于西方,传统意义上的生命科学则一直是东方文明的核心价值之所在。

千百年来,我们只是将儒学(包括佛学和道学等在内)视之为一门哲学思想体系,或视之为一门伦理思想体系,再或视之为一门宗教信仰体系。殊不知,它们是经历了数千年历史发展十分精深的生命科学体系。

近一两百年来,西方文化强烈影响着东方人的价值观。因西方人不能理解和契合东方文化,不知其价值与精蕴所在何是,故不承认我们东方文化中具有体系完备且高度成熟的科学,因而十分粗暴地断言:东方无科学,他们有的只是一堆让西方人感到莫名其妙的鬼神崇拜和散乱的哲理格言而已。

由于受到西方价值观的严重影响与左右,我们自己也于不自觉间持同样的认识了。如是,于我们眼中,包括儒家在内的东方诸学体系只是一个哲学思想系统、一个伦理道德系统,而无人将其视作一个有着数千年发展史的完备而严谨的科学体系——生命科学体系。相比较西方自然科学和社会科学而言,隐含在东方诸学术流派中的生命科学,无论其义理之完备,验证之严谨,内含之富博,还是其对人类在认识真理之方式、实现终极解放之实践上,皆有着无可取代、难以称量的意义!

《大学》作为儒家以及整个东方文化中最为重要的经典之一,毫无疑问,它是一部典型的生命学著作——指示终极生命之真相、生命实践之方法与次第的一门学问著作。在我们看来,《大学》不是一般的著作,它是一部中国古圣贤生命实践后的心得报告之书,是生命到达圣贤之地后对其境界的真实描述之书。《大学》又可细分为生命哲学和生命实践两部分。将其细分为哲学和实践两部分，只是一时行文之方便。在正统儒家，哲学思想（又名义理或知识）与生命实践（又名践履或工夫）是鸟之双翼、车之双轮，不可须臾离也。明代王阳明将其概括为"知行合一"，并对此有精到的阐发："知之真切笃实处，即是行；行之明觉精察处，即是知。知行工夫，本不可离，只为后世学者分作两截用功。……真知即所以为行，不行不足谓之知。"（王阳明《传习录》）

何谓"大学"？朱子对此有一个解说："人生八岁，则自王公以下，至于庶人之子弟，皆入小学，而教之以洒扫、应对、进退之节，礼乐、射御、书数之文；及其十有五年，则自天子之元子、众子，以至公、卿、大夫、元士之適子，与凡民之俊秀，皆入大学，而教之以穷理、正心、修己、治人之道。"（《〈大学章句〉序》）

朱子对"大学（大人之学）"是从外在的、年龄的角度来解释的。把"大人"理解为岁月上（生理上）长大了的人，其说不可谓错，但可谓偏。上溯孔孟，下及北宋五子（周敦颐、邵雍、张载、程颢、程颐），儒家千古论学，皆起于内圣而复归于内圣，紧扣内在的心性而为学，故皆为生命之学。朱子如此解"大人"一词，外在的、后天的意味重，而本体的、心性的、生命的意味则隐没。

"大人"一词最早见于《诗经·小雅·斯干》"大人占之"。此处"大人"即太卜，太卜是周代执掌占卜的官员。这是有文字记载的"大人"一词之始。其次"大人"一词出现于《易经》之乾卦的爻辞中"九二，见龙在田，利见大人"（《易经·乾卦》）。此处"大人"一词已不是指具体某官职，而是指品德和智慧之杰出者。

到了战国时期，孟子从心性上指示何以为"大人"。"公都子问曰：'钧（同均）是人也，或为大人，或为小人，何也？'孟子曰：'从其大体为大人，从其小体为小人。'曰：'钧是人也，或从其大体，或从其小体，何也？'（孟子）曰：'耳目之官不思，而蔽于物。物交物，则引之而已矣。心之官则思，思则得之，不思则不得也。此天之所与我者。先立乎其大者，则其小者不能夺也。此为大人而已矣'。"（《孟子·告子上》）

孟子此处论"大人"，非从年龄上（生理上）立论，而直承心性上指示。其论与"大人"相对之"小人"，也是从儒门心性上揭示"从其小体为小人"，"蔽于物"，溺于"耳目之官"为小人，非谓其年岁之小也。孟子论"大人"，乃直承相传为孔子所作的《乾·文言》"夫大人者，与天地合其德，与日月合其明，与四时合其序，与鬼神合其吉凶。先天而天弗违，后天而奉天时。天且弗违，而况于人乎？况于鬼神乎"而来。

诚如唐代韩愈所言："斯吾所谓道也，非向所谓老与佛之道也。尧以是传之舜，舜以是传之禹，禹以是传之汤，汤以是传之文武周公，文武周公传之孔子，孔子传之孟轲；轲之死，不得其传焉。"（《原道》）尧、舜、禹、汤、文、武、周公、孔、孟，诸圣递相传授者何道也？乃仁义之道也，心性之学也。此仁义之道，此心性之学，"轲之死，不得其传焉"。直到千载后宋明诸大儒出，此学方得以复明于世。

王阳明集儒门心性之学于大成，其对儒家千古一贯之圣学（即心性之学，吾辈则谓之为儒家生命学）的理解与体会，直接上承思、孟，兼括儒门诸子。其解"大人"一词，有独到之证悟与心得："大人者，以天地万物为一体者也。其视天下犹一家，中国犹一人焉。若夫间形骸而分尔我者，小人矣。大人之能以天地万物为一体也，非意之也，其心之仁本若是，其与天地万物而为一也。岂惟大人，虽小人之心亦莫不然，彼顾自小之耳。"（《大学问》）

如此解"大人"一词，饱满精透，彻上彻下，紧握儒门千载一贯之圣脉，阳明不愧为"儒家之殿军"也。先生如此解"大人"，十分相应于孟子，直承孟子之义而为言，且将意思更推进了一层，论说得更为明白晓畅。

除"大人"一词外，还有"君子"一词。在儒家，大人和君子可以互用。在孔子，喜用"君子"，在曾参、孟子，则喜用"大人"一词。"大人"与"君子"其旨义虽一，俱在描述圣贤生命的品质与境界，然其表述角度各有偏重："君子"一词，重在表示圣贤生命中温柔敦厚的特性；"大人"一词，重在突出圣贤生命中广大高远的一面。

为己之学

既然大学之道中的"大学"是指"大人之学","大人之学"盖有两义:其一义指,一门关于如何成长为大人的学问;另一义指,已经晋身大人之列的圣贤君子如何为学耶,所向何学耶。

孔子曰:"古之学者为己,今之学者为人。"(《论语·宪问篇》)将此语译为现代白话即是:古代(孔子之前的时代)学者们,其学习目的在于认识自己(即明白生命之真相及人生的意义与价值所在),修养自己(通过涵养心性本有之德——仁义,渐次化除小我与气质之偏杂,而使生命越来越充实,人格越来越光辉),以至完善自己(修养日久,则达生命圆熟饱满,与天地同流,证成大而化之之圣境)。但可叹的是,现在学者(孔子指与其并世者)从学之目的,却是将千古圣贤之学用来装饰自己门面,以利夸耀于人。如此,则有"为己之学"与"为人之学"之分。

将所学配合于自家身心生命之中而时刻体证之,实践之,涵养之,消融之,通化之,此之谓"为己之学"。

若将所学仅看作思想之余绪、记忆之资粮,以粉饰自己,傲视于人，此之谓"为人之学"。

将学习视之为转化自己（身心内种种习气与偏杂，在时刻反躬自省中——超越和化除之）、充实自己（通过切实修养，将圣贤的指示与教导——落实于身心生命中，使我们的人格越来越充实，生命格局越来越宏廓）、圆满自己（通过切实的修养工夫，最终达成恢复人人本俱之良知天性，也即实现后天返还先天。对内成就觉悟解脱，儒门谓之"成仁"或"成圣"，对外成就盛德伟业。庄生称其为"内圣外王"）所必尽之义务，视之为与生俱来的使命与责任，此之谓"为己之学"。

将学习仅视作知识之积累，仅视作耳目之记诵，仅视作社会阶位晋升之需，仅视作与己并无关联且外在于身心生命之事，此之谓"为人之学"。

肯认"万物皆备于我。反身而诚，乐莫大焉"（《孟子·尽心上》），"己之心，无异圣人之心，万善皆备。故欲传尧舜以来之道，扩充是心焉耳"（程颢语），"宇宙即是吾心，吾心即是宇宙"（《陆九渊集·杂说》），"知圣人之道，吾性自足，向之求理于事物者误也"（王阳明语），此圣学不在心性（生命）之外，且勤加修养之，则为"为己之学"；反之，则为"为人之学"。

佛陀说："心内求法，是为正道。心外求法，是为外道。""心内求法"者，"为己之学"也；"心外求法"者，"为人之学"也。

顺便说一下，在中国民谚中盛行的"人不为己，天诛地灭"，其"为己"是指"为己之学"。若一个人，他学习不是"为己"，而是"为人"，其结果将会导致"天诛地灭"。

道具三义

"大学之道"的"道"字初始义为道路,延伸而为遵循、法度、守则、真理、依凭等。成就"大人"的道路有三条:

其一为"尧、舜,性者也"(《孟子·尽心下》)。

其二为"汤、武,反之也"(《孟子·尽心下》)。

其三为"中道":"喜怒哀乐之未发,谓之中,发而皆中节,谓之和。中也者,天下之大本也,和也者,天下之达道也。"(《中庸》)"夫大人者,与天地合其德,与日月合其明,与四时合其序,与鬼神合其吉凶。先天而天弗违,后天而奉天时。天且弗违,而况于人乎?况于鬼神乎?"(《易经·乾卦·文言》)

什么是"尧、舜,性者也"呢?在《孟子》中有一个舜的事例恰好说明之:"舜之居深山之中,与木石居,与鹿豕游,其所以异于深山之野人者几希。及其闻一善言,见一善行,若决江河,沛然莫之能御也。"(《孟子·尽心上》)意思是说舜这个人是天纵之圣,生而知之,他长期居住在深山之中,形同一个没有教养的野人。但那只是从外部看来像个野人,就其内在而言,大舜与野人有着本质的区别。因为他"闻一善言，见一善行，若决江河，沛然莫之能御也"，只要外部有一点善言善行启发一下，他内在本有之德性善性，犹如江河之决堤，"沛然莫之能御"。这就是"尧、舜，性者也"。

什么是"汤、武，反之也"呢？朱熹的解释是："孟子曰：'尧、舜，性者也；汤、武，反之也。性者，得全于天，无所污坏，不假修为，圣之至也。反之者，修为以复其性，而至于圣人也。'程子曰：'性之、反之，古未有此语，盖自孟子发之。'吕氏曰：'无意而安行，性者也；有意利行，而至于无意，复性者也。尧、舜不失其性，汤、武善反其性，及其成功则一也。'"（朱子《孟子集注》）

《孟子》曰："汤、武，反之也。""反"为动词，即恢复、逆觉、修正、奋斗之义。"之"者道义，具体是指尧舜这些圣人的内在德性、圣性、天性。"反之"即反躬自省，通过长期而笃实地践履德行，以恢复吾辈人人内在本有之德性。

吕氏疑为北宋大儒张载之弟子吕大临（1044—1091）。大临一生著述颇丰，曾著有《大学说》1卷、《孟子讲义》14卷等。其解"性之"为"无意而安行"。

"性之"内涵两义：一者"无意"义；二者"安行"义。

无意即孔子所言"毋意，毋必，毋固，毋我"之义，其字面意思是：不刻意强为，不绝对肯定，不拘泥固执，不唯我独是。孔子以此"四毋"指示尧舜等圣人内在德性中所涵的无为性、自然性、先天性、超越性、清净性、通化性等诸特性。

对吾人内在本有之德性（天性、良知、仁性、圣性）中所涵的无为、自然、先天、超越、清净、通化等诸特性，儒家对此有着透彻的认识，前圣后圣皆能紧扣之而不走失，以成始终一贯之道。

"性之"另一义为安行。安行者，安之而行也。安之即因之、由之、依之、源之义，行即形成、显著、生发、创造义。

"易，无思也，无为也，寂然不动，感而遂通天下之故。"（《周易·系辞传》）"无思""无为""寂然不动"即无意之义，此是表述易之体性之状。易之体性即吾人内在之德性（天性、良知、仁性、圣性）。"感而遂通天下"是表述易之体性——德性，有无穷之生发力和创造力，故易之体性"范围天地之化而不过，曲成万物而不遗"（《周易·系辞传上》）。此即安行义。"之故"中的"故"为倒装，意即"所以"或"由是"。整句意思是：为什么易之体性（即本性、德性、天性）能够无穷尽地随感而应于天下事事物物？那是因为易体是"无思""无为""寂然不动"的。因为易体"无思""无为""寂然不动"，所以它可以随感而应于天下事事物物而无穷尽。此感通天下有两义：一者，觉知义，即觉知天下事事物物之理；二者，创生义，即创造生化天下万事万物，使其新新不已，使其生生不息。

无意即安行，安行即无意。因无意故而能成就安行，而安行皆源于无意。故无意与安行之间互为因果，即互为成就对方之前提。

孔子用"天何言哉？四时行焉，百物生焉，天何言哉"来表述无意而安行：天地犹如我们内在的本性（或我们内在的本性犹如这外在的天地那样），它不言不语，天地虽然"毋意，毋必，毋固,毋我",但它时刻在生生不息(四时行焉),创发不止(百物生焉)。天地何以如此?因为天地是我们内在的生命——本性的显化,是我们本性的外在化。故我们可以通过此外在显化出来的天地之德(无意而安行),而体悟出我们内在本有之德性。孔子借四时百物之论,以指示吾人内在本有之德性。

尧、舜是天纵之圣,他们真正达到了感应无间。从外界"闻一善言,见一善行",其内在本有之德性立即"若决江河,沛然莫之能御也",此即谓"感应无间"(外感与内应之间无有少许时间和空间之间隔)。"性之"之路以成就圣贤,可名之为"顿悟之路","若决江河,沛然莫之能御",即为顿悟之义。"闻一善言,见一善行",当下豁然贯通,圆满朗现自家本有之德性,自此不再迷失,安处于此德性圣境之中而不动摇。"尧、舜,性之"之顿悟,乃终极之悟,无需阶级,不假次第,类似于印度释迦牟尼在菩提树下发生的大彻大悟那样。顿悟之路亦名"圆成之路",即我们内在本有的德性(天性、良知、仁性、圣性)是万善皆备,真善美圆满俱足,毫无亏欠。对于此德性中所涵的万善、真善美等,不是今天悟一点,明天得一点,而是一悟永悟,一得永得。

此顿悟之路,此圆成之路,又可名"直贯之路"。德性如瀑布,自上直贯而下,势不可挡。此德性又如决堤之江河,浩浩荡荡,所行之处,一切山丘、一切阻塞,悉数冲破而化除之,故孟子形容之"沛然莫之能御"。山丘、阻塞者,比喻意也。其于身体,喻为一切气血经络病患之纠结紊乱;其于心理,喻为一切无明习气,私心杂念;其于行为,喻为一切颠倒妄动,非理性不如法之行；其于社会，喻为一切假恶丑之存在；其于天地，喻为一切阴阳失调，万物失序。

在儒家看来，我们内在的德性一旦彰显出来，它有着无穷的生化力量，不惟为我个体身心之主宰，它同样为天地万物之主人。德性不止为人类个我赖以存在之基，其同样为天地万物之内在的本性，故我们的德性一旦觉醒彰显，其非我一人之德性觉醒彰显，而是万物之内在的德性与我一起觉醒彰显。此即孟子"万物皆备于我"之义，也为王阳明阐发"良知"之义。

据说一次王阳明与友人同游，友人指着岩中花树问道："天下无心外之物，如此花树在深山中自开自落，于我心亦何相关？"王阳明回答说："汝未来看此花时，此花与汝心同归于寂，汝来看此花时，此花颜色一时明白起来，便知此花不在汝心之外。"（《传习录》）不在心外即不在良知之外，不在良知之外即不在德性之外。良知者，心也；德性者，性也。此处心、性同义，心体即性体，性体即心体。（心性之关系，下文详之。）如此，吾辈德性一旦觉醒彰显，于内，身心言行获得了真正的主宰，获得了真主人；于外，则是"范围天地之化而不过，曲成万物而不遗"（《周易·系辞传上》）。

"性之"之路，即安而行之之路，亦即此直贯之路，是真正的圣人之果境，是于圣人之果位上立言立行，立心立德。此果境为生命之真境，圣人之化境，人生之究竟，道德之极则。立言者，儒家一切言语文教，皆源于此真境、此化境、此究竟、此极则，千经万论最终也必汇归于此真境、此化境，并以此究竟为极则。立行者，儒家一切内圣外王之盛德大业，皆源于此真境，皆源于此化境，其终也必汇归于此，方为究竟，方为极则。立心者，儒家立此为天地之心，内于身心，外于万物，此为真宰。立德者，礼仪三百，威仪三千，儒家一切德目德行，若温良恭俭让，若仁义礼智信等，皆源于此真境，皆源于此化境。及其终也，也必以此为汇归，必以此为极则。

本"性之"而来直贯之路，是立守于先天而统摄贯彻于一切后天，立守于形而上而统摄贯彻于一切形而下，立守于本体而统摄贯彻于一切现象，立守于无为而统摄贯彻于一切有为，立守于创造之源而统摄贯彻于一切被创造之万有。

受以儒家为主的中国文化深刻影响的佛教禅宗，其根本宗旨同样是建立在"性之"之上，提倡直指心性，不立文字，见性成佛，不假次第。现引述若干禅宗言论，以助我们理解"尧舜，性者也"的顿悟之路、圆成之路、直贯之路：

若见性即是佛，不见性即是众生。若离众生性，别有佛性可得者，佛今在何处？即众生性，即是佛性也。性外无佛，佛即是性；除此性外，无佛可得，佛外无性可得（中土禅宗初祖达摩大师《血脉论》）。

不识本心，学法无益；若识自本心，见自本性，即名丈夫、天人师、佛。

何期自性，本来清净；何期自性，本来具足；何期自性，本不动摇；何期自性，本不生灭；何期自性，能生万法（敦煌本《六祖坛经》）。

夫芸芸众生者，之所以是凡夫，皆因不同程度地迷失了内在本有之德性，为感官所惑，为物欲所驱，为私心所局，为无明所障,故无法做到如尧舜那样"性之",必须做一番"反之"的工夫,即必须做一番"复性"之工夫方可。此"复性"之工夫,乃是逆觉修证之路,儒家名之曰"践履"或"体证",泛名"工夫"。先秦的孔孟、宋明诸儒,皆有很多工夫入路和修证次第的指示,我们现在正在学习的《大学》也有很多修证的教导。依之切实修证,即可超越物欲,化除习气,以恢复吾人本有之德性。一旦"反之"之工夫纯熟,完全恢复内在本有之性,"至于无意",即达至德性自然无为之圣人境界。"及其成功则一也",达至圣人之境界是相同的,成就内圣外王之功德是相同的。

孟子在"尧舜,性之也;汤武,反之也"之后,紧接着说道:"五霸,假之也。久假而不归,恶知其非有也?""五霸"者,指春秋时五国之霸主。其能为霸主,必多行不义,自暴自弃,陷溺物欲,不修仁道。但即便如此,"恶知其非有也?"意为并不证明他们没有德性。佛陀一再强调:一切众生皆有佛性,因有佛性,皆可成佛。即使"一阐提"人,因有佛性故,也终可成佛。《大般涅槃经·梵行品》云:"夫一阐提者,不信因果,无有惭愧,不信业报,不见现在及未来世,不亲善友,不随诸佛所说教诫。如是之人,名一阐提。"佛陀于是经《如来性品》云:"彼一阐提虽有佛性,而为无量罪垢所缠,不能得出,如蚕处茧。以是业缘,不能生于菩提妙因,流转生死无有穷已。"但即使如此,佛陀仍坚称一阐提人终可成佛。何以故?佛陀于《大般涅槃经·高贵德王菩萨品》云:"佛性无差别相,犯四重罪,谤方等经,作五逆罪,及一阐提,悉有佛性。"复于是经《如来性品》云:"如来善知一阐提辈,能于现在得善根者则为说法;后世得者,亦为说法，今虽无益，作后世因。是故如来为一阐提演说法要……譬如净人坠堕圊厕，有善知识见而愍之，寻前捉发而拔出之。诸佛如来亦复如是，见诸众生堕三恶道，方便救济令得出离。是故如来为一阐提而演说法。"

孟子也明确肯定："人皆可以为尧舜"（《孟子·告子下》）。尧舜是圣人，故"皆可以为尧舜"意即皆可以为圣人。为什么皆可为圣人呢？孟子给出的有力证据是：人人皆有恻隐、羞恶、辞让、是非之心。"恻隐之心，仁之端（端者，源头义）也；羞恶之心，义之端也；辞让之心，礼之端也；是非之心，智之端也。"（《孟子·公孙丑》）此四端之心广被天下，人人皆有，不独圣人尔。只是圣人能安止于此四端，并能时时扩而充之，失此四端之心时，且能努力修德敬业以恢复之。既然人人皆有与圣人无异之德性，与生俱来，在圣不增，在凡不减，五霸当然也有此德性，只是此德性深隐不彰，沉没于红尘物欲之中。圣凡之别不在其所承德性之多寡有无，只问其隐显纯杂与否。此德性为生命惟一之真实，远离德性即远离我们的真实，故孟子曰："五霸，假之也。"庄子谓得此本性者为"真人"（庄生本人即被后世称为"南华真人"），孟子则谓失其本性者为"假人"，佛陀则谓之为"幻人"。五霸们还不是一时一地之假，而是"久假而不归"。"不归"就是不愿"反之"或不善"反之"。商汤（商朝开国君主）与周武王（西周创建者，姬姓，死后谥号"武王"）不如尧舜那样是天纵之圣，不是生而知之。但他们之所以是一代圣君，是因为他们善于反省，勤于觉察，闻过则喜，积极修德。经过一段次第修证之后，其良知复萌，天性朗现，终于成就一代圣君伟业。"尧舜不失其性,汤武善反其性,及其成功则一也。"《中庸》述此"其成功则一也"的"中道"之路曰:"不勉而中,不思而得,从容中道,圣人也。"

"反之"是因位反于果位,后天反于先天,有为反于无为,造作反于自然,现象反于本体,形而下反于形而上,物欲反于清净,凡夫反于圣贤,小人反于大人……相比于"性之"的顿悟之路、直贯之路,"反之"则是渐修之路、逆觉之路。若将"性之"之路比喻为自江河源头处直泻而下,浩浩荡荡以至于海洋,则"反之"之路即是逆流而上,直至源头。因"反之"之路为逆流而上,故需时时勤勉,处处警醒,不可懈怠,始终有一向上奋斗之精神与意志,直至德性之源而后方休。在这一持续向上超越自己的奋斗过程中,不断地修德敬业,自强不息,如此便昭示出作为一名儒者的无限神圣与庄严。故曾子曰:"士不可不弘毅,任重而道远。仁以为己任,不亦重乎?死而后已,不亦远乎?"(《论语·泰伯篇》)

除此"性之"与"反之"之外,成就内圣外王之道者,尚有第三条路径:浑圆之路。所谓"浑圆之路"者,即不将先天后天、因位果位、有为无为、造作自然、现象本体等强分为两段,而是合为一体,混为一味,打通间隔,不分彼此。传为孔子作的《易经·乾卦·文言》有言:"夫大人者,与天地合其德,与日月合其明,与四时合其序,与鬼神合其吉凶;先天而天弗违,后天而奉天时。天且弗违,而况于人乎?况于鬼神乎?"此"合"字有吻合、相应、非离、不二、顺适、浑圆、贯通等诸含义。"合"有"性之"之合与"反之"之合。"性之"之合是本有之合,不是大人（圣贤）拿一个德性去与天地合，与日月合，与四时合，与鬼神合；而是大人之德性本来已与天地合其德，与日月合其明，与四时合其序，与鬼神合其吉凶。天者，生生不息之义也；地者，厚德载物之义也。与天地合其德即是大人不拘束自己，也即放开自己，任其生命内在的德性，兴发其全体大用而彰显其生生不息、厚德载物之功用。"与日月合其明，与四时合其序，与鬼神合其吉凶"，皆同此义也。鬼神者，阴阳二气之变化也。"与鬼神合其吉凶"，即是明阴阳变化之理而顺之。知阴阳变化则吉，不明阴阳变化之理则凶。

"反之"之合是始有之合，即本来不合，现在方开始努力地与其合之，即后天主动地将我们的整个身心言行努力地"与天地合其德，与日月合其明，与四时合其序，与鬼神合其吉凶"。除了非此即彼的"性之"与"反之"外，尚有第三条道路——"中道"之路，也即"浑圆之路"。孔子通过"先天而天弗违，后天而奉天时"这句话来指示"中道"。德性若收藏于生命之内，则无形无相。一旦彰显于外，在天，则显化为生生不息之创造；在地，则显化为承载万有之厚重；在日月，则显化为普照之光明；在四时，则显化为春生夏长秋收冬藏之循环不已；在鬼神，则显化为阴阳调畅、生死自在的解脱之境。天若违背德性，则不能成就其生生不息的创造之德；地若违背德性，则不能成就其承载万有之德；日月若违背德性，则不能成就其光明普照之德；四时若违背德性，则不能成就其循序之德；鬼神若违背德性，则不能成就其把握阴阳、超越生死之德。是故"天且弗违，而况于人乎？况于鬼神乎？"天地不能违背德性，若违背之，天将不成其为天，地将不成其为地。"况于人乎？况于鬼神乎？"

"夫子以仁发明斯道，其言浑无罅缝。孟子十字打开，更无隐遁。"（《陆象山集》）孔子将他之前的三代文教中，凡涉及或指称那超越而内在的本体之辞，如易、天、寂感、道、乾坤、上帝、神明等皆收摄于内在的生命之中，重新名之曰"仁"。易、天、寂感、道、乾坤、上帝、神明等超越的意味重，"仁"则内在的意味重。孔子将易、天、寂感、道、乾坤、上帝、神明等一起收摄入内在的生命之中，肯定它们皆为吾人内在生命之本有。此确是孔子独家发明，是中华民族乃至整个人类文明发展史上、生命学发展史上的里程碑。孔子之"仁"既涵有"性之"义，也涵有"反之"义。故"仁"之一字，将先天后天、因位果位、有为无为、造作自然、现象本体，打成一片，混为一味，"浑无罅缝"，此为"中道"。孔子将德性的超越性和内在性彻底打通，将内在的主宰之心与外在万有的本体之性彻底打通。仁者，既含有心之义（仁心、德心），也含有性之义（仁性、德性），此义首发于孔子。中国上古文明发展至孔子这里，发生了一次本质的飞跃，此正是孔子作为大成至圣所以至圣之处。孔子是中华文化发展史上承前启后的划时代之圣哲。

孔子将三代以来数千年的中华文化收摄于"仁"中，如是，上古文化自此得以汇归之，凝结之，贞定之，纯化之，圆融之，升华之，彰显之。"夫子以仁发明斯道"，仁道者，何道也？"仁者，人也。"（《中庸》）"仁也者，人也。"（《孟子·尽心下》）"樊迟问'仁'，子曰：'爱人。'"（《论语·颜渊篇》）仁道，人道也，"为人之道"或曰"成人之道"也。故知，真正的人本主义、人文文化、人道思想，始自孔圣。是孔圣将人首次提升到宇宙之真正主宰、历史与人生命运之真正主宰的高度，充分肯定人的无上神圣与尊严。仁者，具有超越和内在这两大根本特性的生命之别名。仁即是生命，生命即是仁。仁非虚称，必有所指以实之。仁主宰于内，名之曰"心"，故仁者，心也，俱名之曰"仁心"；仁承载于天地万有（也包括人类在内），名之曰"性"，故仁者，性也，俱名之曰"仁性"。其仁心、仁性者，统而言之，曰"生命"。故知，仁即生命之别名。生命为现代名，仁为古代名，其义一也。孔子紧扣生命，立定生命，彰显生命，"发明斯道"，即发明此仁道，亦即发明此生命之道，以开后世千古文运。"天不生仲尼，万古如长夜"，孔圣高举生命之道，弘扬心性之仁学，丽如日月，朗照百代，自此我华夏智有所发，学有所依，行有法度，命有所归。是故孔圣实为"中国古代最伟大的生命学家"。

到了后孔子一百多年的战国，"孟子十字打开，更无隐遁"。孟子将心体与性体、先天后天、因位果位、有为无为、造作自然、现象本体等，作了明确的分别与辨析。故朱熹引程子之语曰："性之反之，古未有此语，盖自孟子发之。"（《孟子·尽心下》）站在人类思想发展史上言之，从混沌走向分明，从综合走向解析，这是人类思想发展的内在逻辑与必然趋势。然庄子对此深有觉察："贤圣不明，道德不一，天下多得一察焉以自好。譬如耳目鼻口，皆有所明，不能相通。犹百家众技也，皆有所长，时有所用。虽然，不该不遍，一曲之士也。判天地之美，析万物之理，察古人之全；寡能备于天地之美，称神明之容。是故内圣外王之道，闇而不明，郁而不发，天下之人各为其所欲焉以自为方。悲夫！百家往而不反，必不合矣！后世之学者，不幸不见天地之纯，古人之大体。道术将为天下裂。"（《庄子·天下篇》）心体与性体，先天与后天，本来通而为一，浑全难分。如若强为分别，势必产生"一曲之士"，如此则"寡能备于天地之美，称神明之容"，其结果则是"道术将为天下裂"。

为了避免出现"一曲之士""往而不反"和"道术将为天下裂"的局面，我们还需再次回到孔子所开出的"浑圆之路"。通观《论语》可知，孔子以"仁"之一字，统摄心体与性体、先天与后天、"性之"与"反之"、形而下与形而上、德性与德行、因位与果位等一切之强分。尽管曾子的《大学》和孟轲的《孟子》等后世儒家著述，为了将儒家思想进一步地体系化，十字打开，辨而示之，但这些大儒对"道术将为天下裂"还是很有自觉意识的。故他们在著述中，始终将孔子的"浑圆之路"作为其立言之背景，而贯穿于篇章字句之间，以期最大限度地避免庄生之忧。我们将在以下的《大学》学习过程中，时时能感受到这一点。依正宗儒家，虽有历代大儒对仁道的阐述，多似孟子"十字打开"，但究竟不失孔子之旨，始终保持着即本体（性之）便是工夫（反之）、即工夫便是本体的"浑圆之路"。此亦为评议是否为正宗儒者的一个重要标准——失此准绳，不名儒者；握此枢机，则为正宗。

德性与仁心

包括《大学》在内的整个儒学,皆为成德之教(仁教),皆是为仁之学也。此"教"非宗教之教,乃启示、指引、教化之教也;此"学"非一般世间小学、俗学,或百技之学,实乃发明心性、圆满人格、彰显生命、成就内圣外王之学也。儒家讲学化民,始终不离"心性"二字。儒家以"仁"立言立教,仁既包涵心(仁心),也包涵性(德性)。若欲明仁之义,需先彻知"心性"二字之所涵蕴:

性者,本体义。性以自己为体,故曰"性体"。不是说除性之外还有一个东西来作为性的体,而是性包括其自身在内,即是一切万有之体。关于此性体,各家皆有很多异名。儒家常称之为"天性""本性""仁性""德性""理性""中道""易体""诚体""寂感真几"等。道家常称之为"道""自然""无""一""无为""无名""玄德""众妙之门""太上"等。佛家于性体之异名最多,如"实际""真如""真理""如来""如来藏""法性""法界""法身""大光明藏""佛性""空性""自性""常寂光土"

"大陀罗尼""涅槃"等。

性者,真理义。性者,以理为性,故名"理性"或"性理"。(因性中俱含一切理。宋明儒学因特标"性者理也"之义,故宋明儒学又名"理学"。)因性体所含之理,至真至实,故名"真理"。此性理为形而上之理,非形而下之理。形而下之理是事物的结构之理;形而上之理为事物的所以然之理,也即存在之理,非事物的结构之理。

形而下之理为物理。西方的自然科学和社会科学所求之理,皆为形而下之理。形而下者,谓之器。器者,物也。故形而下之理,谓之"物理"(此物理之"物"字,取其最广之义)。依东方传统观念,凡与主体相对之客体,统名曰"物"。所有自然科学和社会科学所发现的真理,皆为客体事物的形质之理和结构之理。结构真理又可称之为外延真理,因此类真理皆为从外部发现和证实。结构真理也可称之为相对真理,因此类真理皆建立在物与我、彼与此的相望相对之基础上。

形而上之理为性理,为事物何以如此之超越的所以然之理。此理在外,为天地万物存在的所以如是存在之理,简言之,即事物存在的存在性之理;此理在内,为生命之理,为能动之理,为主体之理。依东方传统观念,凡与客体相对之主体,统名曰"心"。心者,主宰义、能动义、主体义、生命义、觉知义,因此,性理于外而言,曰"存在之理";于内而言,则曰"心之理"。此主体真理、存在之理,推至极致,则超越物我,泯除能所,达至绝对之境,则名"绝对真理"。此绝对真理,佛家名之为"空理",因其超越一切,无形无相,无声无嗅,故有此名。

形而上者谓之道，因此中国儒、道、易等诸家名之为"道理"。

绝对真理因其绝对（不与客体相对而有），故不能用"发现"一词。"发现"一词依其通常含义，是指我发现你，你发现我。在自然科学和社会科学那里，可言发现了某某真理，但于超越一切的绝对真理处，则无法如此言之。绝对真理因其绝对，故此理只能待其自发自显，自动地呈现给我们。故在绝对真理这里，只能言"呈现"，不能言"发现"。如若必需使用"发现"一词，那也需对这个词作特别的解释：发而现之（自发地呈现出来）。

性者，创造义。创造复有两义：一是创造天地万物；二是创造人类社会，尤其是人类社会中的道德创造和文化创造。创造，即生生不息——生而又生，以至无穷。历代儒者论述性之创造义的语句不知凡几，此处摘引几条："范围天地之化而不过，曲成万物而不遗。"（《周易·系辞传上》）"君子所性，仁义礼智根于心，其生色也睟然，见于面，盎于背，施于四体，四体不言而喻。"（《孟子·尽心上》）"天（儒家时常以天喻性）只是以生为道。"（《二程语录》卷二）慧能大师的"何期自性，能生万法"亦为此意。"谷神不死，是谓玄牝。玄牝之门，是谓天地根。绵绵若存，用之不勤。"（《道德经》）道家称此创造义为"谷神"，为"玄牝"。谷神是老子拿神秘深奥的山谷来作比喻，喻示性体之创造力如山谷一般生发草本，吞吐大荒。玄者，深远难测之义；牝者，女性生殖器，即子宫之义。老子复将性体之创造力，比喻为一个无形无相、深邃玄远的子宫那样，可以生化一切。

性者，圆满义。万有源自此性体，终亦汇归此性体。由是而知,性者,俱足一切。此为性之圆满义。慧能大师的"何期自性,本自俱足"亦为此意。

性者,清净义。性含"真善美"三德,且此三德纯洁无杂。此纯洁无杂之真者,谓之"至真";此纯洁无杂之善者,谓之"至善";此纯洁无杂之美者,谓之"至美"。

道家以美为主,将真善俱援入美中以成就之和通化之。在道家看来,性者,全体是美,全美是性,至于真善两德,只是美之双翼而已。

佛家以真为主,将善美俱援入真中以成就之和通化之。在佛家看来,性者,全体是真,全真是性,至于善美两德,只是真之双翼而已。

我儒以善为主,将真美俱援入善中以成就之和通化之。在儒家看来,性者,全体是善,全善是性,至于真美两德,只是善之双翼而已。

儒佛道以其所立不同,趣向不同,入路不同,性格不同,故有世界观、人生观、价值观和修行观等之不同,以此而有三家之别,以此而有各性所性,各心其心。若将三家各性所性各心其心,剖析明白,条理清楚,所需篇幅甚巨,故此处从略。三家之学无不源于性体,臻于至境,故皆为究竟圆满之教,皆堪为人生指南、学问标的。因三家之学全为性源之学,为究竟圆满之教,为清净之学,皆可为人类理想指示出一个终极归宿,所以三家之学皆可昭示出无上之庄严,无比之神圣。佛家以"佛国净土",道家以"神仙真境",我儒以"圣贤化境"来指称此性者清净义。

性者,定止义。性体是既存在又活动,既活动又存在。其存在义,即寂静义,即定止义;其活动义,即繁兴大用之创生义。性体的另一特性是既内在又超越,既超越又内在。性体超越一切主客能所,绝对存在,不为一切所限所束。因性体超越一切,不为一切所左右和干涉,故为绝对定止。佛家将此绝对定止义喻为金刚,喻为空性。慧能大师的"何期自性,本不动摇"亦为此意。道家谓之"清虚"或"静一"。

性者,永恒义。性体超越一切,为绝对主体的存在,性体即超越之自身。性体即超越,超越即性体。因性体超越一切,故为永恒。得性体者,即得永生。成为性体者,即成为永恒。永恒者,不生不灭、不增不减之义也。永恒性即普遍性。性体"范围天地之化而不过",无处不在无处在,亘古亘今。佛家称此性者永恒义为"涅槃"。"以是义故,佛性常恒无有变易。无明覆故,令诸众生不能得见。"(《大般涅槃经》)"佛性与真如。能觉悟成佛之性,叫做佛性;不生不灭之实体,叫做真如。佛性与真如,同体异名。"(《佛学常见辞汇》)"寂兮寥兮,独立而不改,周行而不殆,可以为天地母。吾不知其名,强字之曰道。"(《道德经》)"夫道,有情有信,无为无形;可传而不可受,可得而不可见;自本自根,未有天地,自古以固存;神鬼神帝,生天生地;在太极之先而不为高,在六极之下而不为深;先天地生而不为久,长于上古而不为老。"(《庄子·大宗师》)

性者,自然义。自然者,自己而然、自己如是之义也,也即无需造作、无需勉强之义也。自然即"毋意,毋必,毋固,毋我"(《论语》)。"《易》无思也,无为也,寂然不动,感而遂通天下之故。"(《周易·系辞下》)自然即无为,无为与有为相对反;

自然即先天，先天与后天相对反。是故：

自然必自在。自在即自己而在，不依因待缘而后方在。性体即超越，超越即性体。超越了一切束缚的超越之本身，必为自在。自在即无为，无为即自在。自在成就无为，无为成就自在。

自在必自主。自主即自己就是自己的主宰，自己就是自己的命运。

自主必自由。自由即是自己内含着决定一切的意志，此意志名曰"自由意志"。自由意志决定着意志之自由，即不被束缚的自由，此自由可名之曰"终极之自由"。自由即是解脱。解脱是相对于束缚而言，不被一切所束缚的解脱，就是彻底的自由。此彻底的自由或曰终极的自由，不是人为造作出来的，而是我们（的性体）本来就是自由的。就生命而言，即究竟而言，我们无法、也无需人为地造就出任何自由，我们只是回归本来即有（与生俱来）的自由。

自由必自发。我们似乎可以对任何事物发问："为什么这个样子，而不是别的样子？"这在现象世界里可以如此质问，但于自在之境、自主之域里，如此发问是没有意义的。若非得如此发问，那只能回答说："它自己让自己如是如是这般的。"这等于没有回答，因为在此究竟的自发之境中，一切存在皆呈现出它们本然的样子，禅宗称此为"本来面目"或"本地风光"。

自发必自足。自足即圆满，唯有自足的圆满，方为真圆满。现象界的各样圆满只能称之为"相似圆满"，相比于此，性体内涵的自足方是真正的圆满、究竟的圆满。禅宗六祖所言"何期自性，本自具足"即此究竟圆满之义也。晚期大乘佛教——密宗，其最高法门名之曰"大圆满"。其大圆满旨趣,同样是指此性体所涵自足之义也。庄子所谓的"逍遥""自得""自适""无待""天籁"等,皆此自足之圆满义也。

自足必自律。自律者,自有律则,自己为自己立法。一切与真善美相关的法则,即性体为自己所立之法。源于性体的善(道德),谓之"性德",谓之"至善"。儒家的成德之教,即立定于性德之上而为教。立于性德的道德为自律道德,社会习俗与政府法律皆为他律道德。自律道德即一切道德行为和道德创造皆源于性体的自足、自律、自在、自由。

自律必自生。自生者,性体显化其自身之义也。究竟而言,就是我们所看到的现象界的生生不息,造化不已,缘起缘灭,循环无端。但那只是因为我们是从其外部现象地、形式地视之,就其超越地、究竟地言之,无生也无灭,不增也不减,皆为性体自生也。自生者,自己出生自己也。既然自生是自己出生自己,那也就无所谓生不生了。是故,自生即是无生,无生即是自生。此义非常不易领会。佛家对此无生(自生)义,十分重视。佛陀讲法四十九年,所说经典不计其数,如是不计其数的经典,其旨趣所在,可一言以蔽之——皆在阐述"无生"之玄义。道家对无生义同样十分强调,整部《道德经》皆在阐述"无生"之玄义。唯儒家对性德之无生义议论不多(但并非没有),这并不证明儒家不知性体之无生义(无生为生,生即无生),只是我儒喜从正面——生生不已,以成立道德之创造(仁义)。"天地之大德曰生。"(《周易·系辞传》)"生生之谓易,是天之所以为道也。天只是以生为道,继此生理者,即是善也。"(《河南程氏遗书·卷二·二

先生语上》)

佛道两家从万物的无常幻灭入手来体悟性体的无生义,儒家从万物的生生不已、健行不息的道德创造入手,来体悟性体的自生义。尽管无生与自生是性体之两面,如硬币之两面,但因从不同面入手以立学,其结果则成系统性格差异巨大的不同学说和修证体系。

自生必自觉。自觉即自明,自明即反省察识以自肯。但此自肯不是执着,不是陷于小我自我之自恋。自肯是对性体之自觉性的自然地、自发地肯认与贞定。自觉必须在无我之中方能实现性体之自觉的超越式的、存在式的肯认与贞定。自觉必无我,无我必自觉。而不可将性体之自觉性认同为陷于小我自我之自恋。自觉即是心。心者,自觉义。性体全体为觉,故性体全体为心。当全水为波之时,也即全波为水之时。当全性为觉,也即全性为心。如是,则性体即觉体,觉体即心体,心体即性体。心性通而为一,心性合而为一,心性本一。上述性体所涵之自在性、自足性、自律性、自生性等属性,同为心体所共有。性体者,性以其自己为体,非性以其之外某物为体。心体者同然,心以自己为体也,非心以其之外某物为体。

全性即觉,全觉即心。故全性即心,也即全心即性。

性之觉察谓之心,性之自明谓之心,性之自省谓之心,性之自识谓之心,性之自肯谓之心,性之自生谓之心,性之无我谓之心,性之主宰谓之心,性之运动谓之心,性之自控谓之心,性之趣向谓之心,性之无限超越与无限回归谓之心。

性自具三德:真、善、美。真者即心,曰"真心";善者即心,曰"善心";美者即心,曰"美心"。

真心即心体内含一切存在之理、一切真理、一切律则法度。此即陆、王所谓的"心即理"之义。全真即心,全心即真。真外无心,心外无真。在真之时,善与美也全为真所摄,所容,所化,所统。

善心即心体内含一切与生俱来的本然之德,即仁、义、礼、智、信,温、良、恭、俭、让,等等,一切儒家之德行、德目、德操、德境皆为心体之本有。德行者,心体之行也。德目者,心体之节目与构成也。德操者,心体之操守也,心体之护持也。"操则存,舍则亡。"(《孟子·告子上》)存者,存此心(体)之义也;亡者,亡此心(体)之义也。德境者,心体之体段与境界也。修身、齐家、治国、平天下,小人、君子、贤达、圣人等,皆为心体之体段与境界,皆为心体之本有。全善即心,全心即善;善外无心,心外无善。在善之时,真与美也全为善所摄,所容,所化,所统。

美心即心体内含一切与生俱来之大美、之至美、之完善。美者,欣赏义、愉快义、享受义、幸福义、激情义。佛家谓美为"极乐世界"——终极的或极度的快乐之境域。儒家谓美为"发愤忘食,乐以忘忧,不知老之将至"(《论语·述而篇》)。美者,心体之所涵。一切对美的感受、体悟、欣赏、享受、经历,皆为心体之本有。全美即心,全心即美;美外无心,心外无美。在美之时,真与善也全为美所摄,所容,所化,所统。

孟子曰:"尽其心者,知其性也。知其性,则知天矣。存其心,养其性,所以事天也。夭寿不贰,修身以俟之,所以立命也。"(《孟子·尽心上》)"天"在此句中为"体"义。当尽心之时,此心即是天,即是体。尽心即是尽性尽天(尽体),识心即是识性识天(识体)。"尽其心者,知其性也。知其性,则知天矣",此是"性之";"存其心,养其性,所以事天也",此是"反之";"夭寿不贰,修身以俟之,所以立命也",此为合先天与后天、合无为与有为、合心体与性体之浑圆"中道"。

儒佛道等人类大的文明体系,无不是尽心尽性之教,非独儒家若此。只不过不同的文明体系,是以各自的方式来实现着各自的尽心尽性。概略而言,儒家以善(德)为道来尽心尽性——尽善心,尽德性;道家以美为道来尽心尽性;佛家以真为道来尽心尽性——破幻显真,转迷为觉。

性之觉察义、自明义、自省义、自识义、自肯义、自生义、无我义等,皆可统而名之曰"性体之智慧",简称"性智"或"智"。儒家的"仁义并行""德智双彰"之智,即指此性智而言。宋明儒所谓的"德性之知""致良知"之"知",也指此"性智"而言。"知"字在古文中有二义。一者,主宰义。"知州""知府"之知,即主宰、掌管之义。二者,觉察义、智慧义。"德性之知""致良知"之"知",即智慧义。古文中"知"与"智"通用。

性体所涵之智慧,即为心。全智是心,全心是智。宋儒将智慧分为"见闻之知"与"德性之知"。佛家也将智慧分为"世间智"与"出世间智"。基督教分为"人的智慧"与"上帝的智慧"。其出世间智、上帝之智与德性之知相似,世间智、人之智与见闻之知相似。儒家称此先天本有之智慧,为"生而知之"之智慧,此生而知之的"生"字,指的是与生俱来之义。但此与生

德性与仁心 43

俱来的智慧，对于一般人而言，并不是与生俱显的，而是处于相对隐藏状态。对于天纵之圣的尧舜而言，出生或长大后也是一直处于显存状态，"及其闻一善言，见一善行，若决江河，沛然莫之能御也"。于一般人而言，出生或长大后，我们的这个良知、德智，是处于深浅不一的隐蔽状态的，需切实做一番"反之"的复性工夫，方可将此良知、德智全体朗现。

东西方都承认除了人类常规的感官认知事物之外，还有一种直觉的、神奇的、无为的、先验的、本有的认知事物的智慧。佛家称此为"般若"（另有佛智、出世间智、无师智、根本智、空性智等别名），道家称此为"玄智"，儒家称此为"良知"，基督教称此为"神智"（上帝之智）。东西方所差别者，是东方以儒佛道为代表的中国与印度文化，皆肯认此先天智慧，人人具有，不异分毫；而西方基督教只承认，此智慧为上帝所独有，人类没有，人类只拥有依感官而来的情识智慧和依推理、逻辑而来的知性智慧。依感官而来的情识智慧和依推理、逻辑而来的知性智慧，皆为后天智慧，皆为经验智慧。故西方文化只认可人类拥有经验智慧，不承认人类拥有神智。而东方文化承认我们既有后天的经验智慧，也具有先天的本有智慧。如此则能圆满而彻底地打通先天与后天、"性之"与"反之"、先验与经验、性体与心体这两个相异的世界。

经验智慧是后天的累积型智慧，所谓的"经一事，长一智"是也。《新编五代史平话·汉史》载："人有常言：'遭一蹶者得一便，经一事者长一智。'"先验智慧是先天的存在型智慧，无需累积，只需呈现。

经验智慧认知的是事物的结构之理。先验智慧认知的是事物的存在之理，即事物的所以然之理，或事物的超越之理。

经验智慧为执着的智慧，于探求事物之时，需锲而不舍，日积月累而后得之。如无此执着，无论于科学研究，还是世间功业，皆不能成就之。先验智慧是无为无执之智慧，必于无我、无执、无为、超越中彰显之。

经验智慧是间接认知事物，故需借助于某种手段和工具（如显微镜、各种科技仪器等），方可更好地认知事物。先验智慧是直接觉知事物，直接于心中呈现出事物存在的存在性之理，即事物的所以然之理。

经验智慧发现的是事物的形构之理、材质之理、外延之理，此理名为"客体真理"。先验智慧发现的是事物的存在之理、超越之理、所以然之理、内容之理、生命之理、性体之理，此理名为"主体真理"。

经验智慧可以让人类实现从外在的各种社会束缚中，从外在的大自然中，越来越深度地获得解放和自由；先验智慧可以让人类实现从身心内在的各种束缚中，从生死束缚中，从无明、业障、愚痴、颠倒、幻妄、烦恼、感官、自我、各种负面情绪和生物本能，以及各种经验之局限中，越来越彻底地超越和解放出来，获得身心、人格和人生最大限度的自由与圆满，即如其所是地实现人生的终极目的与终极关怀，实现生命的永恒。

经验智慧可成就自然科学和社会科学，先验智慧可成就生命科学。

经验智慧与先验智慧，或自然科学、社会科学与生命科学之间的关系，如鸟之双翼、车之双轮，缺一不可。过去东方文化中，很不重视经验积累和经验智慧，视之为小术、世法、俗学、有为法、功利、物欲等而轻视之，甚至鄙视之。故东方传统中，在社会科学和自然科学方面，始终进步缓慢，难有突破性的建树，在有些历史时段里，甚至长期停滞不前；唯有在对内在的生命世界之探索方面，成果斐然，尤其是对生命之本质——心体与性体方面的探究，更是硕果累累。致使东方文化（含中国和印度在内）只成为生命文化，东方科学只成为生命科学。

尽管儒家高举"内圣外王"并重之思想，但历史地观之，儒家仍然是内圣面重，外王面轻。"内圣之学"即生命之学、心性之学、先验之学，"外王之学"方是今日所谓的社会科学和自然科学。因儒家重内而轻外，故被儒家思想主导数千年的中国，始终在自然科学和社会科学方面难以形成系统，难以步入成熟之境，最终这两大类科学系统从西方文化中孕化而生，并迅速地走向成熟。自然科学和社会科学为人类打开了一个又一个全新的境界，使人类对外界的认识与理解，达到了前所未有的深度和精度。那些层出不穷的发现与发明，为人类的生活与生产带来了巨大的解放与方便，尽管只是外在的解放，但其功德之盛、成就之著，言语无以称量。

儒家相比较内圣之道，其外王之学虽不甚重视，但儒家本质上并不拒斥经验智慧和建立于经验智慧之上的自然科学与社会科学，只是历史地看，于此兴趣不甚恒久而已。如若于外王之道上发起恒久之兴趣，儒家是完全可以开发出西方近现代意义上的自然科学和社会科学的。相比于儒家，佛道两家在对待外王方面要极端得多，几乎视外王为敌。佛道两家多视外王之经验智慧为物化之由、堕落之源、障道之因、束缚之本，极欲弃之，破之，将经验智慧与先验智慧对立而观，视若水火。

不独于佛道两家将经验智慧与先验智慧对立而观，以基督教为代表的西方文明，同样将神智与人智对立而观，否定人类拥有神智，仅将神智归属于上帝（神）所专有。因人类不具有神智，当然也就不存在如何在人类的身心中和人生中去彰显神智的问题了。故西方只将注意力放于人类的经验智慧之上而重视之。如是西方文明只成为经验智慧之文明，而缺般若之智。在过去的历史中，东西方文明各有偏重，执于一面而不及另一面，故东西方文明各有所得，也各有所失。若使人类文明臻于中道与圆满，必至内圣外王互为前提、相互补助而后已。

止于至善

在明明德

经文的第一个"明"字是动词,即明白、透彻、依从、彰显、圆满之义。第二个"明"字是形容词,形容"性德"或"性体"的自明性、自觉性、自生性等含义。

"明德"者,心(体)也,尤其侧重于指儒家的道德之心、良知之心、仁义之心。道德之心、良知之心、仁义之心,为性体所涵,为先天本有,由是而知,明德非为外物。"明明德",即孟子所言的"尽心"。尽心即透彻、饱满地彰显心之全体的自明、自觉、自足、自生等诸义,也即将孟子所言的"四端之心"(恻隐之心,仁之端也;羞恶之心,义之端也;辞让之心,礼之端也;是非之心,智之端也)扩充之,贞定之,饱满之,通化之。通化之,就是将扩充、贞定、饱满后的"四端之心",通过身心言行彰显出来,使其贯彻天地间所有事事物物之中。此扩充、饱满之后的"明德"之境,即儒家所言的圣贤之化境,也为儒家修持之最高境界、成德之教的终极目标。

"明明德"就是禅家所言的"明心见性"。只是儒佛两家各明各的心，各见各的性。儒家明道德之心、良知之心、仁义之心，见德性，见仁性，见本善之性，故儒家紧扣"仁心""德性"而言明心见性。禅家（佛家）所明之心为清净心、本觉心、涅槃心、无我心，所见之性为佛性，为法性，为觉性，为空性，故禅家紧扣"觉心""空性"而言明心见性。此心此性无道德内涵，不能成就生生不已的道德创造和兴起道德的全体大用。

佛家言心言性，侧重于心性的无为面、自然面、超越面、无我面，佛家是从消极面入手而言"觉心佛性"，故力倡出世、避世、遁世、厌世。尽管佛家也曾言"一切治生产业，皆与实相（佛性）不相违背"，"大乘菩萨需作众生不请之友"，"佛法在世间，不离世间觉；离世觅菩提，犹如求兔角"……但这仅仅是佛家的一个姿态、一句口号，并没有真正落于实处，也难以真切地落于实处。就其基本性格而言，佛家为出世之教而无疑。大乘佛教起源于小乘，并以小乘为基础，小乘佛教是一个典型的出世、厌世之宗教。

儒家的言心言性，侧重于从心性的创生面、道德面、自律面、自发面入手而言"仁心德性"，故力倡入世，不避世间纷杂艰险，正视社会现实，于人伦日用之间成就人格，升华身心，参悟人生价值，彰显道德庄严，实现生命终极关怀。

在亲民

"亲民"有多重含义，无我地成就他人，至诚地关爱别人，担当起时代和社会的各种责任与义务等,只要是于他人有益之言行,皆在"亲民"范畴之内。虽佛家也盛言"无缘大慈,同体大悲",但其慈悲落实了讲,是引领众生走向出世之路,是引领众生到彼岸世界。儒家从来没有西方极乐世界,更不倡导出世,其"无缘大慈,同体大悲",其亲民爱人,皆在人伦日用间实现之,皆在现实世界中落实之。儒家不似佛家那样,把世间与出世间、此岸与彼岸、众生与诸佛、俗世聪明(经验智慧)与圣智般若(先验智慧)等对立起来,分割开来。在儒家,则将一切彼岸全部摄入此岸之中,将一切出世间全部摄入世间之中,将一切净土摄入此五浊恶世之中,将一切神佛摄入此众生之中,以成就之,以圆满之。孟子曰:"圣人者,人伦之至也。"儒家成就圣贤,并不悖离人伦日用,而是就着此世间人伦以成就之,圆满之。

亲民之心与爱人之行起于何处?起于性体之自律性,此自律性内涵真、善、美三类创造规律与运行法则。儒家偏重其道德行为和道德创造之律则。此道德律为性体之无上命令与绝对命令,依循此无上命令,对内得心安,得解脱,得永恒,得圆满,得(先验)智慧;对外实现一切道德创造,成就一切道德行为。人生之价值、生命之意义,合赖此道德创造与道德行为得以成立,得以实现。此价值为人生之终极价值,此意义为生命之究竟意义。

"可以赞天地之化育,则可以与天地参矣。"(《中庸》)后朱子发扬之曰:"此儒者之学,必至参天地,赞化育,然后为功用之全也。"(《白鹿洞志》)"赞"具三义:①帮助、辅佐义,如赞助、赞成等；②主持义，如古之"赞礼"；③夸奖、称扬义，如赞叹、称赞等。"赞天地之化育"即辅助、主持、称扬天地之化育，就是将我们内在的心体、性体自发而出的道德之创造，与天地之化育（创造）贯通相应，融合为一。天地之化育与个人之道德创造本来即一。心体、性体在天地间，即表现为生化养育万物；心体、性体在人际间，即表现为一切道德创造和道德行为。故吾人之道德创造与道德行为，本来就是天地生生不息、化育万物的一部分。在儒家，道德秩序即是天地秩序，天地秩序即是道德秩序（天地是依循着道德法则而化育万有的）。

"参"者，三也，意为如此之人，可与天与地鼎足而三。天地为化育创造之源，与天地鼎足而三的人，同样是化育创造之源。"可以赞天地之化育"之"可以"二字为假设语，意为如果我们对内在的心性不限，不束，不塞，不离，反而时刻扩充之，彰显之、显扬之、贞定之，如此则可以达至"参天地，赞化育"之圣贤化境，以圆满地实现亲民爱人之道德创造与道德行为。

亲民即化民。此"化"字有教化、转化、通化、感化以及化境之化义。教化者，以古圣先贤之思想和德行，教导民众，令民众生有所由，死有所归，言行有则，创造有源，所谓化民成俗者也。若此，则民风归厚，文明畅达。转化者，将一切世间不平、气质之偏、本能兽性（生物性）、物欲之私、自我无明、虚假幻妄、暴戾邪魔等，皆正之以心性之光明而扭转之，化除之。通化者，将一切身心痈疽病患、社会颠倒混乱、天地晦暗失常，皆以心性之自然、自律、自明、自足、自生等之力而畅达调适之。感化者，"寂然不动，感而遂通天下"（《周易·系辞》）。寂然不动

止于至善　51

者,心性为体;感而遂通天下者,心性为用。心性既为体亦为用,心性全用为体,全体为用。圣贤者,心性之化身也。圣贤以心性之自然、自律、自明、自足、自生等之力,于内而为形体精神、言行举止,于外则感物化民。

"夫君子,所过者化,所存者神。上下与天地同流。岂曰小补之哉?"(《孟子·尽心上》)意为,儒家之君子或圣贤,其为道德之化身、心性之化身,他们的思想言行所被之处,身形举止所至之处,一切人与物,无不感应而转化。虽千万里之外,或千百年之后,随感赴应,无远弗届。佛家称此心性之自然、自律、自明、自足、自生等之力,为佛力,为法力,为般若力,为三昧力,为大悲力,此力最为不可思议,神鬼莫测。佛家又称此力为"加持力",加持力通俗地讲,就是影响力、感化力。在此加持力之影响下,一切不正之事物,悉皆归正;一切贪嗔痴,在此加持力感化下,悉皆转化为戒定慧。

在止于至善

"止"即到达、安处、融入、成为之义。"至善"即最高善、终极善、圆满善之义。

"善"有二义:一义是指心体、性体为(自律)道德理想之源、仁义之本,一切德目、德行、德化、德馨之所由;另一义是情感叹词,对一切真善美的由衷赞叹。《孟子》一书中时常出现"善哉,善哉"之叹,即为此义。后世佛经译入中华,内中多有"善哉"之褒叹,其词正是撷取《孟子》而来。

"至善"一词具含上述二义。若依第一义,至善则是指道德仁义之圆满极致之境界，也即指心体、性体已然充扩饱满达至彻底朗现，无有余蕴，无有隐曲，无有混杂。内与外、主与客、心与物、生生与无生、有为与无为、经验与先验、"性之"与"反之"、人与神（或曰凡与圣）等，皆统摄于心性之中而贯通之，消化之，圆融之，成就之。此境儒家名曰"（道德之）化境"。不达此境，不名为极，不名为圆，也不名为至。若进至此境，方可名为"至善"。第一义成，至善第二义亦随之而成。进至此圆极之境，方可称赞为"善哉之至"也。

至善者必至美。虽然儒家以德立言，成德为教，但善美者，一体之两面，至善者必至美。只是儒家将美之一面统摄于、消融于善之中而不甚显赫，但并不能依此即谓儒家无美之一面。善之与真，亦复如是。至美者，妙乐（心体、性体自发之乐，又名"自得其乐"。因此乐为本有、自得故，不假外求）之至也；至真者，心体、性体自明之智慧（理性或曰性理）之至也；至善者，心体、性体依自律道德而兴起生生不已之创造之至也。故至善者，必得心体、性体自发之无上妙乐（佛家以极乐世界喻之）；至善者，必得心体、性体自明之智慧（般若智慧、先验智慧）而发明生命和存在的至真之理（简称"真理"）。

如何判定我们的"明明德"和"亲民"已臻于"至善"与否呢？此中关键在于有我还是无我。有我即有自我之义，无我即无自我之义。有我即有限，无我即无限。"我"是心体、性体之封限。若有我，有多少自我，心体、性体就有多少被封限；若无我，心体、性体则无封限。发自无封限的心体、性体之善，就是无限善，无限善就是至善，就是圆满之善，就是终极之善。有我

（有限）之善，为善之分段，为某一面某一点之善，此善因杂以小我、自我、私念、物欲、封限之善，故名"小善"。小善不能尽善之全体大用，不能尽善之全部蕴涵，不能尽善之无限永恒之体性，不能尽善之生生不息之道德创造。

无封限之心，就是无限心；无封限之性，就是无限性；无封限之善，就是无限善（至善）。无限即绝对，无限即普遍，无限即超越，无限即永恒。无限善即绝对善，因此善非相对而在，必为纯主体而在，故绝对善即纯主体之善，此时全部主体即是善，全善即是主体。无限善就是普遍善，其善非局限于某处，而是遍在于一切处。无限善就是超越善，此善因无我而无执、无为、自然、自在，超越即解脱，故超越善即为解脱之善——以善（良知、道德）为入路而至解脱。无限善即永恒善，当善臻于无限之境时，即是善臻于永恒之时。永恒在佛家名曰"涅槃"，佛家以觉（真）为入路，达至不生不灭的永恒涅槃；儒家以德（善）为入路，达至不生不灭的永恒涅槃。

物有本末，事有终始

知止而后有定

此段经文是阐述《大学》修行之次第。此次第不是通常人们所意会的从低到高、由偏至圆、自下而上之次第。此通常人们所意会的从低到高、由偏至圆、自下而上之次第，是"从因到果"之次第，而"知止而后有定，定而后能静，静而后能安，安而后能虑，虑而后能得"之次第，名之曰"倒果为因"之次第。"倒果为因"之次第，是以修行之极果、修行之最终圣境为起点。"倒果为因"的"因"即是起点、基础之义。"倒果为因"就是下手时即以圣贤之极果为修行之起点，为修行之基础，并在此起点上，在此基础上，扩而充之，以至其极。"倒果为因"之次第是无次第的次第，是有次第（即有阶段、有步骤、有先后）而无次第相（无次第相意为无次第之迹象，无不可更改之次第，有次第但不为次第所束）的次第。

从因到果修行法与倒果为因修行法相比较，有如下若干之差异：

从因到果修行法是从现象进至本体；倒果为因修行法是从本体进至现象。

从因到果修行法有次第，而且其次第是机械的，是难以更改的；倒果为因修行法也有次第，但其次第是灵活的，是可以更改的，是以一种超然之态度来看待次第的，也即虽然有次第，但无次第相，不执着于次第，不为次第所束。

从因到果修行法是将圣贤之境界作为一个理想、一个假设、一个仰望中的终极目标，一个心中并没有确定把握的期望；倒果为因修行法是起步即立定于圣贤之境界，圣贤之境界不是一个终点，而是将终点与起点合一。在倒果为因修行法的实践者那里，圣贤之境界不再是一个理想、一个假设，一个仰望中的终极目标，一个心中并没有确定把握的期望，而是一个存在于此时此地的现实，我们现在要做的仅仅是，将自己越来越深入地、完整地、纯粹地、无我地融进此圣贤之境，成为此圣贤之境。

从因到果修行法是"反之"；倒果为因修行法是"性之"。

"知止而后有定"的"知"字，是觉知、觉察、明确之义。经过历代圣贤的言教与开示（包括本《大学》在内），使我们这些后学明白了心体与性体，明白了良知与仁义，明白了至善是生命和人生之价值与意义的来源与归属，如是等等。明白后，我们便将身心言行归止于此心性之上，归止于此至善之境。如此便是"知止"——确定地知道自己身心言行应当归止于何处。

确定地知道自己身心言行应当归止于何处，计有两种路径：一种是特殊路径，一种是平常路径。

遵循特殊路径的有两类人：天纵英才和忠厚老实之辈。对于天纵英才（上智之人），如尧舜者，无需后天长期而艰苦地学习多少思想学说，"见一善行，闻一善言，（心体、性体所涵之仁德良知）若决江河，沛然莫之能御"。另一类人为文盲野夫（下愚之人），由于种种原因没能接受到很好的教育。在儒者看来，如此文盲野夫照样可以实践德行，完善人格，发明心性，活出德化之人生。"若某则不识一个字，亦须还我堂堂地做个人。"（《陆九渊集·语录·上》）"堂堂地做个人"，就是成为一个"大人"，成为一个圣贤。圣贤之为圣贤，在于其人是否发明心性，止于至善，是否成就一番内圣外王之事功，不在于这个人一定要学习多少学问，累积多少知识。虽然是一位"不识一个字"的文盲野夫，但只要成为一个"择善固执"之人，每临事待物之时，俱能尽心尽力，始终恪守仁心良知而不失，如此之人，必定活出德化之人生，终达至善之境，成就为一名圣贤。孔子曰："唯上智与下愚不移。"（《论语·阳货篇》）此之谓欤？不移者，无需旁顾左右，思虑忖度，直下行去是也；不移者，诚也。"诚者，物之终始。不诚无物。是故，君子诚之为贵。"（《中庸》）佛曰："制心一处，无事不办。"（《遗教经》）"制心一处"即止心一处，为涤虑精诚之义；"无事不办"为所愿皆成，止于至善之义。

另一种路径为平常路径：广学圣贤之教，披阅古今文典，"博学之，审问之，慎思之，明辨之"，最后汇归于"笃行之"（《中庸》）。如是，方可渐臻于理明法透之境。一旦理明之，法透之，则不会再有疑虑。因无再疑，而生实信，而得真诚。自此以后，发明心性，成就德化人生。

佛曰，众生皆具五毒——贪、嗔、痴、慢、疑，有此五毒而蚕食慧命，断人善根，颠倒真理，遮蔽心性。其中"疑毒"为五毒之一，不可不慎。疑病难祛，亘古如斯。为除世人疑病，古今圣贤智者，广立言行，建构文教，条理思想，标示体系，以求文明普被，显著心性，导引归宿，安排次第。如此，而有各种智慧系统之诞生，如此，而有各种文化体系之发展。儒佛道各家体系，非供后人娱乐耳目之用，非为增添茶余饭后笑谈之资，实乃仁心之不容已，为断除世人五毒之害。五毒除，无我现，诚信立。如此，方能确定地知道自己身心言行应当归止于何处。如此，方为知止——止于至善。

"知止而后有定。"印度文明的结晶——佛法，有"戒定慧"三无漏学。整个浩如烟海的佛教经律论三藏，无不围绕着"戒、定、慧"三学而广泛阐述。佛法就是"戒、定、慧"三学，离开"戒、定、慧"三学，别无佛法。故此三学，佛家称之为"三无漏学"——其中任何一学皆不可忽略。如若遗漏任何一学，则整个佛法体系不能成立。

戒者，戒律之省称。狭隘之戒律，在不同的宗教或思想体系里有不同的要求。依佛教而言，狭隘之戒就是以释迦佛为主的历代佛教宗师们为规范约束佛弟子的言行而制定的各类律条。广义之戒律，是指一切伦理学说、民俗传统、道德实践等。戒为遮止，遮挡和阻止一切恶行之发生；律为显扬，显化和发扬一切善行，令其彰著。儒家旨在建立道德，发扬仁义，刊定善恶，在明明德，因此整个儒家思想学说，种种德目——温良恭俭让、仁义礼智信、君君臣臣、父父子子等，究其实质，无非是一个庞大的戒律学说。相较于佛学或其他思想系统，儒学是一个最为完备、最为透彻的戒律体系。

戒律又分为"有相戒律"和"无相戒律"两种。有相戒律，指各种戒规戒条，如法律之种种条文，学人依此，知所进退。有相戒律为他律道德，或曰"他律伦理"，即此类道德行为和伦理行为，皆源于我们之外的宗教、法律、习俗、传统等对人们的强制规定和要求。无相戒律为自律道德，或曰"自律伦理"，即此类道德行为和伦理行为，皆源于吾人内在的心体、性体，是心体、性体彰显后，自其间显化出的良知善愿对我们言行的指引与命令。此命令为吾人道德行为伦理行为的最高命令、绝对命令。简单言之，此最高命令或曰绝对命令，即是儒家所谓的"仁心之不容已""义不容辞""（心）安与不安""求仁得仁""杀身成仁""富贵不能淫，贫贱不能移，威武不能屈"等诸句之义。为什么"不容已""不容辞""不能移""杀身（以成就之）"？因为这是来自心体、性体的道德指令与道德规定，此指令与规定是天命！——犹如基督教中所言的上帝之命令。故此命令为无上之命令、终极之命令、绝对之命令、定然之命令。

因这类道德律令源自无形无相的心体、性体，故而佛教禅宗名之为"无相戒律"。此戒由禅宗六祖慧能大师首次提出。记录六祖言行的《六祖坛经》开篇就说："慧能大师于大梵寺讲堂中，升高座，说摩诃般若波罗蜜法，授无相戒。"（敦煌本《六祖坛经》）此为"无相戒"一名之始。何谓"无相"？六祖解释是："外离一切相，名为无相。"

通观《六祖坛经》，慧能大师主要从以下几个方面来阐述

"无相戒"（下文皆引自敦煌本《六祖坛经》）：

① 自性三皈依：从今日起，称觉为师，更不归依邪魔外道。以自性三宝，常自证明。劝善知识，归依自性三宝。佛者，觉也；法者，正也；僧者，净也。自心归依觉，邪迷不生，少欲知足，能离财色，名两足尊。自心归依正，念念无邪见，以无邪见故，即无人我贡高贪爱执着，名离欲尊。自心归依净，一切尘劳爱欲境界，自性皆不染着，名众中尊。

若修此行，是自归依。凡夫不会，从日至夜，受三归戒。若言归依佛，佛在何处？若不见佛，凭何所归，言却成妄。善知识，各自观察，莫错用心，经文分明言归依自佛，不言归依他佛。自佛不归，无所依处。

今既自悟，各须归依自心三宝。内调心性，外敬他人，是自归依也。善知识，既归依自三宝竟，各各志心，吾与说一体三身自性佛，令汝等见三身，了然自悟自性。总随我道：于自色身归依清净法身佛，于自色身归依圆满报身佛，于自色身归依千百亿化身佛。

善知识，色身是舍宅，不可言归。向者三身法，在自性中，世人总有，为自心迷，不见内性，外觅三身如来，不见自身中有三身佛。汝等听说，令汝等于自身中见自性有三身佛，此三身佛，从自性生，不从外得。

何名清净法身佛？世人性本清净，万法从自性生。思量一切恶事，即生恶行；思量一切善事，即生善行。如是诸法，在自性中，如天常清，日月常明。为浮云盖覆，上明下暗。忽遇风吹云散，上下俱明，万象皆现。世人性常浮游，如彼天云。

善知识，智如日，慧如月，智慧常明。于外着境，被妄念浮云盖覆自性，不得明朗。若遇善知识，闻真正法，自除迷妄，内外明澈，于自性中，万法皆现。见性之人，亦复如是，此名清净法身佛。

善知识，自心归依自性，是归依真佛。自归依者，除却自性中不善心，嫉妒心，谄曲心，吾我心，诳妄心，轻人心，慢他心，邪见心，贡高心及一切时中不善之行，常自见己过，不说他人好恶，是自归依。常须下心，普行恭敬，即是见性通达，更无窒碍，是自归依。

何名千百亿化身？若不思万法，性本如空，一念思量，名为变化。思量恶事，化为地狱；思念善事，化为天堂。毒害化为龙蛇，慈悲化为菩萨，智慧化为上界，愚痴化为下方。自性变化甚多，迷人不能省觉。念念起恶，常行恶道。回一念善，智慧即生，此名自性化身佛。

何名圆满报身？譬如一灯能除千年暗，一智能灭万年愚。莫思向前，已过不可得；常思于后，念念圆明，自见本性。善恶虽殊，本性无二。无二之性，名为实性。于实性中，不染善恶，此名圆满报身佛。自性起一念恶，灭万劫善因。自性起一念善，得恒沙恶尽。直至无上菩提，念念自见，不失本念，名为自性报身佛。

② 无相忏悔：今与汝等授无相忏悔，灭三世罪，令得三业清净。善知识，各随我语，一时道：

弟子等，从前念今念及后念，念念不被愚迷染，从前所有恶业愚迷等罪，悉皆忏悔，愿一时消灭，永不复起。

弟子等，从前念今念及后念，念念不被骄诳染，从前所有恶业骄诳等罪，悉皆忏悔，愿一时消灭，永不复起。

弟子等，从前念今念及后念，念念不被嫉妒染，从前所有恶业嫉妒等罪，悉皆忏悔，愿一时消灭，永不复起。

善知识，以上是为无相忏悔。云何名忏？云何名悔？忏者，忏其前愆。从前所有恶业，愚迷，骄诳，嫉妒等罪，悉皆尽忏，永不复起，是名为忏；悔者，悔其后过。从今以后，所有恶业，愚迷，骄诳，嫉妒等罪，今已觉悟，悉皆永断，更不复作，是名为悔。故称忏悔。凡夫愚迷，只知忏其前愆，不知悔其后过，以不悔故，前愆不灭，后过又生。前愆既不灭，后过复又生。何名忏悔？

③ 发四弘誓愿：善知识，既忏悔已，与善知识发四弘誓愿，各须用心正听：自心众生无边誓愿度；自心烦恼无边誓愿断；自性法门无尽誓愿学；自性无上佛道誓愿成。善知识，大家岂不道众生无边誓愿度，怎幺道？且不是慧能够度。

善知识，心中众生，所谓邪迷心，诳妄心，不善心，嫉妒心，恶毒心，如是等心，尽是众生。各须自性自度，是名真度。

何名自性自度？即自心中邪见、烦恼、愚痴众生，将正见度。既有正见，使般若智打破愚痴迷妄众生，各各自度。邪来正度，迷来悟度，愚来智度，恶来善度，如是度者，名为真度。

又，烦恼无边誓愿断。将自性般若智，除却虚妄思想心是也。又，法门无尽誓愿学。须自见性，常行正法，是名真学。又，无上佛道誓愿成。既常能下心，行于真正，离迷离觉，常生般若，除真除妄，即见佛性，即言下佛道成。

④ 授无相戒：善知识，若欲修行，在家亦得，不由在寺。在家能行，如东方人心善。在寺不修，如西方人心恶。但心清净，即是自性西方。

韦公又问：在家如何修行？愿为教授。师言：吾与大众作无相（戒）颂，但依此修，常与吾同处无别。若不作此修，剃发出家，于道何益？颂曰：

心平何劳持戒，行直何用修禅；恩则孝养父母，义则上下相怜；

让则尊卑和睦，忍则众恶无喧；若能钻木取火，淤泥定生红莲；

苦口的是良药，逆耳必是忠言；改过必生智慧，护短心内非贤；

日用常行饶益，成道非由施钱；菩提只向心觅，何劳向外求玄；

听说依此修行，天堂只在目前。

近世儒者常言，六祖慧能犹如儒家孟子之在佛家，心学大师王阳明犹如六祖之在儒家，信然也。佛门之"无相戒"与"有相戒"略如儒家的"尧舜，性之"与"汤武，反之"之学。戒定慧无漏三学为各大文化系统、各大思想流派所共同重视，视之为各自学术之纲骨，佛家自然不能例外。但相较佛儒而知，佛家之戒律学（道德学或曰伦理学）虽然也进至先天之境，达于无相之域，以此为戒律之体，也以此为戒律之基，但由于佛教文化受其母体文化背景——印度传统思想（印度文化是一个宗教化、出世化程度最高的文化）之深重影响，同样以出世为归，过分突出心体、性体之超越面（佛家名之为"空性"，省称"空"）、清静面、无为面，而很少涉及其余面向，故佛家之戒律学终究成为一门消极的、被动的、避世的、封闭的、机械的、缺少勃勃生机的伦理道德学。受到"人生皆苦，无有少乐"的基本思想影响，佛家的戒律学说处处充斥着深重的厌世情绪和耶稣受难式的悲壮情怀，终究成为一门偏极的、悬空的、枯寂的、自虐式的、隐士式的、苦行僧式的伦理道德学。如此之戒律学非为道德学之正宗，并不能成就道德之所以为道德的本义与正义。由是衡之，真正的戒律学（伦理道德学）必归为儒家所有，换言之，唯儒家能始终紧扣戒律之正义而不走作，不偏离。因为儒家是自心体、性体之正面、积极面、自足面、自生面、自明面而立戒律之体，以成戒律之由，以此为立学之本，实现德化人生。因此，儒家之戒律学，方是真正的经国济世的伦理道德学，于人伦日用之间以成就之，落实之，充扩之，圆满之，如是方为开放的、光明的、入世的、充满生机的、积极乐观的、饱满透脱的伦理道德之学。

定学是涤荡虚妄，升华与规范种种非理性之本能和情执，畅通人与自然、人与社会、人与自身的种种阻隔封限，克除小我自我之陷溺，导正言行，条理思维，彰显本心本性之学。"定"有贞定、清澈、归顺和明确方向之义。

慧学是阐发心性之学。依其所见而建立学思体系，指示生命核心价值之所在，标明人生终极意义之所是。

戒定慧三学之间互为前提，互为因果，相互解释，相互成就。戒学明，则定学（实践方向、修行方式）也必明，由是，建基于戒定二学之上的慧学(思想性格、学问体系)也必明。若定学明,或慧学明,则另外两学也必明。故《大学》曰:"知止而后有定。"只有彻底理解了儒家开示什么,遮戒什么,且为何如此,只有彻底理解了儒家的义理系统的基本性格和立学之本,且为何如此,这便是"知止"。知止就是理明法透,见地真切。知止了,我们也就自然地明白,什么是我们人生实践之方向,什么是生命价值之所在,这便是"有定"——有了真切之见地。有此真切之见地,自然在纷繁复杂的人世间,就不会轻易迷失方向;在面临种种微妙难辨的善恶、美丑、是非等之时,就不会轻易迷失判断——依于心体、性体而来的自明智慧(性智)之判断。这便是"有定",即拥有了不退之信心、不移之决心,拥有了明确之志向、永恒之依皈,定力自然生起,且随时日推移而渐次充盈,直趋圆满至极而后已。此定力者,心体、性体本有之如如不动、自定方向、自贞自肯之谓也,不谈随缘而又随缘不变之谓也,也即易的三义——不易、变易与简易之"不易"之谓也。心体、性体超越而绝对,因其超越而绝对,故如如不动:太古之初不改其性,万世之后,不易其体。佛陀将此心体、性体喻为"金刚"——能摧破一切邪妄,而自体如如不动。

戒定慧皆为心体、性体之所涵,为其本有之物。戒者,良知之别名,性德之异称,显而为德行,即"君子有所为,有所不为"也。定者,性体本无动摇,亘古不失自性(即不失其所涵诸特性,如自足性、自明性、理性等)之谓也。定显而为德行,即"诚心"与"慎独"也。"诚心"即不自欺。"慎独"即无需外在警示与监督,若神灵在天,若圣贤在侧,若千夫所指,若万民在望，时刻自觉地实践道德，守护心性，精进修持，止于至善。慧者，心体、性体所涵万理之显发也，在内为明德，为圆觉，为至善，在外显发则为思想，为理义，为学统，为文明。戒定慧在心体、性体内之关系是：慧为体，定为相，戒为用。佛家喜用法身、报身、化身这三身来表示：法身为慧，为体；报身为定，为相；化身为戒，为用。但此辨示只是方便，如究竟言之，乃三位一体，一体三位：在戒之时，全部定慧即是戒；在定之时，全部戒慧即是定；在慧之时，全部戒定即是慧。

定而后能静

定为内，静为外。定为内容，静为形式。一旦于内得定，我们外在的文化、生活、人生、社会和整个天地万物，就能静下来。静有沉静、安稳、条理、畅达、庄严、圣洁等诸含义。禅宗说"万法本闲，惟人自闹"，意为天地万物、人伦社会等，本来是没有什么事的，一切都很好的，只因人的颠倒迷乱，人的强行作为。这样的人走到哪里，都是麻烦、动乱的源头，不仅打扰自己，也严重地打扰他所接触到的一切人和一切事。佛陀称内在有定的人可以"庄严国土"。因为此人有定、得定了，其定力显发于外，就可以让外在的他人他物在其定力加持下，当下自然地获得从未有过的沉静、畅达、庄严和圣洁，转贪嗔痴为戒定慧，这就是"庄严国土"。儒家的"一日克己复礼，天下归仁"与"庄严国土"有异曲同工之妙。但我儒更喜欢使用风气、气象、气质等与气相关的术语，来指称内定外静之境，如习俗风气、圣贤气象或天地气象等。

在儒者看来，一个人内在是什么，必难以隐藏而显著于外，对外界产生相应的影响与作用。故《大学》曰："诚于中，形于外。"至于奸诈之徒、虚伪之辈，其成于内，未必立即显著于外。但这必然是暂时的，自长久观之，其奸诈，其虚伪，必难以隐藏而显著于外，此为定然也。

圣贤气象就是天地气象，天地气象就是圣贤气象。圣贤之智慧如天之高远，难以称量。正如子贡赞其师曰："他人之贤者，丘陵也，犹可逾也；仲尼，日月也，无得而逾焉。"子贡另一赞曰："夫子之不可及也，犹天之不可阶而升也。"其"无得而逾焉""不可及也"之赞，皆在赞孔子之智慧如天之高远。圣贤之道德如地之深厚，运载万物，同样难以称量。圣贤之气象同具天之高远与地之深厚，故圣贤气象即天地气象也。孟子所言的"上下与天地同流""养吾浩然之气"之"大丈夫"境界，同样是指此内定外静之圣贤化境和描述圣贤特有的天地气象。

一日，北宋大儒程子的一个门生对程子说："观天地，则知圣人。"意即通过观察天高地厚之气象，便可体悟出圣人之境界。程子听后说："不对，应是观圣人，则知天地。"意即天地玄远，莫知高厚，但我们通过圣贤之气象，便可亲切而真实地体悟出天地之德了。"观圣人，则知天地"这句话里，还暗含着儒家对人在宇宙中是何地位的看法。在儒者看来，人是宇宙之主宰、万物之灵长，有着无上之尊严。天地因为孕育了人类——尤其是圣贤，方使其存在有了价值；天地因为给圣贤提供了彰显德智的舞台，方使其存在有了意义；天地因为被圣贤彰显而出的心体、性体所含化，而获得了圆满与至善之境界，获得了再次认识自己、反观自己、超越自己、创造自己和回归自己(即康德所言的回归于物自体——万物回归其自己,也即儒家所言的回归心体、性体)的机会。就现象而言,似是天地成就了圣贤,但究竟而言,实是圣贤成就了天地!若天地万物无圣贤之德之智以照耀之,显扬之,天地虽有日月,却依然万古长夜,其存在仅仅成一纯形式的存在、空洞的存在、死寂的存在、喑哑的存在。自圣贤出世,以其心性之光、生命之光、德智之光照彻天地,将天地万物内在之价值与意义发明出来。在此价值与意义之指引下,物各付物,万物各归其位,各伦其序。父父子子,君君臣臣,父归父位,子归子位,君归君位,臣归臣位。依此类推,一切事物皆各得其位,皆各归其位。"天地位焉,万物育焉。"(《中庸》)当天地各归其位之时,方是万物生生不息、孕化无穷之际。

万物各归其位,各伦其序,就是《大学》此处所言的定而后能静的"静"。故知,静者,天地气象之义,庄严国土之义,圣贤化境之义,物各付物之义。"定而后能静"的这个"而后",是逻辑上的前后之后,不是时间上的前后之后。内定与外静之关系是逻辑关系,不是时间上的先后关系。接下来的"能静""能安""能虑""能得"与"知止"以及"有定"之关系,都是逻辑关系,不是时间上之先后关系。止、定、静、安、虑、得,如同戒定慧三位一体、一体三位那样,它们相互间也是六位一体、一体六位之关系。

静而后能安

"安"指心(体)而言。性不存在安不安的问题,只有心才存在着安不安的问题。安心问题,或曰心安问题,是东方文化中儒佛道等几大系统共同重视的核心问题,不独儒家如此。在佛家有两个最为著名的公案,以说明佛家对安心同样有着高度的重视。

第一则公案是佛陀出家因缘:

据佛经记载,佛陀是古印度迦毗罗卫国(喜马拉雅山脉南麓一个小国)的太子,自小享受极度奢华的生活。19岁时,风华正茂的年轻王子想到外面去看看,于是走出皇宫,穿行于市井之间,分别来到都城的东西南北四门。当王子从东门出时,看到了一位年岁很大的老人,白发皱面,步履蹒跚,让人顿生无限怜悯。又一日,王子从南门出,见一位重病者,被疾病折磨得面目全非,身体扭曲,痛苦异常,让人不忍正视。又一日,王子自西门出,见一队人正在抬着一个刚死去的人去火葬,随行眷属因突然失去亲人而悲痛欲绝,伤心之状,难以形容。分别目睹衰老、疾病和死亡的王子,第一次体会到了良心不安的滋味。奢华的生活再也不能令其快乐,他整日郁郁寡欢,思考怎样让人们从如是深重之苦海中拔离出来。又一日王子从北门出,见到一位出家修行的苦行僧。这名苦行僧虽然过着极度艰苦的生活,但却拥有着清澈而智慧的眼神、宁静而愉快的表情,于大众中,超然独立,卓尔不群。王子一见倾心,顿生渴仰,暗下决心追随此类人出家修行,直至找到彻底解脱众生痛苦之方法为止。自此以后,王子心中只存一念:出家修行。因得不到父王允许,日夜苦闷。某一夜,王子念众生苦海无度,再次悲痛难抑,不能自已,决定不辞而别。于是翻越皇城,来到郊野,脱去华美服饰,换上从垃圾堆里找来的破旧衣服，从此成为一位正式的苦行僧，开始了人们难以想象的苦行生涯。于 31 岁时，在一棵菩提树下终获开悟，成为佛陀——这个世界上最伟大的生命觉醒者。开悟后的佛陀说法利众四十九年，开创了历史上又一博大精深的思想体系——佛教。无论是未成佛之前的王子决意放弃奢华生活，出家苦行修道，还是成就圆觉后的佛陀四处讲法不辍，度生无量，皆源于最初一念——心中之不忍，或曰心中之不安。

另一则公案是中国禅宗第二祖师——慧可大师（487—593）的悟道因缘：

慧可大师，俗姓姬，虎牢（又作武牢，今河南省荥阳市）人。慧可自幼志气不凡，为人旷达，博闻强记，广涉儒书，尤精《诗》《易》，喜好游山玩水，而对持家立业不感兴趣。后来接触了佛典，深感"孔老之教，礼术风规；庄易之书，未尽妙理"，于是便栖心佛理，超然物外，怡然自得，久之并产生了出家的念头。父母见其志气坚定，便听许他出家。于是他来到洛阳龙门香山，跟随宝静禅师学佛，不久又到永穆寺受具足戒。此后遍游各地讲堂，学习大小乘教义。经过多年学习，慧可禅师虽然对经教有了充分认识，但是个人的生死大事对他来说仍然是个谜。

32 岁那年，慧可禅师又回到香山，放弃了过去那种单纯追求文字知见的做法，开始实修。他每天从早到晚都在打坐，希望能够借禅定的力量解决生死问题。这样过了八年。有一天，在禅定中，慧可禅师突然看到一位神人站在跟前，告诉他说："将欲受果，何滞此邪？大道匪（非）遥，汝其南矣！"（如果你想证得圣果，就不要再执着于枯坐、滞留在这里了。大道离你不远，你就往南方去吧!)

慧可禅师于是前往少室山,来到达摩祖师面壁的地方,朝夕承侍。开始,达摩祖师只顾在山洞内面壁打坐,根本不理睬他,更谈不上有什么教诲。但是,慧可禅师并不气馁,内心反而愈发恭敬和虔诚。他不断地用古德为法忘躯的精神激励自己:"昔人求道,敲骨取髓,刺血济饥,布发掩泥,投崖饲虎。古尚若此,我又何人?"就这样,他每天从早到晚,一直待在洞外,丝毫不敢懈怠。

过了一段时间,在一个腊月初九的晚上,天气陡然变冷,寒风刺骨,下起了鹅毛大雪。慧可禅师跪在达摩面壁的洞口外,一动不动。天快亮的时候,积雪居然没过了他的腰身。

这时,达摩祖师才慢慢地走出洞来,问道:"汝久立雪中,当求何事?"

慧可禅师流着眼泪,悲伤地答道:"惟愿和尚慈悲,开甘露门,广度群品。"

达摩祖师道:"诸佛无上妙道,旷劫精勤,难行能行,非忍而忍。岂以小德小智,轻心慢心,欲冀真乘,徒劳勤苦。"(诸佛所开示的无上妙道,须累劫精进,勤苦修行,行常人所不能行,忍常人所不能忍,方可证得,岂能是小德小智、轻心慢心的人所能证得?若以小德小智、轻心慢心来希求一乘大法,只能是痴人说梦,徒自勤苦,不会有结果的。)

听了祖师的教诲和勉励,为了表达自己求法的真诚和决心,慧可禅师拿起锋利的刀子,砍断了自己的左臂,并把它放在祖师的面前,顿时鲜血染红了雪地。

达摩祖师被慧可禅师的虔诚所感动，知道慧可禅师是个法器，于是就说："诸佛最初求道，为法忘形，汝今断臂吾前，求亦可在。"（诸佛最初求道的时候，都是不惜生命，为法忘躯。而今你为了求法，在我跟前，也效法诸佛，砍断自己的手臂，这样求法，必定能成。）

慧可禅师获得了达摩祖师的开许，忙问道："我心未宁，乞师与安。"（我的心至今不能真正宁静，乞请大师示我安心之道。）

祖师回答道："将心来，与汝安。"（你把心拿来，我为你安顿。）

慧可禅师沉吟良久，回答道："觅心了，不可得。"（我找心了，可是找不到它。心无形色，无方所，无法呈送。）

祖师答道："我与汝安心竟。"（刚才在你觅心之时，我已经为你把心安顿了。）

慧可禅师听了达摩祖师的回答，当即豁然大悟，明心见性。原来并没有一个实在的心可得，也没有一个实在的"不安"可安。安与不安，全是妄想。

慧可禅师开悟后，继续留在达摩祖师的身边长达六年之久（亦说九年），后继承了祖师的衣钵，成为禅宗二祖。

佛家固然有不安之心，为慈悲之本；固然有安心之道，以息烦恼。与儒家相较，佛家不安之心，表现为引导人生以出尘离俗为归；佛家安心之法，在于指示心性以无染无执、无为无相、空性超然为体，其心性之全体大用，亦以无用之用，用而无用，离形离相而为用。因为佛家对心性所见，为偏而不圆，只知其一，不及其余。故佛家所安之心，不免为空寂心、偏枯心、出离心、无用心，以离尘合觉以安其心。如是之心，不能成就道德，实践伦理，彰显创造，经世致用。如是安心，其心终得安乎？我们同样以禅宗二祖为例。

二祖慧可得衣钵后，自河南少林寺南行至皖西大别山区的司空山，于山中隐居达数十年之久，终日与白云为伴，餐松饮露，形同野人。后有少年受其点化，大悟生死后随慧可出家，慧可为其取法名"僧璨"，令其同隐司空山数年，日夜授受。后慧可大师将祖祖相传之衣钵付于僧璨，僧璨成为禅宗第三祖。

据史料记载，二祖慧可付法给三祖僧璨后，即前往邺都（今河北临漳），"韬光养晦，变易形仪，或入诸酒肆，或过于屠门，或习街谈，或随厮役。随宜说法，一音演畅，四众皈依。如是长达三十四年"。

曾有人问二祖："师是道人（即得道之人），何故如是？"（你是个出家人，出家人有其戒律，你怎么可以出入这些不干不净的地方呢？）

二祖回答道："我自调心，何关汝事？"（我这是为了调理自己的心，跟你有什么相干？——他不是已于数十年前被达摩大师安过了心，怎么还需调心呢？）

二祖在四处讲法，道誉远播之余，"或入诸酒肆，或过于屠门，或习街谈，或随厮役"，恶名也在各处流传，且影响越来越坏。明万历《成安县志》记载："（慧）可乃飘然诣邺都，随宜说法，逾三十四载，乃韬光晦迹，变易仪相，佯狂调心。继往成安匡教寺山门谈无上道，听者林集。时有辩和法师者，于寺中讲

《涅槃经》，学徒闻（慧）可阐法，稍稍引去。辩和忿怒，遂兴谤于邑宰翟仲侃，加以非法。（慧）可怡然委化。乃弃尸于平野，数日视之，异香馥郁。仲侃复令移之漳河中，（慧）可忽于水面趺坐瞑目，溯流十八里，至芦村而止。时一百七岁，〔隋〕文帝开皇十三年（593）三月十六日也。"

虽然慧可大师证悟已达生死自在，智慧卓越，年岁高寿，"时一百七岁"，可以达到死后"数日视之，异香馥郁"，死后仍然示现神通，"于水面趺坐瞑目，溯流十八里"，但他是自佛家义理入道，受其义理性格所限，不能成就德性人生，因其严重的败德乱纪行为，终于引起同门忿怒，设法以害之。一代宗师，死于非命。

吾儒安心，紧扣"仁心""德性"而不失，于心体、性体之积极面发扬良知，于百姓日用间成就道德，于经国济世中安顿其心，彰显仁义。如此安心，参照于佛老两家，有如下之异：

一、自心体、性体健行不已的生生之德，从正面建立德行之先天根据，建立德目何以如此之所以然之理（定然不可改移之理），并于此实践德行之过程中，实现安心。所安之心，为万善皆备之心，为沛然莫之能御之四端（羞恶、辞让、恻隐、是非）之心，为参天地、赞化育的创造之心。

二、自上慈下孝、忠信诚正的德化人生中，实现安心。所安之心，不离世间，不离人伦纲常，不离经世致用。

三、佛家不安之心，自虚妄、梦幻、烦恼、颠倒、迷执、业障、无明等方面，指示何以不安之因；儒家不安之心，则自礼崩乐坏、文明不传、道德不行、人间不公、天下不平、圣贤不出、家国无道等方面，指示何以不安之源。故儒家常言，佛为大私，儒为大公，信然也。因佛家所安之心，为个己之心，为自我之心，为偏隘之心，为消极之心。儒家并非不承认佛家其心不安之诸因——虚妄、梦幻、烦恼、颠倒、迷执、业障、无明等，但儒家安心之道不是对这些不安之诸因采取一味的消极、退避，而是运用积极地实践德行，切实地成就德化人生，以冲破之，降服之，升华之，转化之。如是便突显出儒家始终恪守的"直、方、大"之"吾道一以贯之"之性格。如是便突显出，儒家其心不安，不是缘由个己之因，而是因为天下不安，故吾心不安。若天下太平，家齐国治，德化人生已成，则吾心自安矣。

四、佛家安心后，方去济世化民。儒家济世化民后，其心方安。故佛家终极之处，恰是儒家起步之始。儒家一起步就站在佛家的佛菩萨之果境上，正面实现心性。

五、佛家人生是觉悟人生，儒家人生是德化人生。佛家收纳人性入佛性（神性），儒家是收纳佛性（神性）入人性。故佛家究竟而言，是以神为本（佛是神化之后的佛）的神性化文明，儒家本质而言，是以人为本（将神灵仙佛以人化）的人性化文明。佛家以觉悟圆满为修行实践之极果，儒家以德化人生的圆满（止于至善）为修行实践之究竟。此两者皆可得彻底解脱（终极安心），但其路径和理趣，则大为不同。

安而后能虑

虑者，心性内涵之本有智慧也。安于心性之真，则兴发觉悟智慧；安于心性之美，则兴发艺术式的欣赏与快乐智慧；安于善，则兴发道德智慧。这三类智慧皆心性之所涵，依其任何一类智慧，皆可建立起相应的智慧体系，且此智慧体系将是一个动态的、不止境的智慧体系。任一智慧体系充扩至其极致，皆可将天地人物和思想文化等一切纳入其中。

依于心性之真，则天地人物和思想文化，无非是一个巨大的、动态的、自恰的觉化宇宙人生和觉化思想文化；依于心性之美，则天地人物和思想文化，无非是一个巨大的、动态的、自恰的美化宇宙人生和美化思想文化；依于心性之善，则天地人物和思想文化，无非是一个巨大的、动态的、自洽的德化宇宙人生和德化思想文化。以真视之，则一切皆真——一切事物皆纳入觉性之中而统摄之，消化之；以美视之，则一切皆美——一切事物皆纳入艺术式的欣赏之美中而统摄之，消化之；以善视之，则一切皆善——一切事物皆纳入良知、德性之中而统摄之，消化之。

人类任何一家大的文化体系，如印度文化、中国文化、西方基督教文化等，无不建基于心性之上。非此，这些文化体系必将成一无体、无基、无本、无头之存在，安能立世数千载也？现在需要辨别的不是其有无心性问题，而是需明了其心性之见是偏是圆，是大是小，是正面抑或负面等。这些是一个文化体系的基本性格、基本架构、基本方向。用时下语言，这些都是这个文化体系自其诞生之初即已形成的 DNA 或曰种子。西哲海德格尔常言，世人至今不明如何入思。入思就是进入到某一家之思想脉络之中。如若不能明了某一家之思想脉络，无论如何看书学习，终不能得其思想之神韵、义理之灵魂。海氏所言之"入思"，就是指明了这一家学术思想的基本性格、基本架构、基本方向。

当我们能够切实地明白了这一家学术思想的基本性格、基本架构、基本方向之时，自此方正式开始我们的思想活动。海氏名之为"运思"——开始正确地运用我们的思维。此时之思维，即佛陀所言"八正道"之"正思维"。

八正道是佛陀教导弟子们八种正确的修行之道：

① 正见——正确地理解某一家学术体系之基本性格与基本方向。

② 正语——正见是八正道其余七道之前提，有了正见之后，方可有余下之正道。正语就是正确的语文表达方式和表达逻辑。当我们拥有了正见之时，即切实把握和理解了某一家思想体系之基本性格与基本方向后，再运用言语和文字表述，就会自然地达到横说竖讲、反说正讲，皆能不失其义。若不能通达此家之基本性格与基本方向，无论如何谨慎措辞、小心经营，终究是隔靴搔痒，难以若合符节。

③ 正行——培养出正确的生活方式和行为习惯。

④ 正命——正确地选择职业，规划人生。

⑤ 正精进——在切实把握和理解某家思想体系之基本性格与基本方向后，依顺其基本性格与基本方向而前进与努力，方可事半而功倍。如若在没有切实把握和理解之前，断不可盲修瞎炼，乱使蛮力，以逞匹夫之勇。如是于事无补，于学无益。

⑥ 正念——相当于《大学》的"知止"。儒家止于至善，佛家止于正觉。

⑦ 正定——在起心动念、言谈举止、待人接物时，体现出心性内涵的恒常性、清澈性、条理性、方向性、无我性等本有之

特性，如此方可使我们在起心动念、言谈举止、待人接物之时，有本有根，有源有据。佛家修定，偏于静态修行；儒家修定，偏于动态修行。佛家小乘之"四禅八定"，大乘天台宗之"大、小止观"、贤首宗之"十玄门法界观"、净土宗之"十六观"，金刚乘噶举派之"大手印"禅修、宁玛派之"大圆满"禅修等等，概而言之，皆为静态修行为主。儒家修定，次第简化，从容中道，皆于日常行止动静之间，彰显心性本有之不动不摇、恒常不易之大定。儒家之定，因无定相，无定迹，成功地避免了被定法（禅定修行方法）所束，若执着于各种禅修方法和次第，则极易被其所拘束；亦成功地避免了被定境所迷。于静态禅定中，极易出现种种幻化之境象（如于意识中化现出西方极乐世界，或各种魔鬼神佛等境象），行者此时理若不明、法若不透，当出现各种期待之境象时，必然为境象所迷，而入邪道（儒家谓此为玩弄光影，播弄精魂，为儒士终生警策之处）。儒家之定，无定相，无定迹，难为法执，不受境束。故儒家之定，为无相之定，为无定之定，亦名为"性定"（性体本有之如如不动之定），此"性定"方为究竟圆满之禅定。如衡之于佛，则名为"如来大定"，或曰"法界大定"。

⑧ 正思维——正确地入思和运思之义。有前面的七正道为基础和引导，思维即可得其正确之架构和方向。但此所谓的"正确之架构和方向"，是指在本系统内的正确之架构和方向，出离本系统后，则未必可言"正确之架构和方向"。一旦透彻地明白各自系统之架构与把握其方向，此时我们才能真正地实现入思和运思，才能真正地发展思想，丰富学术，传承道统，成就义理。

狭义而言，正思维者，即是"虑"或"能虑"；广义而言，整个八正道合而观之，即是"虑"或"能虑"。非佛家独有八正道，各家皆有各自之正道观。各正所正，各道所道。但无论何道，总需入乎其中，把握纲维，方可成就发展思想，成就义理，使心性所涵之先天智慧发明出来，落于实处。唯有落于实处，方可传承道统，丰富学术，此为"能虑"。

虑而后能得

"得"者，德也。德者，"得"也。古来"德""得"互为通假。经过止、定、静、安、虑之次第（说名次第，只是言表方便，实无定然之次第相可得），心体、性体内涵之真美，尤其是内涵之良知、仁义，充而扩之，渐臻于至善。援止、定、静、安、虑入于生活与人生事事物物之中，必得德化人生之圆满成就，必得人格丰沛之圆满成就，必得心性朗现之圆满成就，必得学术思想之圆满成就。得此圆满成就，则为道德圆满实现，此为德之至也，亦为得之至也。得之确义为人生与生命之意义和价值之实现。儒者，通过止、定、静、安、虑这几个步骤或面向，以实现出人之为人之意义和价值。意义不可虚悬，价值不能空说，必透过某种路径或某种方式以实现之，落实之。实现后的意义才是真实之意义，落实后的价值才是真实之价值。如此之得，方是真得；如此之德，方为实德。

物有本末，事有终始

自相上（即现象、表象）而言，此物为外在客观之物，此事为外在客观之事。但自心体、性体上而言，或究竟而言，本无"外在客观之物"和"外在客观之事"，所有事物都涵于心性之内，皆为心性之事物。终极而言，事物者，心性显现其自己之过程也，心性显现其自己之迹象也（临时性的轨迹与表象）。事物为虚在，心性为实在。这与我们平常的理解是相反的：平常我们一般是将事物理解成实在的，将心性看待成抽象的，甚至是虚幻的。宋儒谓"天下无实于理者"，即此意也。理者，心性之别名也。在心曰"心理"，在性曰"性理"。儒家还有"天理""道理""易理""命理"等概念，这些概念皆具心性两义，不特指心，非独指性，而是心性皆含。

心性内含之理者，发之于外，则成事理和物理。此事理，不是指事之形而下的结构之理，此物理，也不是指物之形而下的材质之理，更非为事物间之关系之理，而是事物之所以如此这般运动、变化之超越的、形而上的所以然之理，也即事物如此这般存在的先验之理。此事物之理，在儒家名之为"心理"或"性理"，最常用之名为"道理"，迄至宋儒，则简化而为"理"之一字，自谓其学为"理学"。

"物有本末，事有终始"，其理盖有两途：一者为形而下之形构材质之理，此理为后天之理、表象之理、经验之理，乃西方文化、自然科学和社会科学兴趣之所在；二者为形而上之超越的所以然之理，此理为先天之理、本质之理、先验之理，乃为东方文化和生命科学兴趣之所在。此二理皆为真实之理（真理）。所别者，自然科学和社会科学之理为外延真理、形式真理、经验真理；生命科学之理为内容真理、主体真理、先验真理。外延真理可使人类越来越深入地认识外界事物之材质与结构，而为人类和人生带来外部的解放；内容真理可使人类越来越深入地了解主体之内涵与性质，而为人类和人生带来内部的解放。

知所先后，则近道矣

此中"先后"，分为事物形而上的存在性之先后和形而下的时空性之先后。若指形而下的时空性之先后，则只可成就自然科学和社会科学。但《大学》此处所言之先后，显然是指事物形而上的存在性之先后，因为唯有指此之先后，才能呼应下句"则近道矣"。"近道"可理解成接近于道，趋向于道，以及可直接理解成得道、证道、成道。儒家童蒙读物《三字经》开首"性相近，习相远"之"相近"，即可解为"相同"，故此处"近道"之"近"，亦可解为"同于道""合于道""相应于道"。

"解脱"一词来自印度文化，西方文化中有"（上帝的）救赎"一词。以儒家为主流的中国传统文化中无此等词语，但我们有另一些名词概念，可与此二词同义。在儒家，则有"成圣""得道""近道""成仁"等概念，与"解脱""救赎"等词同义。《大学》谓之"近道"，犹印度瑜伽所言之"解脱"或"三摩地"，犹佛家所言之"涅槃"或"无上正等正觉"，犹道家之"成仙"或"成真人"，犹西方基督教所言之"（得上帝赦罪后的）自由"或"道成肉身"。

大圆满与儒家近道

现在将晚期大乘佛教（又名金刚乘或密宗）最有代表性的法门——大圆满作些介绍，以方便大家更进一步了解儒家"成德之教"的特色：（下文均引自邱陵先生所著的《藏密大圆满心髓探奥》，北京·煤炭工业出版社，1993年版）

九乘之巅：大圆满心髓，又名大圆满心中心、自性大圆满心髓光明金刚藏乘、仰的（又译作仰兑），为西藏密宗宁玛派（红教）最高超、最殊胜的法门，被誉为"九乘佛法之巅"。贡噶上师（民国时期西藏宁玛派著名大师，首次将"大圆满"密法普传汉地——引者注）在《大圆满最胜心中心引导略要》中指出："谁得此法，皆起满足之心，如得摩尼宝。"又于《大圆满灌顶及修持方法讲解记录》中说："大圆满之方法，为一切之心中心，一切如来所说法，无不注入大圆满之海中。譬之登高山，可以远瞻十方。得到此法，其他九乘教法都能了然。"莲花生大士（公元8世纪人，印度密宗大师，应藏王赤松德赞邀请入藏弘传密法，包括向藏人传授大圆满，成为藏传密宗始祖——引者注）则称之为"空前未有最胜法"(第5页)。

现按九乘佛法系统,逐乘将其内容简介如下:

声闻乘:闻佛之声教,修苦、集、灭、道四谛法门,唯求自度,而得开悟。

缘觉乘:不依佛之声教,独处修行,不能利他,现十二因缘以觉悟。十二因缘指众生生死流转过程的十二支分。从缘得觉,故名缘觉乘。

菩萨乘:修六度万行,上求佛道,下利众生。以菩提心为念,急于为人,故称菩萨乘。六度指布施、持戒、忍辱、精进、禅定、般若,而略则六度,广则万行,包括了菩萨所修一切法门。

以上为外三乘,属显教。其中前二乘因不能兼济利他,为小乘;后一乘,普利众生,为大乘。

作密:修持注重事相及坛城庄严,不自观想成本尊(即修行者选定作为依怙对象的某位佛——引者注),依靠本尊加持力而取得成就。

行密:行者亦可自己观想成本尊,但仍以坛城本尊为法伴,仍依坛城本尊加持力而得到成就,但比较作密少了点事相功夫。

瑜伽密:瑜伽,意为相应。修瑜伽密的行者,自己观想成为本尊,同时观成"对生本尊"。(即想象选定之佛清晰地于自己对面而在——引者注)虽然修法时也有坛城,不过事相坛城的意义便没有那么严重了。行者以"入我我入观"(本尊内有一个我,我内部有一个本尊——引者注)起修,观"对生本尊"与"自生本尊"相应。(如镜内镜外有两个一样的本尊在对看——引者注)

以上为内三乘,属于瑜伽部,即密宗下三部法。

玛哈瑜伽:生起次第修法,主要在于收摄六根,即眼观"对生本尊"以摄眼根;耳听咒音以摄耳根;鼻嗅烧香以摄鼻根;舌念本尊真言以摄舌根;身结大印以摄身根;意自观成本尊以摄意根。这样通过明显观想,未生令生,已生令起,于意中生起本尊,复藉此自净其意。此时行者已发挥自力,不是完全依靠本尊的加持力了。修生起次第应次第井然,由简入繁,观想本尊要先观对生,后观自生;先观一面二臂,后观多面多臂;先观自身,后观眷属,如此等等。

阿努瑜伽:圆满次第修法,所修习的本身具足。因为修生起次第,一切依靠观想而成,并非本身具足。行者的脉、气、明点,就是本身具足,所以圆满次第就是以种种善巧方便来修习脉、气、明点,使脉调顺清明,使气通达流畅,使明点净化升华。修脉、气、明点的极致,是使明点升华,有如固体化成液体,液体化成气体,把身体变成光明的虹体。圆满次第先由毗卢七支坐修起,然后修明点升降,生四喜四空,如是脉、气、明点皆得调顺。在此基础上再修气入中脉,心气无二,达到空、乐双融、乐、明、无念的境界,就会得到圆满次第的成就。

阿的瑜伽:大圆满和大手印修法。大圆满是红教特有的最高深的一种修法,认为行者只要具足菩提心,一切现成,本身具足,不假外求;行者修习生、圆次第,已能由中脉开显法身光明,修大圆满则直显明空豁朗的自然智慧光明,步步显现,无尽流露,各有不同,证得征兆,亦各不同。而归根是由自心明证显露出来,从而得到解脱,为解脱道中最高法门。大圆满中的心、界、口诀三部法,一部比一部殊胜。心部认为所现皆心,都是在心性自然智中起现,即一切法皆由心造;界部认为安住远离缘虑,不假事修功用,得智慧双运而证虹身,即认为一切法从本以来,体性就是虚空;口诀部即以超越道的光明为主,现起空色影像,现前明证,而以究竟修成法性尽光明,证得虹身,即认为一切法皆是明体的显现,不着断常二边。此三部法虽均以化智慧为虹身为证果,但以心部即心,仍执意识审察,界部执着法性,仍流于意识审察,惟口诀部则断绝一切意度,能使实相自显,所以最为殊胜。口诀部又分为"阿的""借的"和"仰的"三部分。"仰的"即大圆满心髓,它吸取了阿的、借的前二法的精要,被称为"总持之总持""心中心"。其正行分"彻却""脱噶"二法。彻却汉译为"立断",脱噶汉译为"顿超",后者以前者为依据。彻却修无修、无整、无散乱、明朗朗、赤裸裸的定境;脱噶修由本性、虚空、法界上显现的智慧光明。所以说,大圆满心髓最为殊胜,为九乘之巅。

以上为无上密三乘,又名无上瑜伽。若相对于前述下三部密法而言,首先,无上瑜伽(无上密)的特色道德在于本尊与行者无二无别,行者于行、住、坐、卧无时不成本尊,略去了事相,甚至无须特意取本尊的加持力;其次,无上瑜伽在脉、气、明点的修持和心性修持上,其中许多修法可说是藏密所独有,非下三部密可比(第12页)。

关于大圆满"彻却"之修行

修彻却(立断)能够刹那间得见自性而顿悟,这就是上面引述过的在一切法显现上,于明空不二的第一刹那,无修无整无散乱定住，明明了了觉照认识这个就是自己的本心，勿令间断。根桑上师在《大圆胜慧本觉心要修证次第》（以下所引上师言语及页码皆出自此书）中说："上根利智无修无整，如如而住，自见自性，自然而成者，名彻却。"无垢光尊者说："是法深妙，若能明了进修，刹那彻悟，自然见性成佛，无上捷径。舍此无他道也。"

何谓"无修"？实际是无修之修。密宗认为，众生本来清净，本来自在，本来解脱，本来光明，本来智慧，如果一刹那间即认知此理，心勿执著，勿分别，勿外施，就能正邪立判，把本来清净、自在、光明、解脱、智慧的面目完全显现出来。即在当下一念上认知了自性，见到了本来面目。因为这只是一刹那间事，不必猛厉执持，所以说是"无修"。但这并不是说连前面的加行（即打基础的修行，有磕千万以上的长头，念诵千万次以上的相关咒语等——引者注）也不必修，也不是说可以放浪散乱，致成普通凡夫所说的"无修之修"。

何谓"无整"？整即整治、对治之义，这实际上是无整之整。"无整"是妄念起时，就是不跟它去，也不限制它，要不擒不纵，全任运自如。如起意对治，亦是妄念，会引起无穷的妄念；如不去对治，妄念自会消灭，譬如水上波浪，从水发生，从水平息；虚空云彩，从空显现，从空消散。又譬如盘结之蛇，自能解脱。贡噶上师在《大圆满灌顶及修持方法讲解记录》中说："妄念即是本觉智慧，妄念即是实在本体。"这是说，妄念可化为菩提，毒药可变为醍醐。

何谓"无散乱"？就是要专注于不昏沉、不掉举（"掉举"即俗语中的走神了——引者注）的明体（明体于下文中有解释——

引者注），任运、安住于清虚寂照、微妙明净之境。贡噶上师说："此心如无波之水，如坚固之山，在宽坦、任运上安住，不起丝毫妄念，无论过去、未来功罪，概不着想，便能证得。譬如砍树，将树根砍断，不必再砍枝叶；如到金岛，地上、泥内，皆是黄金。"

所以，修"彻却"行者现前一念，即是本心，即是自性，对此念要不执着、不降伏、不放纵、不收摄、任运而住。例如，修彻却行者看见山，第一念是见，第一眼看去即不分别是山，已无能所；而普通人于见山第一刹那，尚有山见，即有能所。贡噶上师说："念头念头很要紧，觉照念头，一刹那不可散乱。本觉智慧本自具足，不用执着，自然光明广大普遍，非观想可得，非修可出，非妄念分别所可见，本来清净，即普贤如来之智慧，即修彻却之心要。"

得见自性的境界，人们譬如为"无云晴空""炳炳长空""虚空"等，这是一种难以言诠的境界。《宝积经》描写见性的境界为："心如地，无方分。如树无根株，亦无上下，无能压伏者，甚为希有。众生无量劫来须臾不离，不变不坏，无明不能障，神通不能增，法尔而住，甚为希有。"《金翅鸟飞空经》云："真心无边中，无表里，无方所。若以执著、妄念而觅自性之真面目，无异雁群之飞寻天际，终不可得。终不可得者，即自性无变无增，如是而已。"这里说的"真心"，即指自性。贡噶上师则说："认识此明空不二之体性，就是吾人本心，能所一体，无过去、现在、未来三时，无东、南、西、北、上、下、大、小、长、短之分，无青、黄、赤、白之色相，犹如虚空，一切法就在这虚空体性上任运明现。"由此可见，见性的境界是一种无边中、无表里、无方所、无上下、无大小、无始终、无增减、无时间分别、能所一体、赤裸裸、明朗朗的境界（第59—61页）。

行者若经多年修持，仍未见到明体，即从示见到自性，上师亦可利用侧面办法，使弟子看一看或经验一下明体究竟是个什么东西。据《大乘要道密集》及其他法本所载，婴儿、醉后、闷绝、大乐、睡眠、呵欠、喷嚏、临死亡时，明体亦有偶然显现机会，但时间甚短，经历者无把握之力，故不能体会，纵得体会，亦无利益。《椎击三要决胜法解》说："离境安闲顿住时，陡然斥心呼一'呸'。"就是上师于弟子静坐入室时，忽然大声呼"呸"，或突问一声："你此时心在何处？"利用弟子受惊时的心理状态，以显现明体。当时弟子顿断妄念之流，赤裸现出明体，就可以于惊上认识明体为何物。贡噶上师在《大圆满灌顶及修持方法讲解记录》中也说："师猛呸一声，摧破我执，一切脱落，迭问心是什么，于如是中，自己明朗赤裸之明体刹那显现，即是本觉智光。"这固然是一种方便办法，但弟子是否立即发现明体，则在乎上师加持力是否充实，弟子时机是否到了，受惊的程度是否适当。事虽刹那，而情况较为复杂。

自性和空性，在一定意义上也是相同的。《六百四十万偈印授集》说："空即自性心，自性与空无二无别，此即法身。"但这个"空"，并非顽空，而是非有非空，空有双运。佛家最深奥的理论之一就是"空观正见"。所以，见性也就是空性体悟。行者在修空时，当使自己相信"我"实际上完全不存在，就会感到像虚空的空性，如果不忘失地执持这个空性，用上述的"息心"来修空性，便会对空的体悟愈来愈清楚，最后体悟到空性直觉地破除自存的我。当得到这样直接的不假思维的觉受时，这就是见性的境界，就是明、空不二的境界，就超越了凡夫，登上了菩萨地。

修彻却在念起刹那间见性开悟，属于顿悟范畴，根据当时不同的解脱情况而分种种顿悟。《大圆满最胜心中心引导略要》说："总之此随所显现之明体，离于诠表，由自显自解脱，无有决定之名言故，为无执解脱，如本来解脱故，为离根本解脱。如降雷故，为顿然解脱。以显与解脱同时故，为显空解脱。"这就是说，第一种顿悟是行者毫无执着之心，得见明体，在明体显现以后一段时间，得到解脱，这叫做"无执解脱"，也就是无执而悟；第二种顿悟是行者一刹那间把本来清净、本来光明智慧的面目完全显现出来，这叫做"离根本解脱"，也就是离根本而悟；第三种顿悟是如降雷霆、顿然解脱，这叫做"顿然解脱"，也就是顿然而悟；第四种顿悟是明体一显现立得解脱，这叫做"显空解脱"，也就是显空而悟。以上四者的区别只是在时间、程度、方式上有所不同而已。

虽然见性开悟，得到解脱，但未必修习坚固，尚未究竟，仍须继续保护任运的修持。这主要在护持无散乱之正念为要。所以，这也是"无修之修"（第 62—65 页）。

对于彻却修法，根桑上师曾说："上根利智一见即知，一行即成。下根得之，亦能开悟自心本具之理。"根器之说，密宗最为重视。"根"指宿根，"器"指学法的善巧和聪明才智。根桑上师所指之"上根利智"，恐怕是指具有深厚的宿根和十分机巧聪明的行者而言，是属于特殊根器者。此种行者一经上师加持，其宿根能圆满顿然现起。甚至不必一一修行加行，亦能直趋入大圆满心髓正行，但恐万人中，难以挑一罢了。不具备这种素质的行者，修彻却必感下手为难，唯有以加行补救，或走方便法门，能修到何等程度，那就很难断定，得视行者的努力和精进如何而定了（第66—67页）。

关于大圆满"脱噶"之修行

这里要着重介绍的是大圆满心髓独有的脉、气、明点系统。这个系统是较之上述共有的系统更为细致，主要为脱噶修法所应用，笔者名之曰"光明风脉"。根据郭元兴居士在《大圆满的意义和内容》一文的介绍，大圆满心髓起码有不共的四条脉道：

（一）迦底大金脉——在中脉中，与肉团心中央相连，有根本明点光满其中。

（二）白丝线脉——附于迦底大金脉向上直通梵穴，有运转法性的无生明点，这是修转识法（破瓦法、开顶法）的道路。

（三）细旋脉——在脐、心、喉、顶四轮中，有顶上明点。

（四）晶管脉（远通水光脉）——连结心、眼，为现起无数明点连系光明所依处。

密宗认为，人体遍布无数脉，无法数之，各说不一，一般说全身有72 000脉。大圆满心髓脱噶修法着重应用其中心轮八瓣脉的系统。心轮有八瓣，分别各自再发出三脉，共二十四脉，每一脉走向身体不同的地方，郭元兴氏所述四种脉道，多发自心轮。

古印度瑜伽术即认为，中脉脉内有脉，有一脉名为金刚脉，光耀如日；在金刚脉内又有一脉名心识脉，其性清净，灰白色；此心识脉内复有一微细之管，名为梵净脉，拙火燃起，即经此脉至顶轮。心识脉是瑜伽士最高最爱之脉，是一条细而具有五色光彩之脉。中脉内的这些脉，酷似上述迦底大金脉。

脱噶修法主要通过晶管脉（远通水光脉）来进行。根桑上师传授的《大圆胜慧本觉心要修证次第》谈到晶管脉时说："由心起上至眼，有极密之脉，如水晶管。"《六百四十万偈金珠经》云："由宝宫（即心宫）通于眼海（眼瞳），有一相联之脉，透明细腻、内空，非红白明点（精血）所由成，根本大智由此通。"又说："此脉如野牛角，由心起至脑，对向外张，后窄前宽，如水清亮有光，能远射，名远通水光脉。"《六百四十万偈自现经》更指出，因有此自然远通水光脉，乃得见各种光明，如孔雀尾翎眼形的圆空光、定慧无二的法性光、自然智慧光、远通水光等。

行者通过晶管脉（远通水光脉）之所以能远射出光明，按照佛家学说，最重要的是因为在肉团心（心脏）中本来就隐藏着本觉智慧（异译内证智、自然智、真心等）。贡噶上师在《大圆满灌顶及修持方法讲解记录》中说："吾人本觉智慧，具足体性本空、自性光明、大悲普遍三者。体性空者，谓从本空寂，喻如灯体。自性明者，喻如灯明。大悲普遍者，喻如灯光遍照。空为体，明为相，大悲为用。修者遵照上师传授种种要义，此本觉智慧得依靠光明智脉现量显露，本来面目之圆满三身，即时得证。"这里所说，实指"明体"。所谓三身，即体性空为法身，自性明为报身，空明体上悲心普遍为化身。

晶管脉的通道和走向是：心—肺—两耳后—两眼根—清净法界。密续根据晶管脉通道和走向，相应认为存在六种光明：肉团心光—白柔脉光—远通水光—界清净光—明点空光—本觉智光。这就是大圆满法界中本来具有的六种光明。现对每种光明分析如下：

（一）肉团心光——又名肉团心宝光，是心脏中央具足光明的智慧气脉，像放光一样照明一切细脉，为本觉智光隐藏之处，亦即晶管脉的起点。

（二）白柔脉光——肉团心光通过两脉管，经两耳后，通向两眼，是智慧光通过之路。

（三）远通水光——白柔脉光通过两眼根如门，射向空际，与外界接触，远见虚空，为智慧光出入之门户。

（四）界清净光——为远通水光与外界接触后，形成的法界清净之光，为智慧光能显现之境，如无云晴空，为虚空所依，本觉智光将依此显现。

（五）明点空光——界清净光中所显出的本觉智光，即本觉智光在虚空中的显现，犹如投石水中所起的波圈。

（六）本觉智光——即明点空光的原体，亦即隐藏在肉团心内本具空、明、大悲、三大本性的智慧光明。

这些智慧光明在虚空中的显现，须通过各种自然外光的引导。贡噶上师在《大圆满灌顶及修持方法讲解记录》中指出了白瑜伽从光明上修脱噶有四种引导：1. 依太阳白光上修为白色引导；2. 依灯光红光上修为红色引导；3. 依月亮黄光上修为黄色引导；4. 黑纱遮眼杂色光上修为杂色引导。此外，尚有黑瑜伽在黑暗无光中修脱噶,称为黑关法。在这些引导中,以观日出、日落的太阳白光引导为主。行者定心专一观看,即能见蓝色的界清净光,如无云晴空,复见如石投水中所起波圈,显现明点空光,更见犹如孔雀羽毛具足五色的明点分列点缀,或如虹霓当空,纵横交错,形式无穷。随着功深娴熟,智慧增长,便逐步得见如珍珠鬘链,又如马尾弯曲处点缀小明点之金刚链,以至半身、全身佛像以及坛城、刹土等形象。

必须强调指出的是,在虚空中显现的各种形象的智慧光明,都是由人体内部发出,由内境外显,乃心、气脉所形成,并非外来的什么仙佛菩萨现形。从密宗的观点而言,纯由心造,均属幻象。根桑上师《大圆胜慧本觉心要修证次第》在论述行者所见蓝色光中呈现五色光如锦绣开展的景象时指出:"均由内德所显现(又译为内境外显)。"他说:"德有内外二种,外为清净天空,内为光明。"又说:"外清净天空,有认为是肉眼所见色尘之天空者,非也。天无心,今说内外,是就自性而言,乃由内德而现为外面之清空,谓为蓝色天空,非指俗眼所见之天空也。由内而现于空中,故名天空。蓝色光中现出五色锦绣光,原未明显,今乃明现清楚,因此分别,故明内外。谓内为我之内,外为外面之外(意谓内境在此,外境在彼),则非也。由内德而现出蓝色光,由蓝色光中现出锦绣光,不过有此微微区别耳。"这就清楚地说明了犹如无云晴空的蓝色的界清净光和犹如五彩锦绣的明点空光,均由人体肉团心所发出,乃人体内境,不过借着各种自然外光的引导而在虚空显现出来。

因此,未经脱噶修持的普通人,其肉眼不能看见各种智慧光明；只有经过脱噶修持的行者，才能借远通水光脉之力，看到智慧光明的显现及其变化。无垢光尊者说："远通水光脉之力，能见三身境界，视力只能见色尘。内虽各有区别，外貌则共一眼。不得因见一眼，即认为其内亦无分别，智者察焉。"但要远通水光脉能发挥作用，行者必须以彻却定力为基础，遵循脱噶修法的五门要仪，即身、口、心、门（眼）、境五种修法。此外，又有气要仪和明要仪两项。这就是以法、报、化身三种坐姿，口离言说，心不散乱，目向上下左右视，选择高山或清净、无风、无尘、无雾之处，气由口出入，以自然外光引导，便得见明体显现。然后，进入四种光明显的次第，取得更高层次的成就。

关于明体

明体，我们在上文说过，其意义大致与佛经所称的所谓各种真心、妙心、自性、空性、法性等同一意义，人们常常以"大无外，小无内"、无云晴空、赤裸裸、明朗朗等来形容这种境界。贡嘎上师说，大圆满心髓的内涵就是"明体指示"，即修证明体的显现。陈健民上师在《大手印教授抉微》一书中认为，虽然明体以"无云晴空"为喻，但"无云晴空"只是明体的一个重要条件，尚有其他条件亦当同时现起。陈健民上师根据他的修持经验指出，明体共有四个条件：

一、明相——得见明相，如戴水晶眼镜，见山河大地一切事物，非常清净，非常洁白，然而并非普通行者所见明相如眼角一闪光，或惟见淡月，或惟见于禅房，而是触处皆明，如渐渐增厚和严密，则能见真实的无云晴空。于入定当中，上下、四方、中央皆充满此明体，而不见自己身躯。初修者所见明相，乃是无云晴空的初层外轮廓。

二、无念——并不是无念才能见明体，有念、妄念、正念、邪念乃至散乱，亦未尝无明体。然而，对初修者来说，必趁此无念时节，定力湛然，慧眼灼然，心地坦然，明体才易显现。直至功力渐深，方可在妄念上显现明体。

三、心离能所——即无能执明体之心，亦无所执明体之境。当明体显现时，已不属止观中物，乃为证量之物。此时的心虽然明明白白，然而并无能执持之心，此时的境虽然清清净净，然而并无所执持之明体，行者感到舒服、恬淡、坦荡、宽松。

四、气离出入——此时之气，已完全停灭，因无妄念，所以气不出；因无执著，所以气不入；因无我，所以气不住。只有如此，明体才能自生自显。一旦功力纯熟，即使气有出入，明体亦不丧失，因气出、入、住时，明体均能渗透自在。

陈健民上师在《大手印教授抉微》一书中极力主张，必须在加行的修持中得见明体，方可趋入大手印正行初步的专一瑜伽，即是说，以得见明体作为大手印正行之开端。由此推论，大圆满心髓正行彻却，其层次相当于大手印，故亦应在加行中修至得见明体，然后趋入正行的彻却为宜。我们应该认识，明体的生起、显现、安住、厚实、扩展、延长，及发生妙用，有一修持的过程，并非一蹴而就。行者虽得见明体，但初期在上述四相中只见明相的外轮廓，其他三相难以同时现起，往往有失有得，有退有进；必须长期多次修习正行彻却，方能同时发现四相具足。所谓四相具足，即行者所见的光灼灼相、内外气停灭相、无我离能所相，同时现起。

在实修明体时,一般来说,先显现作为基本条件的明相,再进步到无念条件,由无念相继进步到外气停灭,由外气停灭进步到内气亦停灭,则心离能所,于是四相具足,而明体得以自然安住。此时行者对结定印之两手,对跏趺之双足,意识上不能分其左右,如龟在盘;又觉得自身像一个无边的大圆球,内外莹澈如水晶。

脱噶修法中明体的显现,可说是大圆满心髓明体显现的极致。西藏古圣先贤创造和传承的这种经由远通水光脉(晶管脉)从眼根发射的四种光明显现境界,既殊胜而又不可思议,使藏密修法达到了新的高峰。脱噶明体的四种显现境界,是行者通过日出日落时太阳之光、夜间月光及灯光逐步观看到的明相。除月光可直看外,日光和灯光均须看其傍。这四种光明境界是:

一、现见法性显现——这是脱噶明体的初步显现,行者亲眼得见虚空中显现的如虹霓,或如孔雀毛之翠色,或五色明点空光,初现大如鱼眼,经三个月乃至六个月用功,可大至拇指与食指环合成圈大小,常常三个成为一组,其形状分为线纹、明点、金刚链三种,其中以看到金刚链为最重要。金刚链如马尾串珠之弯曲珠链,每一弯曲处现出两个小珠,急速抖动。金刚链显现为本阶段的标志和特征。

二、觉受增长显现——此为脱噶明体显现的第二阶段。行者得见虚空中纵横现出如莲花、缨络、宝塔、海螺等各种形状的五色明点,变化无穷,渐渐增至如碗、圆镜、车轮、盾牌大小。光中复现出各种佛像,先现顶髻,或现半身,或现一臂一足、半边身、上身、下身,不一而足,如是久之,可现全身。此时所现佛像，往往只现父佛而不现母佛，初现赤体而后现庄严。佛像显现，为本阶段的标志和特征。

三、明体进诣显现——这是脱噶明体显现的第三阶段。此时所见，均是虹光与光明。明点光为五个明点成一光圈，复变成五方佛像。所见佛像多是全身、双身，遍满虚空，并见刹土及坛城，金刚链则如网，或珠鬘，于中围绕。全身、双身佛像集团及刹土、坛城的显现，为本阶段的标志和特征。

四、穷尽法性显现——本觉明体已于前三阶段显现尽了，所显现的佛像、坛城光圈，逐渐收入自身，而成虹光身。譬如农历每月三十日的月光，外不显现，而内不丧失。外面一切显现，已悉收归自心，为本阶段的标志和特征。

综合上述明体显现的四种境界，可知脱噶修法中明体显现与外界虚空的融合有了扩大，《大圆满最胜心中心引导略要》称之为"依根现量"，这就是依眼根以内能量所见，均是明体之光，不仅如无云晴空，有白色、蓝色之光，还现起了五色之虹光。《明体续》说："明体显现五光德。"《大圆满最胜心中心引导略要》说："彼光无垢，故为白色。功德圆满，故为黄色。不觅自显，故为红色。本自圆成，故为绿色。坚定不变，故为蓝色。此为五色也。"此外，明体还显现了五气、五智等。《自显续》说："明体五气之自性，一切众生悉具足。""复次自明之体性，具足五种智慧。"

这四步境界的明体进展通过明相态势、色彩、数量、大小、明暗等变化显示出来：首先，由动摇到安定。例如，先看到金刚链如流星，或如疾飞禽鸟，或如兽类徐徐而行，或如蜜蜂采花蕊之盘旋，渐渐安定下来；又如看到各种佛像，倏隐倏现，渐渐明显固定。其次，由局部到全体。例如，先看到半身，如一足一臂，或半边身的佛像，然后进步到全身、双身及群像；先看到个别明点，然后再进步到明点群像；先看到二、三种颜色，然后进步到五彩缤纷，行者把虚空作为调色板，不断去调整其显现的色彩，做到五色具足。再次，由小到大，由暗到明。例如，先看到鱼眼般大小的明点，然后看到如车轮或盾牌大小；先看到佛像如常人大小，然后看到佛像如屋如山，而且遍满虚空，愈来愈明晰。最后，由有到无。这指的是后阶段的穷尽法性境界，一切外境都收归身内，收归法性，身体变成虹光身。以上是举例而言，所有景象是复杂而丰富多彩的，都是本觉智光的变化。总之，是由不究竟达到究竟，从未圆满进步到大圆满，法性的显现得到穷尽，明体的显现得到充分的发挥。但是，明体的进诣依靠于以彻却修持为基础的定力，依靠于修脱噶三种坐姿的正确以及心不散乱。也就是说，依靠于明体的四个条件：除明相外，须要无念、心离能所、气离出入。最好的境界是四相具足。

脱噶明体显现的四步境界，一步比一步超胜，而层次分明。看见金刚链，就是第一步现见法性显现境界的究竟，第一步境界就算完成了。金刚链又称为本觉智慧光金刚链，乃连环如链之明点空光，以金丝贯珠之状现出。《六百四十万偈金珠经》说："观诸佛之心，即观金刚链之身。欲获诸佛功德，勿离金刚链。欲知一切法之聚散，应观金刚链之所在。欲尽悟一切密智，应观金刚链之光。欲见戒定无解无间不散乱，应观金刚链之身。欲主持一切法之宫殿，应明法与自心无二之理。欲继金刚萨埵之传代，不可离智慧光金刚链之身。"这说明了得见金刚链的重要性，因为得见金刚链，即得见法性智慧的真面目，能使身中之脉变为光明、乐、明、无念的觉受增长，智慧大开，对一切经典意义，自然通达。佛经上说，得此境界即是不退转位，即是登地菩萨境界。第二步觉受增长境界的究竟地步，是看到佛像。《大圆胜慧本觉心要次第》说："佛像现时，第二步彻底，第三步已起。"在此一阶段中，明点空光三个或五个集团，渐渐增大如盾，在这些集团中，先显现佛髻，次显现面目，再显现半身或全身佛像。行者如修好气、脉、明点，此时可得小神通，首先是眼通；以后不必依靠外境日、月、光明，随时随地可以显现境界，方便修持。看见双身佛像、坛城和刹土，是第三步明体进诣境界的究竟。莲花生大士说："只见佛像，为第二步彻底；见双身报身像，则属第三步境界。"此时，眼之所及，均见五色光芒，双身佛像和坛城，遍布虚空，于天边处得见刹土。诸佛光与行者心光，互入互摄，自心自然清净光明，他心通乃至六通皆获。《大圆胜慧本觉心要次第》说："是时身光明清净，气心亦仅微细连续，一火星炸顷，即得进获第四步境界。"第四步穷尽法性境界的究竟是所见外境皆空，不再看见明点空光，一切尽入法性，功德圆满，成光明虹身，即身成佛。《大圆胜慧本觉心要次第》指出，极少数特殊根器的行者见第一步境界，随即行持，可不经第二、三步，即趋入第四步境界。

第二步境界中，修持往往发生障碍和疾病。《大幻化网引导法》一书对此有所说明。该书指出，发生的障碍是身、语、意生各种疾病或心境不安等，有时无事而生烦恼、嗔恨或恐怖，甚至看到魔怪幻象，作种种扰乱。行者于此时，对身、语、意的不适及所现干扰之相，应不加理会，任运而住正见，则疾病、不适、怪相逐渐消灭。行者若认病为真病，休息而不继续练功，则为魔怪幻象所胜，得中断障了。对此，行者须有此知识而密切注意为要！

修持大圆满心髓的主要成果：一是体健长寿；二是临终虹化。这两种成果都是行者多年长时期通过自身的智慧光明摄收宇宙能量特别是太阳光能而得来的。《大圆胜慧本觉心要修证次第》在谈到修持得证者的身体状况时说："身轻如绵，肤色充实，面无皱纹，发不白不长，指与爪亦再长，身现五佛像，或者转童相，发白转青，齿落重生，如是种种，身轻安无病，口出语悦人，无量诸法，自然善说……"又据西藏社会科学院宗教研究所索朗顿珠对四十例宁玛派学者的虹化事迹所作的统计，其中年龄最小者在80岁以上，年龄最大达140多岁，其中多例在百岁以上。这说明修持大圆满心髓有成就，确可延年益寿。虽然密宗有"转世""出世"之说，藏密行者并不重视长寿。至于临终虹化，已经历代许多实例证明，虹化者在身体发光中形骸不断缩小，而渐至消失，最后只剩下指甲和头发，其顶上空中出现如虹的一派红光缭绕。次一等者，其肉身在发光中缩小到一定程度，例如一、二尺或二、三尺不等，剩下的形骸坚硬如铁。这些虹化现象，都引为奇观（第69—83页）。

大圆满四德

一、无实——无实者，外内双重无实。外无实有本体之一切物，但有如梦幻之境相矣；内无实有人法二我执，但有如阳焰、如谷响之意思语言而已。圣凡所显一切，无论六道、五身、五毒、五智，皆属无实；而此无实，亦非顽空。在己领恩者，切知无实、空性，非有物，亦非无物。虽离于心灵上之认识，然其大圆满本身现量现起时，自有其无实之表现。而此表现，亦非世间一切物，如虚空等，可以比喻；惟过来之人，方得知之。如是无实，即配大圆满，不立一切见，而具一切自然而见之见。所见、所能，无非无实之本体耳。

二、独一——独一亦译作唯一。独一者，绝对唯一也。非由多相对之一，及包括一多及一多无二之大圆满。大包括小，圆包括偏，满包括半；非离此小、偏、半，别有大圆满也。亦非仅指法界大圆满，而遗弃报化二身。故大圆满为最极唯一之归宿，亦为最极唯一之出发。无可舍者，无可取者，故与不立一切修及无修而修之自显相应。

三、任运——任运与作、止、住、灭之任不同。"任"病者，谓顺其人法二我执，不加观察、对治，听其无明而流行，完全与邪见愚痴相应。大圆满之任运，谓离于人法二我执，任大圆满本身运行于一切境。圣如五智，凡如五毒，皆能任运现起大圆满，自然而然，不与大圆满有任何抵触。行于一切，无不自在，故与不立一切行，而行任运解脱之无行相应。

四、广大——广大者，非与狭小相对。小中能见大，狭中能见广。如十玄门中之广狭自在无碍门，不坏一尘，而能广含十方刹土。芥子纳须弥，即广即狭，即大即小，无障无碍。空间无不周遍，时间无不相续，超出时空一切限制，遍于时空一切领域。爱因斯坦以数理哲学，亦推出时间空间之相对性。今大圆满于事物无绝对限制中，而能生起缘起之奇妙，此固一般科学家所不能了解者。然以一原子而含无数之能量，亦可佐证佛法芥子纳须弥之理矣。今所以不得大圆满广大佛果者，以心量狭小故。心量狭小者，以人法二我执来得太紧故。故能于大圆满上放松者，则广大之德显矣，而广大之佛果亦圆矣。故能与不立一切果，无果而有自然之果相应（第218—220页）。

大圆满与大手印、汉地禅宗之比较

大圆满与大手印并列为藏密无上瑜伽的最具代表性之修法和最高法门，大圆满以汉地经诺那活佛提倡以后，又经贡噶上师将之与大手印同时传布，贡师又在《大圆满灌顶及修持方法讲解记录》（南京诺那精舍记录本）中说，大圆满心髓彻却与大手印相同，均是无修之修。他说："彻却是立断之义，白教（即藏密之噶举派，该派由噶玛巴与密勒日巴师徒于十二世纪时所创立——引者注）之当下立断是大手印。"此种说法，似指大圆满彻却与恒河大手印相较，都是顿悟法门而言，仅就"无修之修"及"当下立断"的意义上而言，亦是使初学者对此有个一般的印象；但从大圆满和大手印四瑜伽来说，在顿渐法门及见地、作风、修空等方面，两者实有明显的区别，不能混为一谈。陈健民上师在《莲师大圆满教授勾提》一文中指出，大圆满和大手印大别如下：

（一）大手印立见、修、行、果四次第；大圆满无之。

（二）大手印有专一、离戏、一味、无修四瑜伽；大圆满无之。

（三）大手印见，为贡噶上师所讲属俱生智见，亦名法身见；大圆满则为本净见，或曰大圆满见，即诸法起时，刹那圆满。

大手印立四瑜伽渐次修习，大圆满则不立四瑜伽，顿然直证，两者实有渐顿之分。大手印根据俱生智见（法身见），了知一切诸法，即此无生、俱生的明体。就此明体，保持、巩固、纯化之，必假修证，然后证得。大圆满根据本净见（大圆满见），一切诸法从本清净，没有任何分别垢染，无缚，无解，无修，无证，自生自显，任运自如，即见、即修、即行、即果，不历阶段，不标次第，即于诸法起时，刹那自性大圆满。脱噶方法利用日月外光，渐次引入自体，噶发自性虹光，较易较稳。大圆满除脱噶白关法外，更有黑关引导法，即所谓七日成佛之最高法门，尤为殊胜，而大手印无之。

上列九乘佛法中未列入禅宗。盖禅宗不立任何见，不立文字语句，不许有肯路，不许有定功，不许有领会，重在机用透彻，连本来清净见亦不用，棒喝之下，令人立地成佛。所以诺那上师称禅宗为"大密宗"，意为凌驾生起次第、圆满次第之上，与大圆满次第相同。而就法性秘密而言，禅宗之机用，不可捉摸，尤胜于密宗。陈健民上师更认为，达摩祖师为西藏密宗古萨里派的祖师，在汉地则知其为禅宗祖师，其在西藏所传大圆满法，完全与汉地所传禅宗相同。所以，陈健民上师认为禅宗属于密宗法系（第13—15页）。

将佛家大圆满成佛之法与儒家的成德之教相互参照，可得出如下一些启示：

一、尽管佛家于究竟之处也十分强调心性的自然、自在、光明、清净、无为、无我等属性，但其修行法门仍然处处透显着非常明显的痕迹，着相的成分很重。以上引文所示修行方法，已经十分复杂繁难,《藏密大圆满心髓探奥》一书中其他未征引部分,所涉及的修行方法,则更为复杂,处处透显着经院气息和琐碎教授。如此,必使学者陷溺于文句,胶着于法相,穷经皓首,为法所束。不仅大圆满教授如此,整个大、小乘佛法,无不如此,常令学者沉沦于文山字海之中,茫无崖岸,永无了期。不若儒家义理,下学上达,中庸为道,平实简易,圣凡贤愚皆宜。

二、虽称之为佛法九乘之巅,命名曰"大圆满",然其大圆满是特殊形态下的大圆满——空、明下的大圆满。空性(无为性、超越性)和光明(先验智慧、本有觉性)确为心体、性体所涵的重要属性,也非为儒家所轻视,但这些属性并非心性之全貌,只是心性诸多属性中的消极部分,其积极部分则全未涉及之,更无张扬之。故知此特殊形态的大圆满,实为消极之大圆满,偏枯之大圆满,离尘避世之大圆满,内圣面重而外王面轻之大圆满,不能兴发心性全体大用(尤其是道德创造和生生之德)之大圆满,更是佛学思想系统所给定下的大圆满,如此之大圆满必为封闭型的大圆满。

儒家践行的是常道。常道的意思是时刻顺应人性之常、人伦之常而立学,立德,立行,立道。立于常道之上的儒家所显扬的心性,方能尽其心,尽其性:能尽心体之大全而无余,尽性体之大全而无余。故儒家方得大圆满之心髓,方能真彻尽大圆满(即心性)之全蕴。其明明德、亲民、至善,其止、定、静、安、虑、得,为儒家之大圆满。儒家之大圆满方能化除一切法相,化除一切法执,回归平实简易之常道,将修行(儒家不名修行,而曰践履或践仁等)消化于日常生活之中。如此则最大限度地避免法门和修行次第带来的拘限,而成一开放型的大圆满。开放型的大圆满方可成为真正意义上的大圆满,方可成为无系统相、非给定下的大圆满,方可成为常道之大圆满。此为常道之大圆满,故儒家学者无需经过或修持诸如念咒、磕头、观想、入坛城、结手印、看光(外明点)、呼"呸"、见佛像本尊净土等门径,其拆散一切有为造作,祛除一切隐曲险峰。念咒、磕头、观想、入坛城、结手印、看光(外明点)、呼"呸"、见佛像本尊净土等,皆为曲心之举,皆为玩弄光影。宽坦身心,洒脱自然,光明磊落,意气风发,上下与天地同流,百事不欺心,言行皆率性,如是直下行去,当体具足,此名为"儒家之大圆满",此为儒家所近之道("知所先后,则近道矣")。

三、佛法九乘之巅之大圆满法门,唯"上根利智一见即知,一行即成",但此上根利智者毕竟不多,"恐万人中,难以挑一"。对于根器低下,"不具备这种素质的行者,修彻却必感下手为难……能修到何等程度,那就很难断定,得视行者的努力和精进如何而定了"。如此之大圆满教法,难以具备普及性,故为特殊型态的大圆满。而儒家常道之大圆满、开放之大圆满,因其无特殊之型态,皆消融于日常生活之中,故不分贤愚,人人可行,"虽不识一字,亦须还我堂堂地做个人"。孟子说"君子所性,虽大行不加焉,虽穷居不损焉",此句为儒家正宗之大圆满教授也。

四、关于长寿:修持大圆满可以获得体健而长寿,"身轻如绵,肤色充实,面无皱纹,发不白不长,指与爪亦再长,身现五佛像,或者转童相,发白转青,齿落重生,如是种种,身轻安无病,口出语悦人,无量诸法,自然善说……""年龄最小者在80

岁以上，年龄最大达 140 多岁，其中多例在百岁以上。这说明修持大圆满心髓有成就，确可延年益寿。"获得如此长寿的原因是，"行者多年长时期通过自身的智慧光明摄收宇宙能量特别是太阳光能而得来的"。儒者则无需如许之麻烦，心性之自明超日月无量倍，在儒者这里，仅需"明明德"三字即足矣，或"仁者寿"三字则尽矣。"藏密行者并不重视长寿"，儒者也不强调为了长寿而长寿，如对社会无所裨益，仅仅是苟延残喘地活着，并非儒者所愿。"老而不死，谓之贼。"（《论语·宪问篇》）

五、关于"虹化"："至于临终虹化，已经历代许多实例证明，虹化者在身体发光中形骸不断缩小，而渐至消失，最后只剩下指甲和头发，其顶上空中出现如虹的一派红光缭绕。次一等者，其肉身在发光中缩小到一定程度，例如一二尺或二三尺不等，剩下的形骸坚硬如铁。这些虹化现象，都引为奇观。"

临死之时，肉身化为可见五色彩虹而去，有两方面价值：一者证明此修行者生前已证悟心性（在佛家主要为心性之空、明这两大属性），因证入心性，生前即获得解脱，死时融入心性之中，佛家名之为"入大般涅槃"；二者，虹化可为当世或后世那些浅智小信之人，作个证明，证明东方文化和生命修行真实不虚，生命内涵无穷奥秘，令浅智小信之人得生实信，发心修行，立志圣贤。临终虹化之人，生前必证金刚光明身，即整个身、心（西方心理学意义上的意识和潜意识。与儒家所言的良知、仁心、心体之心，天地悬殊，不可相混）清净化、光明化、空化。因为此时身体内的脉结已经开解疏散，脉中之气（相当于中医所言之经络之气或真气）已经净化和升华（升华为智慧与光明），贪、嗔、痴、慢、疑已经降服或化解，故此时之身体内在素质极高，达到了高度的健康状态，精力充沛，感官灵敏，达至情绪中和之境界。如再进行某特殊化的训练或本来即有较特殊的体质，甚至可出现入水不溺、入火不焚、百毒不侵、力大过人等神奇现象，故佛家以"金刚身"形容之。

光明身依其光明化程度可分为两种：一种为形而上的抽象之光，此光唯行者自己反观自察时可见；另一种为形而下的具象之光，即肉眼可见之光，此光炽盛之时，他人视此行者身体某些部分或全身，隐于一团可见之光明中。肉眼可见之光明身为佛家所喜，尤其为佛法大圆满之所愿。儒家特重形而上之光明，谓此光为"德光""心地光明""智慧之光"等。如若儒者也将兴趣移至此形而下的可像之光，则无需如佛家那般进行咒语、气脉、观想、打坐等繁杂方法之修行，只于德化人生中平实行去之时，另外加入"兴趣移至此形而下的可像之光"一意即可，心中持守不失此兴趣，于此心念之中，勿忘勿助长，不久即可实现全身化入可见之光明中，成就佛家大圆满意义上的"光明身"。"金刚身"与"光明身"合称为"金刚光明身"。

儒家首重亲民、化民，不重化身。在儒者看来，发明心性之全体大用，其所用之处甚多，排在首位的是平天下，其次是治国，再其次是齐家，最后才是修身。故知修身只是心性全体大用之最末一节。而佛家发明心性，首在成就修身（也仅限于形质之身）。在儒家看来，此正所谓之小，非大人之道。"参天地，赞化育"，如是方为大人之学，如是方为《大学》之道。"知所先后，则近道矣。"儒者以平、治、齐、修，明其先后，以止、定、静、安、虑、得，明其先后，此为真正之近道也。

即使谈到修身之道，以心性光明之显发，通化全身，以达祛病健身、延年益寿，此于儒者并非难事；无需如佛法之大圆满，经过前加行、后加行、生起次第，进至圆满次第，最后方抵达大圆满"彻却"与"脱噶"的寻脉看光、转化明点等之修行。佛法之大圆满需长期凭借日月之光，方能成就。如许之大费周折，儒者不取。儒者只需数语，即得大圆满之真髓："夫大人者，与天地合其德，与日月合其明，与四时合其序，与鬼神合其吉凶。""富润屋，德润身。""君子所性，仁义利智根于心，其生色也睟然，见于面，盎于背，施于四体，四体不言而喻。"心通则周身百脉皆通，理通则周身千结皆化。在德化人生中，心性发明全体大用，其大德加被于身谓之"德润身"。在道德、良知、仁义润泽通化周身之时，身体内外所有明点、脉气、无明、业障、梦幻等等，悉皆转化升华。于此儒者若欲出现如佛法中的虹身成就，只需于心中存此一念，"虑而后能得"，则很快即有此殊胜之成就。至于为什么儒家自尧舜开始，下迄宋明诸儒，皆不愿存此一念以成就虹身，实是守礼之故也。引用至圣之言则是："君子有所为，有所不为。"亚圣复曰："人有不为也，而后可以有为。"

儒家首重孝悌，身体发肤，受之父母，不敢毁伤。如于死时，全身光化而去，只余指（趾）甲，此有毁伤身体发肤之嫌。《孝经》和《大学》之作者曾参，临去世之时，谓其子弟曰："启予足，启予手，《诗》云：'战战兢兢，如临深渊，如履薄冰。'而今而后，吾知免夫，小子。"由此可见，儒者为孝而守护身形之深切。

儒家注重葬礼和死后入土为安（生时不舍家国，死后不离故土）。如此是为了让子孙后代慎终追远，仰慕祖德、传承先贤遗风之时，有所凭藉；如此可望风气纯朴，民德归厚。

六、关于证道之难易：无论是佛教之小乘、大乘，还是金刚（密）乘，有一个基本教义是始终贯穿其中的，那就是：再三强调心性之无限玄远，于我们这些凡夫俗子而言，几乎难以企及；再三强调心性之无限深奥，于我们这些智浅障重者而言，极尽想象，穷思竭虑，也难以触及其皮毛于万一。菩萨之路，漫长久远，动辄以劫计数，方毕其功。另外，佛门号称"八万四千法门"，门门各有次第，如此无量之法门，实非普通学者所能承受。仅仅将这些头绪多端、路径迥异的无量法门，粗略地摸索一遍，也可转青丝为白发。若无超人之坚志宏愿，实难久持。故佛门弟子需时时发愿"法门无量誓愿学，佛道无上誓愿成"，以求自勉。

如是设教，本意是为了让众生对心性生起渴仰心、庄严心、稀有心，佛教自设曲径，自高门槛，以诱初学，实为慈悲心切所致，意在庄严佛法，增辉门庭，但凡事有度，过或不及皆为恶。佛家未能把握其度，大大过之，反令凡夫生起畏难之心、厌烦之心、绝望之心。此非物极必反乎？

儒家谨守仁道，化险滩为坦途，开放自然，简易平实，以无法为法门，以率性为常道。故依儒家视心性，亲切生动，稀松平常，如家常便饭一般。让我们试看儒家如何论心性："仁，远乎哉？吾欲仁，斯仁至矣。"（《论语·述而篇》）"尽其心者，知其性也。知其性，则知天矣。存其心，养其性，所以事天也。夭寿不贰，修身以俟之，所以立命也。""万物皆备于我矣。反身而诚。乐莫大焉。强恕而行，求仁莫近焉。""人之所不学而能者，其良能也；所不虑而知者，其良知也。孩提之童无不知爱其亲者，及其长也，无不知敬其兄也。亲亲，仁也；敬长，义也；无他，达之天下也。""仁也者，人也。合而言之，道也。"(《孟子·尽心上》)

明代王阳明著名的"知行合一"论——"知之真切笃实处即是行，行之明觉精察处即是知"，最能表示儒家修行特色。世上本没有如佛家之八万四千法门，也无需此八万四千法门，于儒家只需一个法门足矣：知行合一。只要切实通达其理，明白其特性，对历代圣贤所表现出来的，所拥有的（如佛家大圆满之光明身和虹化），如行者有此兴趣，便于心中存此兴趣，并佐以坚定不移之信念，很快此行者即可实现之。因为"圣人之道，吾性自足"（王阳明语）。一个"兴趣"，再佐以一个"信念"，仅需此四字，就囊括了佛法大圆满全部义蕴。如此简易之事，不知佛法为何将其铺排得如此繁难复杂。

三纲与八目

古之欲明明德于天下者

"天"这个词在古文中有多个含义:

1. 指苍苍者谓之"天",头顶上这个茫茫荡荡的苍穹之谓也,即现代物理学的"天空""天气"之义。这是"天"字最为普遍的含义。中国古代天文学、历法学和星相学等相关的原始自然科学,如天干、地支、五气、六运等,也自此"天"延伸深化而来。

2. 指最高神——天帝,天帝简称为"天"。"天帝"因其高高在上,故又名"上帝(God)"。此"上帝"与西方犹太教和基督教中的"上帝"为同等概念与作用。在甲骨文中和夏、商、周三代帝王发表的诰命及民间歌谣中,随处可见"天帝""上帝""帝""皇天"等表示上古时代中华民族所信奉的最高神这一概念,此为上古之时君民共同信仰的宗教之神。如中国最早书籍之一的《诗经》中就大量出现相关概念:"皇矣上帝,临下有赫。

监观四方，求民之莫。维此二国，其政不获。维彼四国，爰究爰度。上帝耆之，憎其式廓。乃眷本顾，此维与宅。"（译文：上帝伟大而又辉煌，洞察人间慧目明亮。监察观照天地四方，发现民间疾苦灾殃。可是殷商这个国家，它的政令不符民望。想到天下四方之国，于是认真研究思量。上帝经过深思熟虑，憎恶殷商统治状况。怀着宠爱向西张望，就把岐山赐予周王。）"帝迁明德，串夷载路。天立厥配，受命既固。"（译文：上帝遣来明德君王，彻底打败犬戎部族，皇天给他选择佳偶，受命于天，国家稳固。）"帝谓文王：予怀明德，不大声以色，不长夏以革。不知不识，顺帝之则。"（译文：上帝昭告周君文王：你的德行我很欣赏。不要看重疾言厉色，莫将刑具兵革依仗。你要做到不声不响，上帝旨意遵循莫忘。）（《诗经·大雅·皇矣》）自中国历史之初，已有非常明确的"君权神授"观念。最高政治领袖的统治权来自天帝（上帝）的亲授，君主以"天子"——天神宠爱的儿子自居。君主作为天父（上帝）意志的化身和代表，在人间行使治理和生杀予夺之权。后世百姓习惯中的"痛呼母，悲呼天"之"天"，"天"被作为情感的寄托和倾诉对象，也是上古宗教性的"天帝""天神"演变而来。

相比较于印度宗教（包括佛教）和在佛教传入中土后仿照佛教建制而构筑起来的道教，以及西方的基督教，中国上古时期自发产生的原始宗教（天帝）信仰，有若干之差异：

① 中国历史之初的原始宗教信仰，尽管其宗教意识普被君民各个阶层，宗教信仰在各人生活中占据着主导性位置，但自上古迄至秦汉，并没有发展出一个成熟的宗教信仰体系和宗教仪

轨。换言之，宗教意识并没有发展至成熟和自觉之高度。

② 先秦时期的原始宗教，始终贯穿着"政治"与"民生"这两大主题，有着明显的民本化、人本化、人文化、现实化倾向，即以人为本的发展倾向；而不是如其他宗教那样，有着明显的神本化、出世化、超人文化、超现实化倾向，即以神为本的发展倾向。在核心的宗教观上，中国先民始终坚守神为人而在，神为人间、为人生而服务；其他宗教则正相反，始终倾向于人为神而在，人以服务众神为天职，以服务众神为人生最主要义务。如此就不难理解：为何上古原始宗教信仰和鬼神崇拜，迨至晚周时期即已基本融入人文文化之海洋，为人文文化所含化与消融。至圣孔子的出世，以及他的三千弟子们，则更进一步地顺应中华文化发展的基本倾向，对上古流传下来的宗教信仰与鬼神崇拜，进行了彻底的汰滤和扭转，确定了中华文化的基本格局和基本性格——"内圣外王"的生命格局和人本化、人性化的文化性格。这标志着中华文化由先前自发的（无意识的、本能的）原始形态，升进到自觉、自省、自主方向的全新阶段，一扫此前文化思想传统中的神秘性（即鬼神的不可知性）、荒诞性（即无厘头性）、非理性（即生物化的本能性）、原始性（即无系统性和逻辑性）。故知孔子和他的弟子们，在中华文明史上，以及世界文明史上的作用，都是划时代的。"天不生仲尼，万古如长夜"，信然也。

③ 其他宗教里的神都是宇宙的创造者，而中国上古宗教之神只是管理宇宙和下民，并不创造宇宙。中国上古神话中，宇宙是由半人半神的盘古化生而来。"天地浑沌如鸡子，盘古生在其中，万八千岁，天地开辟。阳清为天，阴浊为地，盘古在其中，

一日九变。神于天，圣于地。天日高一丈，地日厚一丈，盘古日长一丈，如此万八千岁。天数极高，地数极深，盘古极长，故天去地九万里。后乃有三皇，首生盘古。垂死化身，气成风云，声为雷霆，左眼为日，右眼为月，四肢五体为四极五岳，血液为江河，筋脉为地里，肌肉为田土，发为星辰，皮肤为草木，齿骨为金石，精髓为珠玉，汗流为雨泽，身之诸虫，因风所感，化为黎甿。"（三国·徐整《三五历纪》）中国先民认为宇宙是化生而来，不是创生而来。此"巨人化生天地论"很值得玩味，它与后世人本主义文化的形成与促进，以及由孔孟所开创的将"仁心、德性"作为基本的生命文化体系，皆有着深刻的渊源关系。

3. 指本体之天。此"天"是形而上的义理（哲学）之"天"，是本体—宇宙论的"天"，是生命之"天"，即生命之别名，是主体之"天"，即主体之别名。在儒家，尤指道德之"天"，即德性之别名。形而上的义理（哲学）之"天"，在中国上古时代的思想中，由来已久，渊远流长。此"天"可一直追溯到中华文明肇始之初的伏羲画八卦。"古者伏羲氏王天下也，始画八卦，造书契，以代结绳之政，由是文籍生焉。""古者包牺氏（即伏羲）之王天下也，仰则观象于天，俯则观法于地，观鸟兽之文，与地之宜，近取诸身，远取诸物，于是始作八卦，以通神明之德，以类万物之情。"（《周易·系辞传》）伏羲画八卦，始于乾卦，乾为天，故谓"一画开天"。伏羲画八卦，象征着人类智慧第一次透脱出来，照彻环宇，自此，宇宙（天地）便从黑暗中、混沌中、无明中借助人类智慧光明的照彻而觉醒，天地万物从此借助人类智慧光明的照彻而重新认识了自己，发现了自己，回归了自己，同时也超越了自己。此乃"一画开天"之义。这里所说的宇宙从黑暗中、混沌中、无明中觉醒，指的是从智慧的黑暗中、从价值的混沌中、从后天的或物质的无明中获得觉醒，此黑暗与混沌不是现代天文学和天体物理学角度的黑暗与混沌，而是（超越的）价值、（先验的）智慧、（自在自足的）存在、（主体性的）生命等意义上的觉醒，故为形而上的觉醒、义理（哲学）的觉醒，或曰心性的觉醒。

人类的觉醒（即心性本有之自明透过人类而显化出来），绝不是仅仅局限于地球一隅的某个偶然事件。人类智慧的显发（或曰觉醒）是一个无比重要的宇宙级事件，是一个宇宙无始以来最为重要的事件。这一事件标志着宇宙（天地万物）的演化与运行出现了本质的飞跃：宇宙从此前的纯物理性的、纯机械性的、纯被动的演化与运行，跃升到意识的、生命的、自主的、自觉的、道德的演化与运行阶段。同时也标志着宇宙（天地万物）自此进入超越自己和回归自己（超越过去的自己，回归"心性"这一最终的存在）的全新阶段。在这个全新阶段里，此前纯物质、纯机械、纯被动的天地万物，开始了价值化、意义化、智慧化、意识化（自觉化）、道德化（自律化）、生命化（主体化）的演进。

这个宇宙（天地）由先前的纯物质、纯机械、纯被动的阶段，跃升到价值化、意义化、智慧化、意识化（自觉化）、道德化（自律化）、生命化（主体化）的阶段，其标志就是圣王伏羲始画八卦。八卦成，乾坤定。"一画开天"所开创的是一个全新的天地：一个形而上的天地，一个义理（哲学）的天地，一个道德的天地，一个本体—宇宙论的天地。

在人类的自觉意识（即文明）未诞生之前，宇宙和一切生物的演化、运行，相对于心性而言，都是处在不断地离开自己的过程中；自人类的自觉意识诞生之后，相对于心性而言，宇宙和一切生物（尤其是人类自身）的演化、运行，则进入持续地回归自己的阶段。进入持续的价值化、意义化、智慧化、意识化（自觉化）、道德化（自律化）、生命化（主体化）的阶段，也即回归心性、成为心性的阶段。心性之离开自己和回归自己，在这一貌似无聊的圆圈运动中，彰显了心性内涵之自律性、自足性、自觉性和自在性等属性，也彰显了心性作为绝对价值和终极意义之真实性。心性之离开自己的过程，即是不断地黑暗化、机械化、无明化、被动化、堕落化、混沌化和物化的过程；心性之回归自己的过程，即是不断地光明（包括形而上的抽象之光和形而下的可见之光）化、自主化、超越化、生命化、价值化和自觉（觉醒）化的过程。

但是这个回归心性、成为心性的阶段，对于宇宙而言，对于人类而言，仅仅是一个伟大的开始，远远没有达到彻底和圆满之境界。故对于整个人类社会和人类历史而言，文明化的进程时刻不可松懈；对于个人而言，德化人生时刻不可松懈。故儒家有"死而后已"之论，道家有"惟道是从"之说，佛家有"为法忘躯"之教。

自伏羲画八卦以定乾坤开始，标志着中华民族，乃至整个人类步入文明时代。作为本体之别名的"天"这一概念也正式确立，并一直延用至今。八卦中的"乾卦"就代表本体之"天"，是作为本体—宇宙论的"天"而使用的。所谓的"本体—宇宙论"之"天",意为此"乾卦"或此"天"同时包含宇宙和本体两大概念,但其重心则落于本体上,其宇宙是指形而上的宇宙,非指形而下的天地。

形而上者谓之乾,谓之天,也谓之道。故古来有乾、道并称,或天、道并称之习惯。天即是道,道即是天。到宋明诸儒,则喜将天与理并称为"天理",省称为"理"。理即天义,天即道义,道即性义,性即本体义。理、天、道、性、本体,皆一义也。孔子之"仁",《大学》之"明德",孟子之"四端之心",《中庸》之"诚",阳明之"致良知"等,仍是一义也。先圣后圣,其道一以贯之,其心同,其理同。

"天下"这个概念或曰观念,在中国出现的时间非常早,最早可上溯到炎黄时期。《史记·五帝本纪》载:"天下有不顺者,黄帝从而征之,平者去之,披山通道,未尝宁居。"迨至商周时期,"天下"一词已非常普遍地被使用。

"天下"与"一统"二词常并用,此天下一统的观念,始终是中华民族的基本观念之一。中华民族自夏朝建国至今,四千多年来,绝大多数时间皆处于大一统状态,端的赖此意识贯穿始终有着直接之关系。"天下"一词,其表现于政治上,则为天下一国、天下一家之政治理想;其表现于思想文化上,则为兼容并包、求同存异之开放胸怀;其表现于人生上,则强调"天人合一",以人为天,以心性为天地,突出生命的价值与意义之彰显。"天下"一词,既指政治所辖范围,也指文明所化之域。若文明未被之地,则称为"化外之域"。化外之人,形同禽兽,不通道德,不明义理,不可称"民"。民者,道德所化之人也,守仁义,通礼仪，其谓人也，为天道所被，为心性所摄。

"古之欲明明德于天下者"之"古"字，为"传统如是"或"向来如此"之义。儒者秉持先圣之道而传承之，守护着千古以来之政治信念和文化理想而发扬之，故能成中华之正统、文化之正脉，百代文运，赖此而兴。具体而言，其"千古以来之政治信念和文化理想"是什么呢？《大学》于此说得非常明白："欲明明德于天下。"

欲明明德于天下，就是让天下之人都能明了明德为何物，即明白道德究竟是什么，它对我们实现人生的终极关怀——圆满和解脱意味着什么，也是让天下人都能自觉、自愿、自发地步入德化之人生，步入光明化、自主化、超越化、生命化、价值化的理想之境。当我们的心性充扩至极致时，不仅是我们个人获得了究竟之圆满与解脱，也是宇宙天地一切事物以某种方式，透过"我"而获得了一次终极之觉醒。任何一个人的圆满与解脱，如孔孟，如佛陀，都不可能是一己之私事，而是一个宇宙级的最大事件。这是形而上层面的，或曰本体层面的"明明德于天下"。形而下层面或曰现象层面的"明明德于天下"，则需通过不懈的文化传播与圣贤的教化来渐次实现之，充扩之。

明明德于天下不仅是华夏自古以来的圣贤们一贯之道，不仅是华夏自古以来的常道，它也必将是千古以后圣贤们的一贯之道，也必将是尽未来际，所有后世子孙必须守护之常道。唯有此明明德之道，唯有此常道为人间之正道，为千古不易之大道。舍此，皆为崎岖险道，或皆为逆天悖仁之邪道。儒者谓为"异端"，佛者谓为"外道"（心外求法，即名外道）。

先治其国

"天下"这个概念,从大处讲,全部宇宙和整个天地,皆为天下;从小处讲,政权所及或文明所化之处,皆名天下。故"天下"一词不确定,无方所。天下为君主所主持,所谓"君临天下"者是也。比天下小者为"国"(古时之国,皆指依君主封疆所建之国,即诸侯国是也)。比"国"小者,为"家"。秦代之前的国,皆为封建之国,即君主将有功有德之臣,赐予大小不等之封地,令其于此所封之地上建立一个相对独立的行政机构,行使统治权和管理权,且此权力多数为世袭制。迨及秦代,秦始皇废除封疆建国制度,改为由中央集权下的郡县制。此郡县之行政长官由中央政府或皇帝直接任免,且无世袭。汉代初年,其政治制度为封建与郡县双轨并行,以郡县制为主。但汉初的封建已与三代时大不相同,其独立性、自主性、世袭权等大为减弱,被中央政府和皇帝强有力地监管掌控着,很多封王和诸侯国,几乎形同虚设,有名无实。无论是先秦时期的诸侯国,还是自秦代开始的中央帝国,其为国者,则一也。

一国有没有治理,治理得好不好,在儒家,是有着清晰标准的:社会公平度高不高?物质财富累积的多不多?政治架构合不合理?人民的幸福感强不强?各级行政长官是否贤明勤俭?文化推广(即教育)得好不好和文明程度(即践行德化人生)如何?以上列举的最后一项,尤为重要。儒者之治国理想,是于各国之中推行德化教育,使上下君民自觉地践行仁义,通心性之理,明明德之道,彰显心性于事事物物、表里内外之中,落实道德于起心动念、人伦日常之间。

儒者此等理想不可谓不深切正大，不可谓不透理至极，不可谓不是为人生和人类（含家、国和天下）指明一条终极归宿之道。问题在于，自古儒者持守此等理想太过谨严，终被此等理想所蔽所束而难自知。

1. 一个国家的综合治理好不好，生产力与创造力有没有得到最大限度的解放，仅有一个理想是远远不够的，还需有具体的路径与方法，即需要实用性很强的各门社会科学和自然科学的长足发展，方可望实现之。向来儒者于此一直没有清晰的认识，以至于常被诟病为"腐儒""酸儒"。但其"内圣外王"之义理架构并没有错，至少在根本上没有问题。问题出在由内圣转化为外王时，绝大多数时候是不能直接转出去的，中间还需要建设和补充很多曲折和环节。其曲折和环节就是补充上经验智慧、经验知识和建基于此发展出来的各门社会科学与自然科学。不重视经验智慧、经验知识，不发展社会科学和自然科学，天下终不得平，国终不得治，家也终不得齐。

不仅儒家向来对经验智慧和经验知识重视不够，东方两大传统文明——中国和印度传统文化，对经验智慧和经验知识重视程度都不够，前文已详之。因为不能正视经验智慧和经验知识，致使包括儒家在内的整个东方文化，终究没能发展出成熟的社会科学和自然科学系统（如现代意义上的政治学、经济学、法学、物理学、生物学、地理学等），以成就"外王"之道。也就是说，外王之理想（即修齐治平）始终不能令人满意地实现出来。

经验智慧属于心性之离开自己阶段，属于形而下的知识，所发现之真理属于客体（客观）真理、形构（结构）真理、外延真理、相对真理、后天真理、材质真理；先验智慧属于心性之回归自己阶段，属于形而上的知识，所发现之真理属于主体真理、存在真理、内容真理、先天真理、生命真理。如若人们能在经验知识方面，有越来越深入的探索和累积，这对我们进一步领悟先验智慧、更好地实现对心性的回归，是有着绝大之助益的。故经验智慧与先验智慧为鸟之双翼、车之双轮，任何一方皆不可缺失。

但经验智慧和先验智慧在价值标准上，是截然不同的。经验智慧是阶段性智慧，以佛语言之，是属于现象（无常）之智慧，故属于"末"，属于"后天"之范畴；先验智慧是永恒性智慧，以佛语言之，是属于法界（本体）之般若智慧，故属于"本"，属于"先天"之范畴。宗圣曾子通过《大学》教导我们："物有本末，事有终始。知所先后，则近道矣。"

2. 人类的各种需求，大略可分为三类：生理需求、心理需求和灵性需求。这与人具三性——兽性、人性和神性恰相对应。

兽性即生物性，因人有生物性之一面，故有生物性之需求，即生理需求是也，如饮食需求、睡眠需求、性需求（即繁育后代之需求。性冲动是生物保存其自己不致绝种之冲动）、尽享天年之需求等。因人有人性之一面，故有人性之需求，即心理需求是也，如感情需求（亲情、爱情、友情等）、艺术需求、社会需求（获得他人关怀、尊重等）、历史和社会价值的充分实现之需求等。因人有灵性（神性、佛性、德性）之一面，故有回归心性之需求，即圆满与解脱之需求，如充分实现真、善、美之需求，过德化（仁义）人生与美化（艺术）人生或真化（觉悟）人生之需求，终极关怀之需求，形而上之需求，安心之需求，主体（生命）化之需求，圆融化境之需求，无为自在之需求，价值与意义之需求等。

包括中印在内的整个东方传统文化，在灵性方面发挥得十分充分，但于前两方面（生物性和人性），始终重视度不够，始终不能充分地正视之，其于佛道两家尤为明显，几至极端之地步。儒家虽不若佛道两家为甚，但因其始终不能足够重视经验智慧和经验知识，于前两性之实现上，不愿过多地勤思着力，故少有补益与发明。直至现代意义上的社会科学和自然科学的出世，方给予前两性之需求以充分的重视，并持续地谋求如何合理地满足和实现这些需求。

人之"三性"需求的满足，通常次第是：第一为兽性（生物性），其次为人性（心理性），最后是灵性（神性、佛性、德性）。但这个先后次第更多时候只是理论性的。因为人是一个文化主体，拥有高度的主观能动性和自觉意识，因而在具体实现中，受到文化传统、信念信仰、客观条件、榜样的示范等多方面影响，这个次第是可以随时变更的，并非不可移易。

虽然人之"三性"之间的实现次第可以随时变更，但却不可相互取代，更不可只肯定其一，而长期地忽视其余，或压抑其余。我们一般习惯于称呼人的生物性需求与冲动为"本能"，称呼人性和灵性为"天性"。"三性"之任何一项属性都是伴随终身的，都有被实现和被重视的需求与冲动，此需求和冲动都将持续一生，至死也未必方休。

儒家是东方传统文化中，相对而言最能正视生物性需求和人性需求的学派（这主要是指先秦以"五圣"为代表的儒家思想。迨到宋明理学兴起之时，越来越倾向于忽视、压制前两性之需求）。但历史地观之，整个东方传统思想，都对人之生物性需求和心理性需求重视程度严重不足，大有以灵性需求来取代、吞噬前两性需求之倾向，将灵性实现与前两性之实现（尤其是生物性的实现）尖锐地对立起来，形同水火之势。这是东方传统思想中，始终不够重视经验智慧，始终不够尊重经验知识，始终不能正视经验主义之价值在"三性"观上的反映。

需知，"三性"之间有着互为因果的深刻关系，如鼎之三足，缺失任何一足，另外两足也难以成立。"三性"中的任何一种属性，如若长期得不到合理的正视与满足，都将滋生相关问题：生物性得不到正视与满足，将会滋生种种生理上的疾病，出现各种生理紊乱现象；心理性得不到正视和满足，将会滋生各种心理上的疾病，出现各种非理性、贪婪、分裂、异化、失控等心理病态现象；灵性得不到正视和满足，则因不能实现生命的解脱和圆满，不能实现人生之终极关怀，而出现严重的不安感、空虚感、无价值感、无意义感、被抛弃感、缺失感、（莫名的）恐惧感、难以承受的生活之沉重感、黑暗感、无幸福感等生命异化现象。人的任何一种属性，一旦出现异化或病态现象，都将分散和消耗我们大量时间和精力，势必影响到我们去更好地实现其他属性。

能否对"三性"做到鼎足而观，同等正视，实在干系重大。这个问题若辨识不清，东西方文化各自之症结，终难知所在，终得不到令人满意的疏通解决，人类之文明和智慧也终将难臻圆满之境,个人之成长与历史之演进,也难以步入正道坦途。东方传统文明与现代西方文化之间,如何实现亲切相处、取长补短,是我们这个时代面临最大的文化问题。若明"三性"之理,方有望扭转东西方文化之间,此消彼长、此存彼亡之态势,而成相得益彰、互生共荣之格局。

若于"三性"获得理明而义达,于天下,则天下得以平;于国,则国得以治;于家,则家得以齐;于身,则身得以修……

欲治其国者,先齐其家

佛、道以出世为归,以家室为累。儒者以齐家为立世之本,百业之源。尤其是中国为农业大国,营务农事,非有众人分工合作不能成。中国之家庭,以夫妇为中心,向上有父母和爷爷奶奶,向下有儿女孙子,旁及兄弟姐妹,再向外,则延及姑舅叔伯、外公外婆、表兄弟表姐妹等,如此构成一个以血缘为纽带的大家族。古代的大家族是非常大的,时常大到一个家族或一个同姓宗族,就构成了一个村庄,迨及现在中国乡下多数村庄,仍然以"张家村""李家庄""宋家堡"等为名。

无论夫妇之间的爱情,还是父子母女之间、兄弟姐妹之间的亲情,这些都是人性中的重要成分——情感。儒者固然十分重视人性,尊重情感,但儒者之理想并非仅仅止于情感。儒者之理想是"收纳灵性于人性之中",是在人性表现之域中进一步实现神性,即将神圣之德性也同时彰显出来,践行出来。齐家者,以何齐之?以仁义齐之,以道德齐之,以心性齐之。佛、道两家是将修行道场建立于山林之中,并于道场中摆放神佛诸像,时常举行仪式法会，以增庄严。儒者则将道场设置于家庭之内，设置于亲情、爱情、友情之间，此道场无形无相，无宗教仪式，其增长庄严之法是于诸亲情、爱情、友情之间，不断深入地顺而固之，充而扩之，纯而化之——以德化之，化之为德。

儒者不是离家出世，成就大道，而是顺应人性之常，顺应伦理之常，以成就仁德。简而言之，就是将人之灵性实现，巧妙地、无形地融入到人之生物性和心理性之实现之中，一并实现之，一并成就之，一并圆满之。故《中庸》曰："君子之道，造端乎夫妇。及其至也，察乎天地。"如若不然，何需有"齐家"之说？动物也有家族，蝼蚁也有家族，然此类家族，仅能实现生物性需要和简单的心理性需要（动物之心理比较于人类而言，甚为混沌黑暗，远不如人类为有序而饱满），因其没有人类最重要的一个功能——主观能动性和高度的自觉反省能力，故于动物，不存在"齐家"之问题。而人类不同，人类肩负着道德实践之重任，灵性实现之重任，故于人类，则有"齐家"一问题存在，即于家庭生活中和日用伦常间，实践出德性人生。具体而言，即于夫妇之爱情中，彰显出互敬互爱；于父子母女之亲情中，彰显出上慈下孝；于兄弟姐妹之同胞中，彰显出恭谨悌顺；于朋党同志之友情中，彰显出忠贞信义。于如是之诸关系中，发明心性，践行德性，贞而定之，扩而充之，"及其至也，察乎天地"。察者，觉醒、照察之义。"察乎天地"即是将发端（发明）乎夫妇、父子、兄弟、朋友之间的心性、仁义，充扩至六合之外，上下与天地同流，以证成陆九渊所言的"吾心即宇宙，宇宙即吾心"之圣贤化境。如是，则"齐家"之功毕。

欲齐其家者，先修其身

家是由一个一个具体的人所构成。若组成这个家庭或家族的每个成员，都能有一个非常合乎法度和义理的言行与修养，那这个家庭或家族，当然就会齐之以德。

自古修身有三类方式，前人将其概括为"精、气、神"。狭义之"精"，指的是精子卵子、骨髓、内分泌等精微物质；广义之"精"，指的是整个身体和与身体有关的一切言行、礼仪法度、行站坐卧、气质风采等。

狭义之"气"，是指中医里所说的经络之气、脏腑之气、营气、卫气等，在印度瑜伽和佛法等传统文化中，则指脉轮之气、业气、"五类"气（上行气、下行气、遍行气、平住气和命根气）等；广义之"气"，现代自然科学中所言的"物质""能量"和"信息"这三个概念合在一起，类似于中国传统文化中所言之"气"。

庄子曰："人之生也，气之聚也；聚则为生，散则为死。若死生为徒，吾又何患！故万物一也，是其所美者为神奇，其所恶者为臭腐；臭腐复化为神奇，神奇复化为臭腐。故曰：'通天下一气耳。'"（《庄子·知北游》）气于人体则为"聚则为生，散则为死"，气于物体则为"聚则成形（物体、物质），散则成风（流动变化的能量，或更为抽象的各种信息）"。庄子所谓的"通天下一气耳"之"气"，即是指此广义之"气"。

印度传统哲学中也有广义之"气"的概念。印度哲学认为形而下的宇宙万物，是由五大类基本属性的物质有机地构成的，此五大类属性的物质，简称"五大（地、水、火、风、空）"。"地"指一切坚固之物，"水"指一切液体，"火"指温度或一切炽热之物，"风"指流动的气体，"空"指一切物理学中的"场"。这"五大"又是由"五气（地气、水气、火气、风气、空气）"所生。"五气"类似于现代物理学中不同属性的"能量"和"信息"。印度传统哲学中，"五大"与"五气"之间，是动态的互生、互化之关系。

"神"亦有广义与狭义之别：狭义之"神"，主要指情绪、情感、心情而言，神者，情也；广义之"神"，是指一切精神、心理、意志、知识、思想、观念、境界等。

在我们的传统文化中，精、气、神之间是互生、互化的关系：精可转化为气，为神；气可转化为神，为精；神又可转化为精，为气。在精之时，气与神皆以精的方式而存在；在气之时，精与神皆以气的方式而存在；在神之时，精与气则以神的方式而存在。

精、气、神又有先天之精与后天之精，先天之气与后天之气，先天之神与后天之神的差别。上述广义与狭义之精、气、神，俱为后天之精、气、神，俱为形而下的精、气、神，除此之外，尚有先天（形而上）之精、气、神。先天之"精"字，是形容之词、叹词，用来形容和感叹心体、性体是如此的精妙，是如此的珍贵，是如此的稀有，是如此的不可思议，是如此的庄严圣洁。

故知，先天之"精"，即指心体、性体之本身，非指于心体、性体之外别有其"精"。

先天之"气",是指心体、性体之化体为用,兴发无穷之创生功德和无尽之善妙功能,宇宙一切事物之聚散、隐显、开阖、升降、生死、曲伸、兴衰、清浊、明暗、形上形下、有为无为等等,皆为心体、性体无穷之创生功德和无尽之善妙功能的具体之化现。其全体之妙用者,先天之"气"之谓也。

先天之"神",亦为形容之词、叹词,用来形容和感叹心体、性体之诸属性(如自明性、自在性、自发性、自足性、永恒性、真实性等)是如此的深奥难测,是如此的超绝言诠,是如此的神圣庄严。孟子赞心体、性体曰:"大而化之之谓圣,圣而不可知之之谓神。"(《孟子·尽心下》)所谓之"神",即叹此心体、性体之神妙奇绝也。先天之"神"最主要的是指"德性之知(智)"而言。此德性之知(智),于儒家又名曰"性智""神智""生而之知(智)"或"理智"等,于佛家则名曰"般若""佛智""法界体性智""妙觉"等,于道家则名曰"玄智""玄览""独照""元神""虚室生白""天籁"等,以现代哲学之术语言之,则曰"生命智慧""先验(先天或超验)智慧""直觉智慧""存在智慧""主体智慧""形而上智慧"等。

"修身"就是修行、修炼、修养之义。佛曰"修行",道曰"修炼",儒曰"修养"。佛家需要修行,是因为我们都是"凡夫",没有觉醒,故需修行;道家需要修炼,是因为我们都是"伪人",不是"真人",故需修炼;儒家需要修养,是因为我们都是"小人",不是"大人""君子",故需修养。那么我们为什么是"凡夫",是"伪人",是"小人"呢?佛家认为是"颠倒妄想"所致,道家认为是"有为造作"所成,儒家认为是"耳目之官不思，而蔽于物。物交物，则引之而已矣。心之官则思，思则得之，不思则不得也。此天之所与我者。先立乎其大者，则其小者不能夺也。此为大人而已矣"（《孟子·告子上》）。像耳朵和眼睛这样的感觉器官，它们只是被动而机械地感受着外界事物，被外界的事物牵引着而不能自已。久之，我们的耳目必为变幻无常的种种物相所眩晕蒙蔽，使我们越来越为物相所眩，为物欲所牵而不断地被物化。被物化就是被现象化、机械化、工具化、感官化、本能化（生物化）、功利化、经验化、后天化、肤浅化、被动化、局限化、情绪化（非理性化）等。有没有办法扭转之呢？有的，孟子教导我们"心之官则思"。"心"指的是心体之心，是本心，是化性为心、全性为心之"心"，"官"指的是功能、作用、属性之义，"思"含有入理、思考、觉知、省察等义。整句意思为，心体是我们觉醒、照察、反省之本。思则得之，守护或保存此心体而不失，是我们圆满和解脱之本；若不能很好地守护此心体，"则不得也"。心体于我们而言，是本有的、先天的、天然（自然）的——认识到这一点非常的重要，因为只有清楚地认识到这一点，我们才能"立乎其大"，"则其小者不能夺也。此为大人而已矣"（不再如小人那样为物相所眩，为物欲所牵）。

这就是我们为什么要修身、为什么要修养的原因。修身是为了转化"气质"。"气质"之"气"是指生物性（兽性）的本能，如自私、自我、自恋、五毒（贪、嗔、痴、慢、疑）、性欲、非理性、偏执等；"质"是指生物性的遗传缺陷、较差体质、不良秉性等。气浊质碍，是儒家认为难以践行德性人生，或践行而难达透彻和尽力的根本原因。儒者修养之目的，即是彻底转化气质。转者，转变也，使浊者清之，偏者正之，极者和之，不足者补之，依此类推；化者，升华与畅通之义，以心性内涵之无穷生化之力，通贯于身心内外、言语举止等一切之中。如有不通之处，只需稍一静心觉察，即可知之，孔子谓为"默而识之"。若再辅以圣贤指点和义理辨析，则更为清晰明确。知自己不足、不通、不彻、不尽之所在，在充分信任心性拥有无穷生化之力的前提下，觉照之、涵养之，很快就会实现疏通与透彻，最终达到整个身心（心理学之心，后天造作之心）皆融化于心性之中，心性即可无拘束、无封限地透过身心彰显出来，以圆满实现德性人生。

对于不同资质和根器者，修养入手门径是不同的。儒家给出的建议是：上根上智者，"性之"可也；中根中智者，合"性之"与"反之"之"中道"为益也；下根顽劣之人，需勤学审问，于义理进行一番深切研磨，并时时下学而上达，将所学圣贤知识实践于身心之中，此为"反之"之工夫，待工夫有成时，即可渐进于"性之"和"中道"之境。

虽然心体、性体无形无相，言语道断，但又无比亲切真实。对于上根利智之人，一经指示，闻一知十，举一反三，当下便可大彻大悟、明心见性，"若决江河，沛然莫之能御"。但对于中下根器者，必须进行一番切实教化，释其疑虑，方可导之以正道。故至圣终生示现"学而不厌，诲人不倦"之盛德大业而不辍。世间本无法，圣贤们仁心恳切，于无法之中勉强指示入学之门、为道之途，铺排出若干德行、德目，教诲修齐治平之次第。圣贤每每训示：时刻不可忽略道统、学统之学习与传承，时刻不可疏于义理、思想之增益与传授。儒者修身之道，力求成就为一名人格伟岸、品行端正、学思宏富、知行合一、与时俱进、敏于反应、敢于担当之君子。行大丈夫事，做第一等人。此之谓"修身"也。

仁德者，天下第一品之金丹也；心性者，法界独一之明点（明体）也。仁德加于身，内外百结千脉无不通；心性透于行，气浊质碍无不化。道家之安鼎建炉、抽铅添汞、大小周天、黄芽白雪、九转还丹、婴儿姹女、玄关祖窍等，佛家之白骨观、不净观、数息观、诵咒建坛、念佛往生、三界六道、八识施设、四禅八定等等，无不有其殊胜之生命实践价值，然整体以观之，又无不为曲径险路。儒者修身以德，涵养以仁，下学而上达，正道坦途也。

台湾当代道学大师萧天石说："儒门中千圣不传之道与修道之心法，存于易学与散在经籍中者，不知凡几，惜乎二千余年来，历代大儒，未能如道、佛二家然，在内养内炼功夫上，深切修持锻炼之，而有所体证，并厘订一入圣之圣修方法与体系，以为后世人修持之本据；俾有一定之途径可循，方法可守。自汉唐宋明以来历代大儒只是教人要做圣人，对于如何完成其为圣人之内修功夫，与内证境界及其圣脉诀法，则未能如道、佛二家然，有其具体而严密的修证方法，可资循率。致使道统圣脉，即不得其传，良深浩叹！间有传其一二者，亦仅圣学中自尧舜而后之德目而已矣！"萧先生所见甚为浅陋，实不明儒者于修身、正心工夫，始终恪守平实简易之"中庸之道"之深意。君不闻，佛陀于

《大方广佛华严经》中训示曰:"心如工画师,能画种种物。""心如工画师,能画诸世间。"一切特殊之境界,如西方极乐世界、坛城本尊等,皆为心中勾画之物。儒者深得此义,化除一切特殊之境界景象,而归于朴实之常道。如是可证天石先生等辈,格物不清,义理不透,铸成此谬。晚明以下,尤其民国以来,时常遇此论调,其识见之劣,不值一驳。

欲修其身者,先正其心

性体主于身者,谓之心,透于身者,谓之行。性体不能作为一身之主,则心必放矢,行必紊乱,手足必无措,言语必无序。如此,人生必为物欲所陷,必为自我所束,久之气必浊,质必劣,而愈发自暴自弃,堕落沉沦,进入身心与人生的恶性循环之中。正其心者,不失性体为真主人之义也。言行与人生必有皈依而后方可得其正。皈依之道,无非向外与向内之两途。向外者,物交物,而蔽于物,如此交引日下,为物所拘,为感官所惑,小人也,凡夫也。印度有谚语曰:我们之所以不能升华人生、觉悟生命,因五官皆为向外而误导我们之故也。此论与东土孟子之言,一脉相通。向内者,不失真主,明其大宰,乾元性海,以为永恒。此为正道也,此为仁道也,此为大人之学也。

向外寻求皈依者,往而不返,物之徒也;向内寻求皈依者,孺子可教,圣之徒也。

"仁,人心也;义,人路也。舍其路而弗由,放其心而不知求,哀哉!人有鸡犬放,则知求之。有放心而不知求。学问之道无他,求其放心而已矣。"(《孟子·告子上》)"仁,人心也",至圣所言之"仁",既有性体义,也有心体义。亚圣此处以心训仁,不误也。"义"者,仁(心性)透过身心言行自主、自觉地显发于外者也。若"舍其路而弗由",则是"放其心而不知求",结果便是"哀哉"!"人有鸡犬放,则知求之",家里养的鸡鸭猪狗,每天放出去,任其自由,但于傍晚之时,也知将它们收回来以管束之。"有放心而不知求",可我们每天待人接物时,渐渐放逸其心,失却主宰,而不知道将此放逸之心收摄回来。"学问之道无他,求其放心而已矣",为己之学,并没有什么奇特之处,只不过时时警策自己,时时保持高度之觉知,勿令此良知之心、四端之心,失却主宰,为物相所蔽,为物欲所牵。"求其放心"即收摄已失、已昧之真心,彰显良知之心、四端之心,如此而已。

时时警策自己,时时保持高度之觉知,勿令此良知之心、四端之心,失却主宰,为物相所蔽,为物欲所牵,即正心之义也。

欲正其心者,先诚其意

"意"犹近世哲学所谓之"意识形态""思想观念""情结""自我意识"等概念。此"意"与孔子所言之"毋意,毋必,毋固,毋我"中的"意"含义相同。固执之心谓之意,私我之心谓之意,有着强烈的思维倾向和习气惯性(即有顽固的意识形态)者谓之意,陷于物欲者谓之意,为生物本能所趋者谓之意……世上本无假、恶、丑,远离真、善、美,远离本心、本性者,即为假、恶、丑。基于假、恶、丑的起心动念,即为"意"。

"诚"者,可作动词和名词两种用法。作动词用时,诚者,为修行、涵养之义；作名词用时，为境界、成果之义。"诚"字内含本体、工夫、境界三义。作本体解，诚即心体、性体之别名，诚是形状心体和性体真实无伪、无我无私、超越清净之属性；作工夫解，诚即以心性各大属性为标准，积极而自觉地修正、涵养自己内外一切；作境界解，诚即积极而自觉地修正、涵养内外之过程中，取得的阶段性成果以及最后的终极成果——成圣或止于至善。止于至善即诚之至也。诚之至也，简称为"至诚"。至诚之境，乃修养之极果、圣贤之化境。

"诚意"者，自负面、消极面而言，即超越或转化意中各种各样的意识形态、情结情绪、自我私心、固执偏激、物欲本能等等，及一切不相应于义理，不相应于人本人伦，不相应于圣贤言教，不相应于真善美之起心动念、言谈举止和思想观念等。

"诚意"者，自正面、积极面而言，即光辉和充扩我们的人格，培养我们的担当精神和责任意识，敢于正视我们的不足和缺陷，不护短，不逃避，不自暴，不自弃。诚意人生，即德性人生。

清净为心，杂染为意；超越为心，固执为意；无我为心，有我为意；无隐为心，有曲为意……"诚意"者，化意为心，或化心为意之谓也。如何化之？孟子曰"尽"，孔子曰"敬"，曾子曰"忠"。对己对事，待人接物，皆能尽心尽力，倾其所有，满心而发，善始善终，此谓之"尽"，此谓之"敬"，亦谓之"忠"。"诚""尽""敬""忠"，其义一也。在凡事必求尽心尽力、倾其所有、满心而发、善始善终之过程中，意中杂染隐曲渐渐得到清净转化，如此即可化意为心，全意为心，此时每个起心动念，皆为心体、性体之全体大用，皆为心性之显发流行。

惰性、自私、自我、本能的冲动和非理性等等生物化的属性（即兽性），欲彻底主宰之，转化之，升华之，是为人间第一等困难之事。征服天下易，征服自己难。只要有如是之生物性尚未很好地主宰之，转化之，升华之，就需随时报之以诚意工夫而不可懈。世间一切烦恼、异化、虚伪、奸诈、颠倒、幻妄、灾祸、冲突、习气等，皆因此而起，皆缘此而来，故"诚其意"也，于我们每个人关系十分重大，于人生中每一时刻关系十分重大。

欲诚其意者，先致其知

"致"者，趋向之、到达之、彻尽之之义。"知"有两义：义理之知与良知之知。庄子曰："圣人怀之，众人辩之以相示也。"（《庄子·齐物论》）"怀之"者，良知也，仁德也，"性之"也；"辩之"者，义理也，学术也，"反之"也。"怀之"在宋明儒中，以陆、王为代表；"辩之"在宋明儒中，以程（主要指程颐）、朱为代表。

"义理"一词，此处取其广义，百家学问、各类知识、逻辑思辨、词章考据、礼仪制度、人情事理、修证涵养、律法文教等皆是。朱子所解"致知"之"知"即指此类知识。此类知识又因其认知对象不同，而分为三类：对自然界的认知，发展为自然科学；对社会领域的认知，发展为社会科学；对自身的认知，发展为生命科学。三类科学因为认知对象不同，故认知方式也有差异：自然科学首重实验与数学演算；社会科学要点在于经验总结与调查归纳；生命科学最为强调直觉智慧和实践体证（修行、修炼、修养)。以朱子为代表的义理学系(史称"理学"),其对义理(广义)的重视程度和提倡力度,皆远超前贤。

儒家之学统起自三代圣君仁王,内而圣,外而王,乃是儒家之纲骨。但上文已明之,不可自内圣,直接推引出外王。内圣之学属于生命科学,外王之学属于社会科学和自然科学(主要指社会科学,尤其是指社会科学里的政治学、经济学和管理学等)。生命科学、社会科学和自然科学,是三类性质迥然不同的学科体系和学思路向,断然不可相混。

朱子力倡义理(致知)之学,意在成就外王之道,希望以致其义理之知,发明圣贤之道于天下。但朱子之失在于,他始终没有明白生命科学、社会科学与自然科学是三类性质不同的学科体系和学思路向,不可混为一谈。如若不能清晰地将此三者判开,必然于思维和言语上产生种种搅扰、窒碍、混乱和别扭,极易形成三类学科之间相互钳制、相互阻碍之势,致使此三类学科体系不能获得各自的高度独立与自觉发展。因此之故,朱子之学表面观之,涵天盖地,丰富精深,但其于内圣之道并无实质性的发明与建设,于外王(社会科学与自然科学)亦无真实之贡献和推动。后世并不能根据朱子之学,以开出社会科学和自然科学,若西方近现代那样的科学成就;后世也没有通过朱子之学,更加明彻心性之理,圣贤之道。相反,本来孔孟之道非常平实简易,三根普被,然经过朱子大费周章地讲说辩论,却徒生出越来越多的搅扰、窒碍、混乱和别扭。朱熹出,圣贤之道愈晦,心性之理愈暗。让人联想到禅宗里有位大师悟道后,由衷地感叹道:"吾眼本明,因师故瞎。"不仅朱熹没有明白生命科学、社会科学和自然科学三者之间不可相混，属于性格殊异之不同系统、不同架构和不同路向，整个儒家、整个中印传统文化，全部没有明白此三者之别和各自不共之价值与意义。此为东方传统学术最大之盲点，并因此盲点而引申出种种之纠结与窒碍。（程朱理学并非全无价值，其于古籍整理、辞章考据、知识汇集，注重讲学与教育，总结与反省历史经验等方面，成就非常卓著，此丰功伟业，终不可隐。）

儒家向来十分重视读书研习、广学博闻、慎思明辨，仅《论语》一书，就有很多处孔子强调学习之重要性："吾十五而有志于学。""学而不思则罔，思而不学则殆。""学而时习之，不亦说（悦）乎？""学而不厌，诲人不倦。何有于我哉？""敏而好学，不耻下问。""三人行，必有我师焉，择其善者而从之，其不善者而改之。""见贤思齐焉，见不贤而内自省也。""好仁不好学，其蔽也愚；好知不好学，其蔽也荡；好信不好学，其蔽也贼；好直不好学，其蔽也绞；好勇不好学，其蔽也乱；好刚不好学，其蔽也狂。"……

儒家提倡广学博闻，提倡人文教化，最终是为了"下学而上达"，上达于天道，上达于心性，而止于至善。不是为了学习而学习，为了读书而读书。如仅仅止于为了学习而学习，为了读书而读书，只能成就为一名普通学者、思想家，某个文史类专家或技师。儒家倡学，目的非常清楚，是为了成就圣贤境界，成就德性人生，成就"明明德于天下"。欲达此目的，首先需明白生命科学知识、社会科学知识和自然科学知识三者之关系与差异，或首先需明白先验知识（生命科学知识）与经验知识（社会科学和自然的科学知识）之关系与差异，明白此差异，才能明白哪些学问知识是主，是本，是先，哪些学问知识是次，是末，是后，"知所先后，则近道矣"。如不识主次、本末、先后，则难以近道，反成背道而行。

朱熹之学因始终于心性处不能畅明通透，致使其"下学"有余，胶固于耳目感官之间，陷溺于见闻经验之中不能自拔；又"上达"而不足，失守儒家学术根本宗旨，超越和反源之劲力不够。故其学易于成就"小人儒"，即通常意义上的知识分子和专家学者，难以成就"君子儒"，即成为圣贤，明德天下。若只能下学而不能上达，如此，儒家种种之德目、种种之德行，必将成为他律道德，而不是儒家一直固守的源于心性之本有的自律道德。儒家正宗心性之学和恪守自律道德者，为陆王心学一系。

朱子在《癸卯答项平父书》中有一段话表达了他与陆象山之间种种观念之争的看法："大抵子思（孔子之孙，《中庸》作者）以来，教人之法，惟以尊德性、道问学两事，为用力之要。今子静（陆九渊）所说，专是尊德性事。而熹平日所论，却是道问学上多了。所以为彼学者，多持守可观，而看得义理，全不仔细。又别说一种杜撰道理遮盖，不肯放下。而熹自觉虽于义理不敢乱说，却于紧要为己为人上，多不得力。今当反身用力，去短截长，集思广益，庶几不堕一边耳。"

"尊德性"确为陆王所谨守而发扬之，但朱熹自诩其学为"道问学"则未谛。盖儒家千百年来于心性义理方面之讲说辨示，即生命科学之体系化建构，成果斐然，独成一脉。但因不明生命科学、社会科学和自然科学之殊异，故其外王之理想终究止于小成而已;无法在推动政治与社会改革渐进于更合理、更公平方面发挥更大的作用;也没能积极有效地解放生产力和改善生产关系,以达很好地改善民生之目的。朱熹束于历史局限,以世无匹敌之学力,终于此无大补益,反成支离,徒生若干无谓之搅扰。本愿以儒家正宗者自诩,但其于心性之学(尊德性之学,成德之教)无相应之传承与发展,终使自己"堕一边耳"。

与朱子同时代的陆九渊(字子静,号象山,1139—1193),因不满于朱子学之"驳杂"与"支离",直承孟子之本心和良知之说,开出"心学"一派。"詹阜民问:'先生之学亦有所受乎?'(象山)曰:'因读孟子而自得之。'"(《象山语录》)陆九渊三、四岁时,"思天地何所穷际(而)不得"。13岁时,他读古书到"宇宙"二字,见解者说"四方上下曰宇,往古来今曰宙",于是忽然省悟道:原来"无穷"便是如此,人与天地万物都在无穷之中。他提笔写下:"宇宙内事乃己分内事,己分内事乃宇宙内事。"(《象山年谱》)"四方上下曰宇,往古来今曰宙。宇宙便是吾心,吾心即是宇宙。千万世之前,有圣人出焉,同此心同此理也。千万世之后,有圣人出焉,同此心同此理也。东南西北还有圣人出焉,同此心同此理也。"(《陆九渊集·杂说》)

降至明朝,有王阳明出世,承接象山"心学"而发扬之,集儒家心性学说之大成,史称"陆王心学"。阳明论"心学"曰:"心者,天地万物之主也。""天下无心外之理,无心外之物。""心即良知,生天生地,成鬼成帝,皆从此生。"(《王文成公全书》)"圣人之学,心学也。尧、舜、禹之相授受曰:'人心惟危,道心惟微,惟精惟一,允执厥中。'此心学之源也。中也者,道心之谓也;道心精一之谓仁,所谓中也。孔孟之学,惟务求仁,盖精一之传也。而当时之弊,固已有外求之者,故子贡致疑于多学而识,而以博施济众为仁。夫子告之以一贯,而教以能近取譬,盖使之求诸其心也。迨于孟氏之时,墨氏之言仁至于摩顶放踵,而告子之徒又有'仁内、义外'之说,心学大坏。孟子辟义外之说,而曰:'仁,人心也。学问之道无他,求其放心而已矣。'又曰:'仁义礼智,非由外铄我也,我固有之,弗思耳矣。'盖王道息而伯(霸)术行,功利之徒外假天理之近似以济其私,而以欺于人,曰:'天理固如是。'不知既无其心矣,而尚何有所谓天理者乎?自是而后,析心与理而为二,而精一之学亡。世儒之支离,外索于刑名器数之末,以求明其所谓物理者。而不知吾心即物理,初无假于外也。佛、老之空虚,遗弃其人伦事物之常,以求明其所谓吾心者。而不知物理即吾心,不可得而遗也。"(《陆象山先生文集序》)

  陆王心学固然是直承三代君王与孔孟心性之学而来,是儒家生命科学(即内圣之学)之嫡传正宗,其于生命科学之丰富与发展贡献甚巨。但以宋明陆王为代表的心学系统,只是直觉到朱子之学有问题,不对劲,可不知其支离、别扭之处,实在不能清楚地认识到,生命科学、社会科学和自然科学,三者之间不可相混,属于性格殊异之不同系统、不同架构和不同路向。

  朱子自中年开始,指责陆氏之学越来越严厉:"断然是异端,断然是曲学,断然非圣人之道。"(《朱子语类》卷二十七)何谓异端?朱子在《四书章句》中曾有过一个颇为简约的定义:"异端,非圣人之道,而别为一端,如杨墨是也,其率天下至于无父无君。"(《论语集注·为政篇》)朱子指斥象山"异端"者,主要是指其为阳儒阴佛(禅)。朱子弟子陈建说:"夫佛学近似惑人,其为蠹已非一日。有宋象山陆氏者出,假其似以乱吾儒之真,援儒言以掩佛学之实,于是改头换面,阳儒阴释之蠹炽矣。"(陈建《学蔀通辨·总序》)

朱子是如何指斥象山为"异端(禅学)"?试看几例:

(潘)时举云:"释氏有豁然顿悟之说,不知使得否?不知倚靠得否?"(朱子)曰:"某也曾见(禅宗)丛林中有言顿悟者。后来看这人也只寻常。如陆子静(陆九渊)曰门人,初见他时,常云有所悟,后来所为却更颠倒错乱。看来所谓'豁然顿悟'者,乃是当时略有所见,觉得果是净洁快活。然稍久则却渐渐淡去了,何尝倚靠得?"(《朱子语类》卷一百一十四)

陆子静说"良知良能""四端"等处,且成片举似经语,不可谓不是。但说人便能如此,不假修为存养,此却不得。譬如旅寓之人,自家不能送他回乡,但与说云:"你自有田有屋,大段快乐,何不便回去?"那人既无资送,如何便回去得?又如脾胃伤弱,不能饮食之人,却硬要将饭将肉塞入他口,不问他吃得与吃不得。若是一顿便理会得,亦岂不好?然非生知安行(生而知之与安而行之)者,岂有此理?便是生知安行,也须用学。大抵子思说"率性",孟子说"存心养性",大段说破。夫子更不曾说,只说"孝弟""忠信笃敬"。盖能如此,则道理便在其中矣(《朱子语类》卷一百二十四)。

(门人)说及陆氏之学。(朱子)曰:"只是禅。初间犹自以吾儒之说盖覆,如今一向说得炽,不复遮护了。渠自说有见于理,到得做处,一向任私意做去,全不睹是。人同之则喜,异之则怒。至任喜怒,胡乱便打人骂人。后生才登其门,便学得不逊无礼,出来极可畏。世道衰微,千变百怪如此,可畏!可畏!陆子静之学,自是胸中无奈许多禅何。看是甚文字,不过假借以说其胸中所见者耳。据其所见,本不须圣人文字得,他却须要以圣人文字说者,此正如贩盐者,上面须得数片鲞遮盖,方过得关津,不被人捉了耳。"(《朱子语类》卷一百二十四)

(某人问)"象山说'克己复礼',不但只是欲克去那利欲忿懥之私,只是有一念要做圣贤,便不可。"(朱子答)曰:"此等议论,恰如小儿剔剧一般,只管要高去,圣门何尝有这般说话!人要去学圣贤,此是好底念虑,有何不可?若以为不得,则尧舜之'兢兢业业',周公之'思兼三王',孔子之'好古敏求',颜子之'有为若是',孟子之'愿学孔子'之念,皆当克去矣!看他意思只是禅。志公(宝志禅师,418—514)云:'不起纤毫修学心,无相光中常自在。'他只是要如此,然岂有此理?只如孔子答颜子:'克己复礼为仁。'据他说时,只这一句已多了,又况有下头一落索?只是颜子才问仁,便与打出方是!及至恁地说他,他又却讳。某常谓,人要学禅时,不如分明去学他禅和一棒一喝便了。今乃以圣贤之言夹杂了说,都不成个物事。道是龙,又无角;道是蛇,又有足。子静旧年也不如此,后来弄得直恁地差异!如今都教坏了后生,个个不肯去读书,一味颠蹶没理会处,可惜!可惜!正如荀子不睹是,逞快胡骂乱骂,教得个李斯出来,遂至焚书坑儒!若使荀卿不死,见斯所为如此,必须自悔。使子静今犹在,见后生辈如此颠蹶,亦须自悔其前日之非。"

又曰:"子静说话,常是两头明,中间暗。"或问:"暗是如何?"(朱子)曰:"是他那不说破处。他所以不说破,便是禅。所谓'鸳鸯绣出从君看,莫把金针度与人',他禅家自爱如此。某年十五六时,亦尝留心于此。一日在病翁所会一僧,与之语。其僧只相应和了说,也不说是不是;却与刘说,某也理会得个昭昭灵灵底禅。刘后说与某,某遂疑此僧更有要妙处在,遂去扣问他,见他说得也煞好。及去赴试时,便用他意思去胡说。是时文字不似而今细密,由人粗说,试官为某说动了,遂得举。时年十九。后赴同安任,时年二十四五矣,始见李先生(李延平,二程再传弟子)。与他说,李先生只说不是。某却倒疑李先生理会此未得,再三质问。李先生为人简重,却是不甚会说,只教看圣贤言语。某遂将那禅来权倚阁起。意中道,禅亦自在,且将圣人书来读。读来读去,一日复一日,觉得圣贤言语渐渐有味。却回头看释氏之说,渐渐破绽,罅漏百出!"(《朱子语类》卷一百四)

"陆氏之学,在近年一种浮浅颇僻议论中,固自卓然,非其俦匹,其徒博习,亦有能修其身,能治其家,以施之政事之者。但其宗旨本自禅学中来,不可掩讳。"(朱熹《答孙敬甫书》)

……

朱子处处将象山心性之学看待为异端,比附为禅学,足以证明朱子不能透彻孟子心性之学,于内圣之道始终不能相契相应。禅宗与象山虽然皆提倡直指人心,见性为止,皆提倡言语道断,不拘泥于文辞章句,皆提倡平常、简易、轻松、活泼的学风,皆提倡学者贵在识其头脑、辨其大端而不拘小节,皆提倡学者贵在默识心通、自得于心等,然这些外表上的偶然相似之处,并不是辨示一门学问之准绳。需知学问之道,差之毫厘,失之千里。心学与禅学之别,究其根本,殊异于儒佛两家对心体、性体之体证不同,大体而言,佛自消极面体认心性,依此开出出世之教,为空无而奋斗,归于觉化人生;儒自积极面体认心性,依此开出入世之学,为实有而努力,归于德化人生。

佛法东渐传入我国后,受儒家思想很大的影响,相比于印度之佛教,中国佛教明显增加了不少入世和现实的成分。禅宗就是中国化佛教的一个典型宗派。但佛教中国化,或佛教儒学化,这只是佛教进入以儒家为代表的中国文化氛围里,为了求得生存和发展,而不得不进行一些必要的改善和适应。在佛家看来,这种必要的改善和适应,只不过是一些"方便法门"而已,用现代的话语表述,这只是佛教在面对根深蒂固的儒家传统时,不得已而进行的策略性妥协。包括禅宗在内的中国八大佛教宗派,就其本质而言,无一不是正宗之佛教,无一不是从某个侧面和维度,忠实地体现佛教之灵魂与真谛,无一不是按佛教核心学说和基本逻辑推进演化而来。至于中国佛教八大宗派中的某些片断思想和言行,似与儒家相类,若仅仅抓住这些浮光掠影而大作文章,除了证明此学者学力不透、辨识不清外,于世于学皆无甚补益。

儒家一直自觉地传承三代之学,当之无愧地以华夏学术正统自居。然自汉末以来,天下大乱,学统失守,道统旁落于老庄,此为中华学术方向第一次转变。老庄之学勃兴不久,西来佛法渐夺其席而代之,此为中华学术方向之再变。自魏晋以后,佛法大兴于中华,天下学子,皆以谈佛法研佛经引为时尚。降至李唐,韩愈出世,力排佛、老,以恢复华夏学术正统——儒学为志。宋初五子，承继其后，讲学著述，倾力以赴，唯求扭转千年来中华学术之歧出，挽救孔孟之道于危亡之际。自此，儒家道德之教、心性之学，复灿明于天下，华夏正统复归其位。

宋明儒学复兴，标志着中华民族对逾千年之久的学术方向之歧出的成功纠正，标志着中国人对自己学术传统的一次全面反思与觉醒，标志着华夏民族之文化生命经过了千年之久的离开自己之后，再次发现自己，肯定自己和回归自己。

虽然宋儒是在力排佛、老中崛起，他们于阐述和反思自家学术，用力有余，但于佛、老之学，用力不足，见识并不通透，基本停于浮泛与恍惚之间，带着浓厚的先入之见和书生意气，以至于有朱子之错会象山为禅。需知象山言心言性，始终紧扣着孔子之仁与孟子之良知本心而来，是对韩愈仰天之叹"孟子没，其道不传"的强烈回应，是深得于孟子心传后的发扬。如象山心学是禅宗，那孟子也必为禅宗耶？再上溯，"尧、舜、禹之相授受曰：'人心惟危，道心惟微，惟精惟一，允执厥中'此心学之源"，也皆为禅宗耶？如此悖谬之论，竟然出自以儒家正统自诩的朱子之口，实属不该。此不该之因，实是朱熹始终不能真切契悟相应于孟子，不能真切契悟相应于儒者心性之学之故也。殊不知，佛言心性，儒也言心性，道也言心性，各心所心，各性所性，并不容丝毫相混。天降一滴雨，偏于南坡一点，则向南流去，偏于北坡一点，则向北流去，此中差之毫厘，相去千里。

《大学》致知之论，孟子本之以成良知之说："人之所不学而能者，其良能也；所不虑而知者，其良知也。"（《孟子·尽心上》）"欲诚其意者，先致其知"之"知"即孟子所阐明之"良知"。阳明承之而成"四句教":"无善无恶心之体,有善有恶意之动;知善知恶是良知,为善去恶是格物。"此四句话精确地概括了阳明先生"致良知"之精义。《年谱》载,阳明先生于五十岁时正式提出"致良知"之学:"某于此良知之说,从百死千难中得来,不得已与人一口说尽,只恐学者得之容易,把作一种光景玩弄,不实落用功,负此'知'耳!"

因朱熹误会象山为禅宗,斥责象山心学为禅学,有偏离中华正统之嫌,有悖逆孔孟圣道而成异端之疑,又因阳明承继象山之学而发扬之,也一并为世人所忌惮。陆王心学本为孔孟之正宗、心性之大本,在遭逢世人如此误会与忌惮中,终不得更好之传继与正视,一直为朱子光辉所遮盖。复因朱子之学很快被提升为官学,成为天下学人士子晋身与科考必读之书,奉为标准,陆王之学遂渐成荒途。致知(致良知)之教,也逐步隐没,明亡后至于今,致知之学,几成绝响。回望历史,后世学者果然"负此'知'耳"。

致知在格物

朱子新编《大学》于"传"之第五章下,以"按语"方式补入一段曰:"所谓'致知在格物'者,言欲致吾之知,在即物而穷其理也。盖人心之灵莫不有知,而天下之物莫不有理,惟于理有未穷,故其知有不尽也。是以《大学》始教,必使学者即凡天下之物,莫不因其已知之理而益穷之,以求至乎其极。至于用力之久,而一旦豁然贯通焉,则众物之表里精粗无不到,而吾心之全体大用无不明矣。此谓物格,此谓知之致也。"因这一段语在后世影响很大，学者视此补语等同于《大学》原文，故有必要对此补语略作疏解：

朱子将"致知"之"知"理解为主观的、主体的认知功能，和依此认知能力通过五官所获取到的各种外界信息与知识。如此理解"致知"之"知"，则其"知"即为通常意义上的"经验知识"和"经验智慧"，为感官所感知的外在之知识、后天之知识、耳目见闻之知识、经验之知识、形而下之知识、社会科学与自然科学之知识（只有很少部分涉及生命科学知识）、逻辑支配下的事物的结构性知识、对经验的归纳与综合之知识。将"物"理解成与感官相对的外界之事事物物。如此意会"格物"之"物"，其物则为形而下之事物、与感官相对之事物、纯客体之事物、时空内有限之事物、现象界之事物、实然（堕性）之事物、心体性体处于离其自己阶段内形成之事物（佛家谓之缘起缘灭之事物）。

因为朱子如此理解"致知"之"知"与"格物"之"物"，那就不难理解朱子将"格物"之"格"字训为"至也"——"格，至也。物，犹事也。穷至事物之理，欲其极处无不到也。"（朱子《大学章句》）物的运行、变化以及物与物之间各种关系，谓之"事"。古来皆将"事"与"物"二词联用为"事物"，也时常将"事物"简称为"事"，或"物"。依朱子之解，格物即是尽可能深入地，或尽可能全面透彻地"穷至事物之理，欲其极处无不到也"。

"盖人心之灵莫不有知"，此"心"不是孟子所谓的"本心"和"四端之心"。孟子所言的"本心"和"四端之心"是良能、良知之心，是心体之心，是先验智慧之心，是性体本有自明之觉心，是绝对之心和形而上之心。朱子此处所言之心，是经验之心，是后天之心，是感官认知之心，是相对之心和形而下之心。朱子之心可成就经验知识和经验智慧，依此知识和智慧，可成就人文文化和社会科学与自然科学，但不能成就自律道德下的德化人生和圣贤境界。在后天心灵依于感官和经验智慧而认识到的"物莫不有理"之"理"，是外界事物的形构之理、材质之理、形而下的物理，而不是形而上的超越之理、存在之理、心性之理、生命之理、绝对之理、解脱之理、觉醒之理。

"上而无极、太极，下而至于一草、一木、一昆虫之微，亦各有理。一书不读，则阙了一书道理；一事不穷，则阙了一事道理；一物不格，则阙了一物道理。须着逐一件与他理会过。""格物，是逐物格将去；致知，则是推得渐广。""格物，是物物上穷其至理；致知，是吾心无所不知。""但物格于彼，则知尽于此矣。致知、格物，只是一个。""格，谓至也，所谓实行到那地头。如南剑人往建宁，须到得郡厅上，方是至，若只到建阳境上，即不谓知至也。"（《朱子语类》）由此而明，"惟于理有未穷"之"理"为现象世界之物理，是经验的、材质的、相对的、感官的、形而下之理。"故其知有不尽也"之"知"是形而下的见闻之知、经验之知。因现象世界变幻无穷、缘起缘灭，永无尽头，若欲穷尽现象世界所有事物的全部形构之理、材质之理，事物与事物之间复杂的关系，几乎是不可能的。"吾生也有涯，而知也无涯，以有涯随无涯，殆已。"（《庄子·养生主》）庄生所言之"知"与朱子所意味的"致知"之"知"为同一之知，皆为后天形而下的经验之知、耳目见闻之知。此知只能成就社会科学和自然科学，不能实现人生之终极关怀和生命解脱，故"殆已"。

"是以《大学》始教，必使学者即凡天下之物，莫不因其已知之理而益穷之，以求至乎其极。"——朱子论《大学》曰："此一书之间，要紧只在'格物'两字，认得这里看，则许多说自是闲了。"（《朱子语类》）"必使学者即凡天下之物，莫不因其已知之理而益穷之"，这是朱子著名的"即物穷理"一说之来源，其意为：在我们已经了解和掌握的事物之理（形而下之物理）的基础上，（合乎逻辑规律）不断地推究其根源，简言之，以已知推求未知，"以求至乎其极"，即不断地格物，不懈地推究、思维、观察、演算、分析下去。——这正是庄生所言的"以有涯随无涯，殆已"。朱子认为他的"即物穷理"之说直承《大学》"格物致知"之教而来，是《大学》承其先，他只是当然地继其后而已，故而有"是以《大学》始教"云云。问题在于，自《大学》开始，是不是如此这般地教导后人？陆王回应曰非是，我们的回答亦曰"不然"。

"一旦豁然贯通焉，则众物之表里精粗无不到，而吾心之全体大用无不明矣。"——我们坚持不懈地观察一物，分析一物，思维一物，"用力之久"，就会怎么样呢？"则众物之表里精粗无不到"，这只不过是将此前散乱的知道串连起来，由点及面，由面及体而已，只不过是此前分析、思维和演算所得的知识，在量累积到一定程度时自然地发生的质变，即由演算上达于综合，由零散上达于系统，由部分上达于整体，由分析上达于归纳，由感性认识上达于知性认识而已。"量集与质变""演算与综合""零散与系统""部分与整体""分析与归纳""感性与知性"等，皆属于经验知识和经验智慧之范畴,"一旦豁然贯通"是经验层面的贯通,是同层面的贯通,并非异层之飞跃,也非后天返还先天的贯通,更非下学而上达的贯通。此处甚为吃紧,学者不可不辨。

"吾心之全体大用无不明"之"心"是感官的感知功能,是后天之心,是经验主义的见闻之心,是现代西方心理学所言的认知之心,佛家曰"识心"或"执着心"。此"全体大用"是经验之心的全体大用,不是先天本有之心体的全体大用。若是先天之心体的全体大用,那是生命的终极圆觉,是圣贤之化境。"无不明"之"明"同样是经验层面的明白,是由量累到质变时的明白,是由零散到系统时的明白,是由部分到整体时的明白,是分析到归纳时的明白,是感性到知性时的明白。此类明白可以成就社会科学或自然科学的创造与发明,牛顿遇苹果落地而发现万有引力即属此"明白"。朱子不懂后天的感性、知性内的"明白",与心体、性体彰显发明的开悟,有着本质上的差异,断不可混为一谈。这是朱子学最为惑众之处。

朱子曰:"格物是梦觉关。格得来是觉,格不得只是梦。"(《朱子语类》)致知格物确为圣道之关键、迷悟之骨节。但仅依朱子所言之"格物致知"为"即物而穷其理",故注重对外界一事一物之考察,如此之觉,不是心性本明之觉,而是后天经验之解悟。此解悟只能成就社会科学或自然科学之发明创造,只能成就外在的解脱,不能成就生命科学所言之内在的解脱,与儒者追求的"从心所欲而不逾矩"之至善化境,与佛家追求的证悟大般涅槃、获无上正等正觉,与基督教追求的道成肉身等,相去不可以里程计也。依朱子"将心与理,析而为二"(将"心"理解为经验主义的"认知之心",将"物"理解为形而下的"客体之物"),如此之"觉",诚如阳明所言"务外遗内,博而寡要,支离破碎",故属于外觉,在此觉知下所发现的真理,是经验真理、形构真理、外延真理、客观物理,不是内觉。惟内觉所发现、发明之真理,才是先验真理,才是内容真理,才是生命真理,才是解脱真理,才是心性本有之理(性理而非物理)。外觉之觉,最多属于理悟、解悟,而非生命证悟,故此觉绝非东方儒佛道等文明体系中所追求的终极之"正觉""道德""明德""至善"之觉。

王阳明生于朱子之学极盛的明代。"有明学术,从前悉数先儒之成说,未尝反身理会,推见至隐,所谓'此亦一述朱,彼亦一述朱'耳。"(黄宗羲《明儒学案》)在朱子盛名之下,起初王阳明也是朱子学之追随者,顺着朱子学所言的"致知"之"知"是指后天经验知识,"格物"之"物"是形而下的感官相对的外界客体之物,一路探究下去,于是就发生了历史上著名的"阳明格竹"事件。据阳明先生名著《传习录》载:"众人只说'格物'要依晦翁,何曾把他的说去用!我着实曾用来。初年与钱友同论做圣贤要格天下之物,如今安得这等大的力量:因指亭前竹子,令去看。钱子早夜去穷格竹子的道理,竭其心思至于三日,便致劳神成疾。当初说他这是精力不足,某因自去格,早夜不得其理,到七日,亦以劳思致疾,遂相与叹圣贤是做不得的,无他大力量去格物了。及在夷中三年,颇见得此意思,方知天下之物本无可格者。其格物之功,只在身心上做。决然以圣人为人人可到,便自有担当了。这里意思,却要说与诸公知道。"——大家都说要遵循朱熹的格物致知学说，但能够身体力行的并不多。我年轻的时候，曾经实实在在地践行过：有一年，我跟一位钱姓友人一起讨论通过格物致知来做圣贤，决定先从自家花园亭子前面的竹子格起。我的朋友对着竹子想穷尽其中的理，结果用尽心思，不但理没格到，反倒劳累成疾。于是我自己接着去格竹子，坚持了七天，结果同样是理没有格出来，自己反生了一场大病。并以此认为自己和朋友没有做圣人的能力。自从我在贵州龙场驿大悟儒家圣贤心性之道后，方才明白"无心外之物"的道理。所谓"格物"，无非是反躬内省，逆觉体证，挣脱种种束缚（超越一切）后的直下醒悟即是。

现在我们来看看阳明是如何理会"致知"和"格物"的：

"致知"云者，非若后儒所谓充扩其知识之谓也，致吾心之良知焉耳。良知者，孟子所谓"是非之心，人皆有之"者也。是非之心，不待虑而知，不待学而能，是故谓之良知。是乃天命之性，吾心之本体，自然良知明觉者也；"物"者，事也，凡意之所发，必有其事，意所在之事，谓之物。"格"者，正也，正其不正以归于正之谓也。正其不正者，去恶之谓也。归于正者，为善之谓也。夫是之谓格（《大学问》）。

心者身之主，意者心之发，知者意之体，物者意之用。如意用于事亲，即事亲之事，格之必尽。夫天理则吾事亲之良知，无私欲之间，而得以致其极。知致则意无所欺，而可诚矣；意诚则心无所放，而可正矣。格物如格君之格，是正其不正以归于正（《古本大学旁释》）。

格物是止于至善之功，既知至善，即知格物矣；"格物"如孟子"大人格君心"之"格"。是去其心之不正，以全其本体之正。但意念所在，即要去其不正，以全其正。即无时无处不是存天理。即是穷理；格者，正也；正其不正，以归于正也（《传习录》）。

致知格物之小结

明末刘宗周（号蕺山，1578—1645）曾说："格物之说，古今聚讼有七十二家！"虽有如许之异说，然要者，以程朱一系与陆王一系为其代表。

① 朱熹将"心"视为后天的、经验的、感官的认知功能（认识心）；将"知"视为形而下的、客体（客观）的、可于大脑中记诵、回忆、思维、审察、推究、归纳的累积型经验知识和经验智慧；将"物"视为感官（感性）所认知的对象，逻辑思辨的对象，由材质所构成的实然的、堕性的、现象的、受因果律支配的，同时也是受数理逻辑和形式逻辑支配之物，以及由此形成的物与物之各种关系——事件（简称为"事"）。朱子学的问题最为集中处乃在于将生命科学混淆于社会科学和自然科学，不能将此三大学科体系分判清楚，结果将此三大学系搅扰于一起，成了大杂烩。不仅没能顺历史前进方向而开出近现代意义上的西方社会科学与自然科学，还导致了孔孟心性之学越发地隐晦不明，窒碍不通。朱子期望通过下学而上达，打通形而下之学（经验知识）

与形而上之道（心性智慧），但他不明白，形而下之学并不能直通形而上之道；如欲上达至形而上之道，必须超越一下，逆反一下，于心性有切实相应与体悟，方可实现。否则，一味地纠缠和胶固于经验知识之中，必成庄子所言的"以有涯随无涯，殆已"，最佳结果也仅仅是成为社会科学或自然科学领域中某方面的一名专家学者，对推动人类的外解放事业，或许有很大裨益，但于生命觉醒和德化人生之内解放事业，并无直接之价值，永与悟道和成德无关涉，永与孔孟心性之道无契接和相应，也永不能成就《大学》内圣之道。

② 陆王心性之学紧扣圣贤之旨而不失，嫡传孔孟之道于千载之下，将心性回归自己、彰显自己之一面辨识得饱满而清澈，由此，儒家学术之核心——自律道德，复得以灿明于天下。但其失在于，以陆王为代表的心学一派始终不能明白，心性确有对其自己之一面向，亦确有离其自己之一阶段，故经验知识并非没有其价值，人生若仅有内在之解放并不足够，必须辅以外在之解放，方为圆满。外在之解放必须推进社会科学与自然科学，必须不断地增强生产力（自然科学）和持续地改善生产关系（社会科学），方有望实现之。心性之学（生命科学）永远不能取代社会科学和自然科学；反之，社会科学和自然科学也永远不可取代生命科学。它们之间并行不悖而又各自独立。

程朱理学在辨识心性时，因不明心性内涵的本有诸属性，将其视作为后天的经验之心、经验之知、经验之学，再因其不明生命科学与社会科学、自然科学之本质上的差异，故其学必然地流于支离破碎、博而寡要、纠缠搅扰。陆王心学因不能正视经验知识之价值，不能正视心性确有离其自己之一阶段，将全副精力放置于心性自身之辨识，而严重忽视经验知识、经验智慧于人生于人类之重要性，严重忽视义理建构和经论之研读，致使其学失之于疏离简狂。后期心学与后期佛教禅宗多有相似之处，因不倡导研读经论，不尚学术交流与义理建构，一味地强调直指人心，故不拘礼法，放浪形骸。于禅宗，则出现了大批的默照邪禅、口头禅、文字禅、看话禅、野狐禅、狂悖禅等现象，"兴佛法者，禅也。毁佛法者，亦禅也。"阳明后学亦复如是。

后期陆王心学与禅宗出现的流弊十分相似：

"阳明先生之学，有泰州、龙溪而风行天下，亦因泰州、龙溪而渐失其传。泰州、龙溪时时不满其师说，益启瞿昙之祕而归之师，盖跻阳明而为禅矣。然龙溪之后，力量无过于龙溪者；又得江右为之救正，故不至十分决裂。泰州之后，其人多能赤手以搏龙蛇，传至颜山农、何心隐一派，遂复非名教之所能羁络矣。顾端文曰：'心隐辈坐在利欲胶漆盆中，所以能鼓动得人。只缘他一种聪明，亦自有不可到处。'羲以为非其聪明，正其学术也。所谓祖师禅者，以作用见性。诸公掀翻天地，前不见有古人，后不见来者。释氏一棒一喝，当机横行，放下拄杖，便如愚人一般。诸公赤身担当，无有放下时节，故其害如是。"（黄宗羲《明儒学案·泰州学案》）

黄宗羲（号梨洲，1610—1695）上述的意见，得到大多数学者赞同，例如钱德洪（号绪山，1496—1574）在王阳明《大学问·跋》中说："师既没，音容日远，吾党各以己见立说。学者稍见本体，即好为径超顿悟之说，无复有省身克己之功。谓'一见本体,超圣可以跂足',视师门诚意格物、为善去恶之旨,皆相鄙以为第二义。简略事为,言行无顾,甚者荡灭礼教,犹自以为得圣门之最上乘。噫!亦已过矣。自便径约,而不知已沦入佛氏寂灭之教,莫之觉也。"

钱德洪看出许多阳明后学,不再重视省身克己的修持工夫,甚至将王阳明注重的"诚意格物""为善去恶"的要旨,鄙视为第二义(指其已非第一义谛,只具有次要意义,或是接引学人的方便法)。他们言行无法相应,荡灭礼教,还自认得到圣门的最上乘法,实则已陷入释氏的寂灭法之中,而不自知。《明史·刘宗周本传》云:"越中自王守仁后,一传为王畿,再传为周汝登、陶望龄,三传为陶奭龄,皆杂于禅。奭龄讲学白马山,为因果说,去守仁益远。……良知之说,鲜有不流于禅者。"

王阳明的三传弟子陶奭龄等辈,已毫无忌讳地讲演释氏的因果事理,使得阳明的良知说跟禅宗合流。又《明史·王畿本传》云:"(王畿)益务讲学,足迹遍东南,吴、楚、闽、越,皆有讲舍,年八十余不肯已。善谈说,能动人,所至听者云集。每讲,杂以禅机,亦不自讳也。……其后,士之浮诞不逞者,率自名龙溪弟子。"

王学由浙东之王龙溪及泰州之王心斋以后,其讲学之风,逐渐由讲堂之授受,转而重视在日常生活上随处加以指点,使学问与生活打成一片。教人当下洒落自然,摆脱一切习气俗套,矫饰造作,而唯顺应当下良知心体之自发、自觉、自足、自在等属性,显现于日常生活之中。与禅宗之重从生活上之随机指点,所谓"禅机"者,有相近、形似之处。故泰州一派之后学,其思想倾向禅学，或由儒入禅者，大不乏人。此种趋势，造成王学末流多流为狂禅者。其空谈良知、不务实学之风，日盛一日。皆不明孔孟心性之学与佛门心性之学之殊异，不能明辨各心所心、各性所性之真义。《大学》之道，儒门圣学，自此彻底隐没。

③ 程朱理学因落于经验世界和经验知识之域，相应于践履、修养之工夫，也与孔孟所开辟浑圆中道有异，提倡渐修、渐觉之路，将成圣之道无限止地拉长拉远，大体类于"反之"之路（程朱之"反之"与《孟子》所言之"反之"又有异，《孟子》所言之"反之"是在"性之"之前提下的"反之"，故其"反之"之路并不曲折遥远。程朱理学因太过胶着于经验知识之积累，故其"反之"之路十分遥远漫长，其间尚需有一层关键的从形而下跃升至形而上之过程。如实现不了此一环节，其成圣之望几无可能）。陆王心学因始终紧扣超越的心性之道，故能相应于尧舜"性之"之道，于"性之"之道多有发明和丰富。其于践履、修养之工夫，力倡"圣贤之道，吾性具足"，"当下识取，不假外求"之顿悟。然此二学皆没有进至圆融中道之境，以《中庸》之道衡之，皆有所偏，各有所失。

（《大学》格物致知一段，最为历代学者聚讼之处，所累文献资料可谓车载斗量，如若将其纠结聚讼之各节点，俱以疏理讨论，非数十万言乃至百万言，不能毕其功，远非此小书所能承负，此处仅择其大要而述之，但求于此两概念——"致知"与"格物"，得一基本之眉目朗然即可。）

心性之全体大用

物格而后知至，知至而后意诚，意诚而后心正，心正而后身修，身修而后家齐，家齐而后国治，国治而后天下平。

《大学》之明明德、亲民、止于至善，谓之"三纲"，即三个基本纲领之义；格物、致知、诚意、正心、修身、齐家、治国、平天下，谓之"八目"，即八个德行之节目，或八个德性之面向。两者合称为《大学》之"三纲八目"，此"三纲八目"为历代儒者修学和践履之守则与指南，为儒家一系所独有之学术规模。

心体性体与每个人是如此的贴近，它绝不是如朱子或佛家等所设想的那么遥远。子曰："仁，远乎哉？吾欲仁，斯仁至也。"《中庸》引孔子的话曰："道不远人。人之为道而远人，不可以为道。"（道即人，人即道。道从未远离人半步。如果将道视作距离我们很遥远，对于这样的人，他是无法践行仁义和修养德性的，也无法与其论道矣——不能相应故。）这就是儒者所理想之仁（心体性体），只要我们不刻意地去背离或阻碍心体性体的呈现，心体性体必然时时彰显于我们的身心内外。

心体性体在个人身心上的起用,首先便是消化和升华人之生物性(兽性)所带来的本能冲动、非理性和五毒等(此统名曰"物"或"物欲")。消化和升华生物性所带来的负面因素,此谓之"格物"。格除(消化和升华)多少物欲,就有多少良知呈现,此之谓"知至"。三纲八目之间皆互为因果。

格物是消极面,致知是积极面。只要我们不刻意阻止仁(心体性体)的呈现,仁自己就有强大的力量将生物性成分消化与升华,将感性与非理性成分消化与升华。这个消化与升华过程,就是良知(仁义或名心体性体)呈现的过程。在良知的呈现过程中,我们后天生发形成的精神(心理学所谓的意识)——意,就会越来越解除生物性(各种后天养成的意识形态、非理性、五毒、概念化、自我和习气等)的制约和影响,而成为良知(仁义)的呈现和化身,此谓之"意诚"。

意诚之时,起心动念,皆心性之全体大用,皆为心性之呈现流行,此谓之"心正"。——《中庸》曰:"喜怒哀乐之未发,谓之中;发而皆中节,谓之和。中也者,天下之大本也;和也者,天下之达道也。致中和,天地位焉,万物育焉。""中"者,仁义或心性之别名也,故曰"中也者,天下之大本也"。"未发"者,仁义或心性蕴而未显之意也。一旦心性呈现出来,我们的起心动念、言行举止,无一不自然地、自发地合乎心性本有之自律、自在、超越、光明、觉醒、自足、自由等属性,此谓之"中(命中目标之'中',读第四声)节",即孔子所谓的"从心所欲而不逾矩"。"和"者,和谐、顺畅、从容、适宜、轻松、愉悦之义。

"未发之中""发而中节之和"合于一起,即是"心正",也为"意诚"。

心正和意诚之时,心性进一步地生色践行、睟面盎背,四肢百节皆为心性所含润转化,生物性的一面全部被升华为圣贤气象,此谓之"修身"。再其次,即是仁义之神圣功化,心性无我大悲之创造,德性不可胜用:用之于家,则家齐;用之于国,则国治;用之于天下,则天下平。最后,与天地精神相往来,纯为心性之全体大用,纯为心性之流行妙用,"与天地合其德,与日月合其明,与四时合其序,与鬼神合其吉凶","致中和,天地位焉,万物育焉"。

平天下→治国→齐家→修身→正心→诚意→致知→格物,这个过程,意在将我们的常规思维扭转过来,即将我们习惯性经验思维扭转到先验体证上来,将习惯性的形而下的感性和知性思维扭转为形而上的直觉思维和理性思维,将心性之离其自己之格局(即两极化或二元化格局,相对性格局——认知者与被认知对象处于对立和分离状态的格局)扭转为心性之在其自己之格局(超越两极之分化,绝对性格局——认知主体与认知客体处于同一状态的格局)。"平天下"……→"格物"的过程,是后天返还先天的过程,是后天超越、跃升、回归到先天的过程。

格物→致知→诚意→正心→修身→齐家→治国→平天下,这个过程不是对"平天下"……→"格物"的简单顺推回去的过程,即不是原路返回的过程。"格物"……→"平天下"的过程是心体性体健行不已之创造过程,是心性内涵诸属性之显化过程:显化为物(生物性),则为物格;显化为知,则为知至;显化为意,则为意诚;显化为心(心理学之心,即后天形成的精神),则为心正;显化为身,则为身修;显化为家,则为家齐;显化为国,则为国治;显化为天下,则为天下平。

格物、致知、诚意、正心、修身、齐家、治国、平天下,此八目(也包括三纲)者,相互之间既是前后的次第关系,也是一体八面的体面(体用)关系;皆是心性之创造,皆是心性之伸展,皆是心性之具体化呈现。三纲八目收归而为心性,心性伸展而为三纲八目。三纲八目与心性是一非二,其差异只是隐与显、伸与缩、抽象化与具体化、形而上与形而下之不同。

非止三纲八目为心性之创造、之伸展、之具体化,天地一切存在,于心性角度视之,皆为心性之创造,皆为心性之伸展,皆为心性之具体化。故心性为天地之大本,为天地之超越的本体,为天地一切之源头与归宿。在佛家,心性显化为后天的心意,则为"感而遂通天下"的般若智慧;显化为身躯,则为金刚光明身;显化为客体化的世界,则为佛国净土。在儒家,心性显化为后天的心意,则为先验智慧(圣智、德智、良知);显化为身,则为"君子有三变:望之俨然,即之也温,听其言也厉"的变化之身,则为睟面盎背的德润之身,则为"富贵不淫,贫贱不移,威武不能屈"的"大丈夫身",则为"仁者寿"之"长寿身";显化为家,则为家和;显化为国,则为仁义之国、亲民之国;显化为客体化的天下,则为道德世界、大同世界、文明世界、至善世界。

从心性角度看来,一切存在都是主体存在,都是生命存在,都是真善美(或其中之一)的全体显化。心外无物,心体外无客观存在之事物，一切事物都是心体之呈现，因而一切事物，都是心体内之存在，都是心体之创造或曰心体之具体化；性外无理，性涵一切存在之理（非指经验世界的形构之理和经验知识，存在之理是指事物存在的先天之理、超越之理、所以然之理、形而上之理、主体性真理），此谓之"性理"，又名"理性"。

西方也常言"理性（Rationality）"一词，此"理性"是指合理性（即合乎逻辑的推理）和合理的行为。故西方所言之"理性"实是指掌握感性（即生物性的本能和冲动）勿令其逾出规范的自控之能力，以及归纳、整理、提炼、综合、逻辑推演由感官所获得的信息与知识的精神之功能。由此能力加功能构成的"Rationality"一词，最恰当的翻译应是"知性"，而不是"理性"。

理性一词在中文里的含义是：性体内所涵的一切事物之先天的根据和超越的所以然，谓之"理性"。理性即性理，是由性体之自律、自明、自在、自发、自生、自足等属性之具体化，而呈现出来的事物存在之法则和根据。由是而知，真正的理性化世界、理性化人生、理性化智慧在东方传统文化里，在《大学》的三纲八目里。"格物"……→"平天下"的整个过程，皆是理性或曰性理显化其自己之过程，皆是理性化之过程，皆是理性呈现其自己之过程。

格物致知到治国平天下的过程，是一个从本体（心体性体）到现象（天地万有）的过程。这个过程，哲学上称之为"本体—宇宙论"，宇宙万有是本体的显现化和具体化，本体是宇宙的内涵和超越的根据。本体—宇宙论又名"本体—宇宙观"，有什么样的心性观,就有什么样的宇宙观,以及相应的人生观和价值观;有什么样的宇宙观,就有什么样的心性观,以及相应的人生观和价值观。

性体的无限性决定了宇宙的无限性,决定了创造的无限性,决定了其呈现的样态之无限性。性体的绝对性,决定了性体之主体性,决定了性体之生命性。站在性体角度,性体的自觉性,即性体转化为心体。心体即生命,故心性之所在,即生命之所在。心体性体显化而为宇宙,这个宇宙(天地万物)究竟而言,只是心性之自己,因心性即生命,故而宇宙即生命之自己。心性全体呈现为道德律(道德的绝对命令和道德的创生不已)和伦理法则(人之为人所必须遵守的无上命令),因心性内涵之诸属性呈现(具体化)而为宇宙法则,故道德法则即是宇宙法则,道德秩序即是宇宙秩序。此为儒学之灵魂,此为自尧舜禹汤文武周孔孟,直至于今日,千古以来圣贤以心传心之道统血脉,此为中国乃至东方传统文化之核心,此是东方人对世界文明的最大贡献,此是东方文明最为不朽之价值所在;此亦为东方文明中最难为世人所体悟与契入之处。

壹是皆以修身为本

自天子以至于庶人，壹是皆以修身为本。其本乱而末治者否矣。其所厚者薄，而其所薄者厚，未之有也。此谓知本，此谓知之至也。

自此以下全部经文皆是对上述之三纲八目的解释和补充。

"天子"者，圣贤也，仁君也，心性之化身也，德化人生之典范也。"庶人"，陷溺于气质之中者，受生物性（兽性）主宰者，局限于经验世界之中者，束缚于习气、业障及由诸多概念结构而成的各样意识形态之中者。"壹是皆以修身为本"，修身是实现三纲八目之关键环节。老子曰："吾所以有大患者，为吾有身，及吾无身，吾有何患？"佛陀劝人务必恒常修习去"我执"，认为"我执"为五毒之源，迷悟之关节。儒者教人"读书在于转化气质"。王阳明云："万恶只因随躯壳起念。"——万般烦恼由身起。

身念是一切执着之首，凡圣之关节。如身念一节不能超越、疏通，则三纲八目一切修行和转化都没法实现。儒者修身之本，要点在于是"随躯壳起念"，还是"杀身成仁"。"随躯壳起念"

者,小人也,凡夫也;"杀身成仁"者,超越身念,化除小我,转化气质,大人也,圣贤也。

佛道两家修行,重在静态之禅定。儒者虽也不拒静坐、默契,但最为重视者,仍然是于心性中寻得静定之源而持守之。故儒家修身之道,最为平实简易,三根普被。虽倡导"择善而固执之",但相比于佛道两家,其法执(即对修行次第与修学形式的极度执著)和我执最弱,因其最没有修行相之故也。修行之外相越明显,修行之形式越重视,修行之次第越繁杂怪异,难以把控,修行之阶梯越遥远险隘,则愈易滋生我执和法执。无论是我执还是法执,一旦执着生起,身病未除,反添新病。我执和法执,是一切身心之病、一切人生之病中最大之症结,生起容易,祛除难。

时常有后学抱怨说儒家论修身之道,高妙深邃,辨示透澈,但每感于其学囫囵浑圆,无下手处,难觅入庭之门,不若佛家有八万四千法门、道家有四千八百道门之法门繁茂。须知,法门太多必令学者无所适从,疲于比照抉择。佛家尝自谓:"慈悲出祸害,方便出下流。"不是所有的慈悲之举皆为善举,也不是所有的方便皆为正道。儒者深知身念之害,法执之弊,设无上妙道于洒扫应对之中,于人伦日用之间,尽力淡化修行外相和繁杂形式。初学者似觉无下手处,若细心体会儒家圣贤之教,平实行去,自然默识心通,体悟其中无上妙味,而得孔颜乐处。此时方知何为"大中至正"之道也。

修身或修行之要,首在识得心性之理(心性内涵本有的诸大属性)而自觉、自愿地将整个身心沉没、消化于其中,将心性之理透过起心动念、人伦日常之中,法无定法,随时随地,尽心尽力,如水一般在方则方、在圆则圆地彰显之。此谓知本,此谓知之至也。不知修身之要,不得修行之本,如何所是,将必然本末倒置。"其所厚者薄,而其所薄者厚,未之有也。"——该重视者,轻之;不该强调者,重之。子曰:"君子务本,本立而道生。"儒者所本者,一为彻知心性之全蕴;一为持守常,道——于百姓人伦日用间践行德化人生。本此二者,无上妙道自然生发,仁不可胜用,义不可胜用。佛道两家不务本,不知本,于无法之中造作无量法门和修学次第,无风起波浪,平地起险峰。故有悟之禅师喟然叹曰:"万法本闲,唯人自闹。"自闹些什么呢?胶着于法相,追逐于形式(仪式仪轨),为修行而修行,为悟道而悟道,满身佛味,一生矜持,玩弄精魂,鬼窟活计。本欲解脱,反为法奴;本欲证道,反被法障。皆为不知本之害也。世人不识,佛之八万四千法门,道之四千八百道门,种种方便,初涉之时,功效显著,似有所得。因此学者对某法门生起绝大之信心与依赖,如是久之,必为此法门所束而成祸害。不悟佛陀种种法门施设,"指黄叶为黄金,为止儿啼而已"。

所谓诚其意者,毋自欺也。如恶恶臭,如好好色,此之谓自谦。

此言诚意之要,贵在"不自欺":心无隐曲,人格磊落。人一旦"随躯壳起念",则念念源于自我、小我,而为生物本能和后天经验知识所束,不能将道心、天心(心体性体)与人的后天经验之心通而为一,不能以道心、天心为己之心。但诚意工夫非常平实简易,"吾欲仁,斯仁至矣"。仁义不远,当下即是。"如恶恶臭,如好好色"——犹如闻到恶臭顿时生起厌恶那样,犹如看到美丽的花朵便自发地生起喜爱之情那样平实简易。人们对仁义的认取,对心性的发明,亦复如是,其中要点,即在"毋自欺"三字。人一旦不自欺,就可以超越形躯之束,复见圣人之心,"此之谓自谦"。"谦"者,虚己也,去执着也,超越也,直面自己也,涵养心性也,践行德化人生也。"自谦"者,诚意工夫,修养之事,无人可以取代,必须自己亲历亲为方可。

庄子曰:"天机深者人机浅,人机深者天机浅。"天机者,心体性体也;人机者,后天经验智慧和机巧之心也。佛家言出世,言离垢,就是通过拒绝、远离人机,以复见天机(在佛家名曰"佛性")。儒者不同,儒家并不拒绝、远离人机(经验知识和经验世界),而是将天心与人心贯通,以天心(心体性体)生生不已之创造和内涵万善之德性,来冲破、转化、统摄人机,将人机转化升华为心性世界的有机构成部分,转化升华为心性无限内涵的具体化呈现。故儒者之诚意工夫,只教人"毋自欺"和"自谦",从不教人离尘绝世。

"诚"者,心性对自己的全然接受与觉知之义,换言之,即心性之回归自己、在其自己、自觉其自己之义。故"诚"者为心体性体之别名,可名之曰"诚体",与中、仁、道、天等同义。"诚之"者,人也,工夫也,践履也,修养也。此处"诚其意者"为即工夫即本体,即本体即工夫,乃将天心与人心、先天与后天、先验与经验,贯通为一,打成一片。此为儒门独有之修养。

道家之人丹、地丹、天丹、神丹,四千八百道门之种种次第与境界,佛家四禅八定,各大佛菩萨所在之净土与禅境,八万四千法门种种之次第与境界,于儒者而言,只需心存此理此境,上根者,当下即是,中下根器者,只需涵养一段时日,无需别有修行,即可真切实现。此即儒者诚意之殊胜处。如若儒者阅佛经道经或其他各学派经论,于经论中所言之种种境界与果效(如藏密之大圆满与大手印等),儒者只需将其境界与果效,一念收摄于身心上贞定住,使其日渐真切即可!此于儒者谓之"涵养",谓之"诚意",谓之"存心",谓之"充扩"。

但于儒者,多不用此行径,为化除最后一丝我执与法执,只于心性之上一味诚意自谦,心性之中本已圆满自足,无需再行头上安头、画蛇添足之事,直心行去,一切现成。如比照佛家之言,此谓之开放型大圆满,真正之大圆满。

试看阳明先生如何论诚意工夫:"《大学》工夫即是明明德;明明德只是个诚意;诚意的工夫只是格物致知。若以诚意为主,去用格物致知的工夫,即工夫始有下落,即为善去恶无非是诚意的事。如(朱子所编之)新本,先去穷格事物之理,即茫茫荡荡,都无着落处;须添个'敬'字方牵扯得向身心上来。然终是没有根源。若需用添个'敬'字,缘何孔门倒将一个最紧要的字落了,只待千余年后要人来补出?正谓以诚意为主,既不须添'敬'字,所以提出个诚意来说,正是学问的大头脑处。于此不察,直所谓毫厘之差,千里之谬。大抵《中庸》工夫只是诚身,诚身之极便是至诚;《大学》工夫只是诚意,诚意之极便是至善:工夫总是一般。今说这里补个'敬'字,那里补个'诚'字,未免画蛇添足。"(《王阳明全集》)

故君子必慎其独也。

"故"者，所以也，由是也。"必"者，定然也，务必也，不可忽视之谓也。曾子曰："仁以为己任，不亦重乎？死而后已，不亦远乎。"子曰："见贤思齐焉，见不贤而内自省也。""自省"者，诚意也，慎独也。慎独之道，示儒者进退之法。进则彰著道德生生不已之创造，退则诚意内省。诚意为正面工夫，积极地彰显心性，积极地践行心性。慎独为负面工夫，通过比照圣贤，察看自己还有多少没做到，有没有在待人接物之时，失去心性之全体大用，有没有于起心动念间失去心性之主宰，有没有将克己复礼臻于"从心所欲而不逾矩"，有没有时刻处于无我、超越、妙化之境界。不怕念起，就怕觉迟。私心杂念，随躯壳而起念，皆不可怕。最可怕者，为身念、杂念、自我私欲泛起时，没有内省，失去觉察。于私念起时，无内省和觉察，是为凡夫，是为小人，有内省，有觉察，则为君子，则为智者。是否有内省与觉察，是否有诚意与慎独，是迷悟之分水岭，是德化人生与物化人生之分界线。

朱子的老师李侗（世称延平先生，1093—1163）先生平素特喜静坐："先生少游乡校有声，已而闻郡人罗从彦（二程再传弟子，世称豫章先生，1072—1135），得河洛之学于（杨）龟山之门，遂往学焉。累年受《春秋》《中庸》《论语》《孟子》之说，从容潜玩，有会于心，尽得其所传之奥。先生从豫章先生学，讲论之余，危坐终日，以验夫喜怒哀乐未发之前，气象为何如。"又："先生资禀劲特，气节豪迈，而充养体粹，无复圭角精锐之气，达于面目，色温言厉，神定气和，语默动静，端祥闲泰，自然之中，若有成法。"（朱熹《延平先生李公行状》）

罗从彦喜静坐,故授其弟子,也令其"危坐终日"。"危坐"即中国上古传下来的跪坐或散坐,与随佛教传来的印度盘坐在外形姿势上有所不同。此静养默坐习惯是儒家自三代圣贤一脉相传而来,并非罗豫章、李延平师弟所独创。阳明遭谪贬为贵州龙场(今修文县)驿丞,此时为先生一生来最为艰难时期,几至于绝望之境,内省曰"自觉生死一念尚未化去"。便于修文县城东栖霞山之"阳明洞"中艰苦生活和发愤修学(慎独)三年有余,在洞内静修前期还出现了一些神通(俗称特异功能)。最后于此大悟心性之理,得孔孟心法之印受。

"危坐终日"的修养工夫即是《大学》此处所言的"诚意"与"慎独",其功用是将整个生命、整个身心消融通化于心性世界之中,用朱子的语言即是"以验夫喜怒哀乐未发之前,气象为何如"。儒者虽不像佛道两家那样热衷于修行次第之构建,陷溺于琐碎法相与法门而不自知,但也并不拒绝静坐默识。(但朱子本人并没有传承其师"危坐终日"之修养工夫,而是走上了他所意会的"格物致知"之路:"今日格一物,明日格一物",以求"一旦豁然贯通焉,则众物之表里精粗无不到,而吾心之全体大用无不明矣"。因朱子理会格物致知有严重偏失,故其于此处之论"内省""慎独"也不能真切地相契、相应。其中曲折、端绪甚多,疏论起来将十分浩繁,故从略。)

小人闲居为不善,无所不至。见君子而后厌然,掩其不善而著其善。

相比于阳明先生之龙场困居之时猛力内省之慎独,小人若于此时，必生种种怨天尤人之念，这就是"闲居为不善"。人生际遇不可意料，低谷困顿时有发生，世间之人概莫能外。恰于此时，无琐事俗务缠身，正好用功内省，检查和消化先前所学，超越环境，也超越自己，如此觉醒心性，回归于明德至善。不独阳明先生大悟龙场，后来发明"知行合一"之学和"致良知"之教，古今多少仁人志士，皆于退居困守之时，否极泰来，纵身一跃，打落陈腐旧习，冲破种种葛藤枷锁，脱落出一片朗朗乾坤，行者于此无不喟然长叹：圣人之道，吾性具足。至此始知，心性之理，圣贤之道，最核心、最灵魂之处，不能凭借蛮力和死学而至，而是"君子坦荡荡"地活出来的——于人生日用之中，于待人接物点点滴滴之间，将圣贤气象生动地体现出来！将心性诸内涵亲切地活出来！

小人之所以为小人，并非命中注定，乃是自己于后天之选择。圣与凡、贤与愚，皆在一念选择之间。人生就是一场持续的选择，你选择什么你就是什么，如你选择为一个小人，那你就是一个小人。小人者，为生物本能所驱，为物欲所缚，为一己之身躯所束，为感官与经验世界所陷，如此而已。小人岂止"闲居为不善"，二六时中，每次起心动念，皆为不善。不善就是善（德性、仁性）临时性的缺席。当小人不善之时，各种习气业障纷纷泛起，各种欲念、邪念、恶念必蜂拥而来，此之谓"无所不至"。

"见君子而后厌然，掩其不善而著其善。"此句有两义：其一为小人狡黠，当与君子结交时，刻意将其不善的一面掩饰起来，只示之以好的一面，以投君子所好，以跻君子之列。如是假冒君子之行状，乃伪君子也，实为真小人。

另一义为君子大德圣化,有泰山俨俨之气象,不怒而威,不严而厉,此乃心体性体创化天地之赫赫威德于君子身体上的反映与显现,此谓之"德威",此谓之"圣容",此谓之"天地气象"。佛家谓此为"庄严国土"或"庄严法相"。今世所言的气场、风度、魅力等可勉强与之相似,但远不及其强度之万一,唯天上日月之光明差可比拟。自君子身上散发出来的赫赫威光,小人一见之下,如星星之于太阳,小人不由得便"见君子而后厌然"("厌然"即"蔫然",若禾苗久不得雨露阳光而呈现出的萎靡之状)。小人之蔫然是因为久久得不到"德润身",得不到心性内涵之无量光明之滋养所致也。有德行与无德行,一经照面,真假立判。然万分遗憾的是,小人于君子之交时,虽当下分判出善与不善、德与不德之天地差别,但小人之所以是小人,问题就出在这里:他不知内省和慎独,不爱觉察与诚意,如此云泥之别,如此星星与太阳之差,应于当下切实反躬内省,发愤见贤思齐方为正道。但小人们不仅没有这样去践行,反而极力去"掩其不善而著其善"。如此自暴自弃,必为天厌之。

　　人之视己,如见其肺肝然,则何益矣!此谓诚於中,形於外。故君子必慎其独也。
　　这就是儒家之常道——平实日常之道。自己有没有与心性相应、相契,自己有没有落实德化人生,自己有没有超越自我、化除私欲等等,不用征之于他人,反观之下,一目了然——"如见其肺肝然"!正如百姓所言:自己有几斤几两,你自己还不清楚吗?你是个什么样的人,你自己最晓得。"则何益矣",就是这样简单明了，无需多少口舌笔墨。如人饮水，冷暖自知，如此的简易而直截。

可以欺骗天下人，但谁也欺骗不了自己，这就是诚意所言"毋自欺"之义。由"人之视己，如见其肺肝然"而推导出下一个必然的结论"此谓诚于中，形于外。"——你内在有什么，必定会彰著于外，于举手投足间自发地流露出来。"掩其不善而著其善"，那只能是临时的、最下策的。明智之举是真切地践行诚意慎独工夫，发明心性，转化气质，超越小我，止于至善，方不失为人生所行之正道。

如若我们不切实地践行诚意慎独工夫，势必常常"掩其不善而著其善"。如此天长日久，我们必然渐行渐远地悖离自己，日甚一日地与内在生命之真实相分离，相阻隔，相对立，相敌视，而陷于自我和形躯之中，顺着习气业障滚下去，不断地物化与感性化。如此，心胸、境界必将越来越局限，越来越封闭，越来越狭小，终至于成为让自己都鄙视的小人，放着天地之宽不要，钻入自我之中而甘为身奴；放着无量光明不要，自入暗室行鬼窟活计；放着心性之真主宰不要，偏要自作主张，自作聪明，自以为是。故君子必慎其独也！

曾子曰："十目所视，十手所指，其严乎！"

君子处众，知过则喜。小人顽劣，闻非则怒。上面所说是自己检视内心时，"如见其肺肝然，则何益矣"。此处所言是假借他人来自律自己之身心言行。只要内在有什么，必"形於外"而使自己与他人，皆能知晓。故君子不仅于"诚於中"谨慎独处，时刻反观内省，于"形於外"之一面，更需时时检视，在他人严格的监视下，丝毫不敢懈怠。"十目所视，十手所指，其严乎？""其严乎"为反问句，意为"难道这样还不是最为严重之事吗"？此句与孔子语"三人行，必有吾师"相呼应。皆明示应虚心待人，以他人为师，以诸事为镜。

君子因坦荡心胸，谦诚待人，无私无我，践行道德，因而唯君子可以亲民爱物，以成就他人的方式来成就自己，通过切实地实现他人之价值，通过切实地亲民爱物，以彰显仁性、德性，在仁性、德性越来越深入的彰显中，自然地超越了自己，成就了自己。此为三纲中"亲民"之真意。

佛陀临涅槃之时，弟子请问，如来灭后，何以为师？佛陀曰：以戒为师。佛陀所言之戒，为他在世时逐步建立起来的僧伽集体生活中所应恪守的行为规范。此类戒律为特殊之伦理，为特定环境下适用于特定人群的戒律，为特定宗教特定信仰之戒律，是他律道德，不是自律道德。唯自律道德是真实道德（因此道德之践行可以实现生命之真、善、美，实现生命之觉醒与解脱），唯自律道德是通戒——适用于一般日常大众之伦理。

"十目所视，十手所指，其严乎"，即是真正的自律道德，是真正的适用于日常生活和普罗大众的通戒。儒家同样强调"以戒为师"，但其戒是性戒、心戒、无相戒、无师戒、无我戒、真常戒，因其戒起源于"诚於中，形於外"之自显与自发，因其戒来自于对"十目所视，十手所指，其严乎"的主体自觉与生命自律。

富润屋,德润身

富润屋,德润身,心广体胖。故君子必诚其意。

"润"含滋润、涵养、条理、庄严、创造、更新、转化、升华等诸义。"富润屋,德润身"是因果关系的一种比喻。"富润屋"是因此,"德润身"是所以。君子以德润身,恰似富人以财物装饰房舍那样。我们的心性就是最大的财富,"曲成万物而不遗",生天生地,健行不已地创生一切,也包括时刻不停地创生和更新我们这个身心(形意)。

"富润屋,德润身"还有另外一层含义:《大学》或整个儒家不厌其烦地提醒我们,外在物质财富只能"润屋",仅仅能为我们带来生活和人生的外部满足和解放,但内在的、生命的满足和解放必须通过彰显和践行仁德(心性)来实现。此为儒学之为儒学之真意所在,此为儒家何以是中华民族灵魂所在之原由。如儒学不是圣贤之学,不是成德之教,而仅为一般世间小术,那么儒学将不可能成为中华民族生命之所在了。儒学之伟大,于"富润屋,德润身"即有所证。她将我们从物化世界中拔离出来,回归心性，回归主体，回归生命（性体之道德自觉）。如此，儒学是整个东方，乃至整个人类历史中，唯一彻悟道德全副内涵的学派，唯一阐扬真正自律道德的学派，唯一于道德之上建立完整而开放的义理和修学实践体系以实现身心内在解放和生命觉醒（绝对自由）的学派。由此，我华族有了自己的智慧之源头，道德之根本，人生之归宿，奋斗之方向。如此便是张载所言的"为天地立心，为生民立命"。

有了这个"天地之心"，有了这个"生民之命"，自然达到"心广体胖"之境。"胖"（pán）者，宽坦、舒适、愉悦、锐智、磊落之义。"心广"，心胸之中无芥蒂，无纠结，坦坦荡荡，与天地精神相往来，一切存在无非自己心性中物，无非自己生命内涵之呈显与具体化，心外无物，性外无理，此为真正之"天人合一"之境。"体胖"，无论人生处于顺境还是逆境，哪怕是绝境，君子皆可自然地处于自得自乐、闲适愉悦、舒展大方之境。"穷则独善其身，达则兼济天下。""尽其心者，知其性也。知其性，则知天矣。存其心，养其性，所以事天也。夭寿不贰，修身以俟之，所以立命也。"（《孟子·尽心上》）"君子之于天下也，无适也，无莫也，义之与比。"（《论语·里仁篇》）"适""莫"，即亲、疏之义。全句意为：君子处世，无专主之亲，无特定之疏，惟以道义（心性）是从。

佛家有"受用身"之概念。受用身是指"圆满一切功德，住于纯净之土，恒受用法乐之身"。《摄大乘论》卷下云："受用身者，谓依法身，种种诸佛众会所显清净佛土，大乘法乐为所受故。"《佛地经论》卷七云："受用身者，一切功德圆满为相，一切佛法共所集成,能起一切自在作用,一切白法(即佛法)增上所起,一切如来(即觉悟之人)各别自体(即有人种、肤色、高矮等种种之形体外表差别)。微妙难测,居纯净土,任运湛然,尽未来际,自受法乐。"佛家所言之"受用身"(又名报身)是指修行佛法有成之人,当下的身心体验和感受。"受用身"本不神秘,只是佛教源于印度文化,受其文风影响甚深,故佛教用辞有着浓厚的夸大、乖张、怪诞、变形之风格,给人一种神秘、玄虚之感,极尽耸动、眩惑之能事。不似儒家言语,始终以朴素、厚实、理性、平易为美。

佛家之"受用身"(即肉身在觉悟后被转化、升华之身),正是《大学》此处所言之"德润身"之身和"心广体胖"之境。只不过佛教与儒家为获得此身之工夫路数不同:佛教自觉性(超越的空性)进入,儒家自德性(道德仁义)进入。儒者是通过"诚意""慎独"工夫,顿然于当下或徐步渐进于"德润身"和"心广体胖"之境。

《诗》云:"瞻彼淇澳,菉竹猗猗。有斐君子,如切如磋,如琢如磨。瑟兮僩兮!赫兮喧兮!有斐君子,终不可諠兮。"

子曰:"诗三百,一言以蔽之,曰'思无邪'。"(《论语·为政》)——孔子说:"三百多篇的《诗经》,可一句话高度概括之:提升和净化我们的心意(实为贯通先天与后天、形下与形上、道心与人心)。"

"诗"即《诗经》,儒家六经之一。《诗经》是中国第一部诗歌总集,共收入自西周初年至春秋中叶大约五百多年的诗歌,孔子晚年对其进行重新编定，祛其浮杂，留其精华，这就是中国文化史上著名的孔子"删《诗》《书》，定《礼》《乐》"。《汉书·艺文志》说，儒家"游文于六经之中"。

所谓"六经"，指《诗》《书》《礼》《乐》《易》《春秋》。这些文献，当孔子之时，并没有称"经"，直到战国时期的《庄子》一书有如下记载："孔子谓老聃曰：'丘治《诗》《书》《礼》《乐》《易》《春秋》六经，自以为久矣，孰知其故矣。以奸者七十二君，论先王之道，而明周、召之迹。一君无所钩用！甚矣！夫人之难说也，道之难明邪！'老子曰：'幸矣，子之不遇治世之君也！夫六经，先王之陈迹也。岂所以迹哉，今子之言犹迹也。夫迹，履之所出，而迹岂履哉？'"——孔子对老子说："我研究《诗》《书》《礼》《乐》《易》《春秋》这六部经典很久了，已熟知其中的道理。以此去游说七十二君，向他们谈论先王之道，发明周公、召公的伟大事迹。但可惜的是，没有一位君主能够真心实意地去践行它们。唉——太难了！人心之诡诈太甚，陷溺于物欲太深，仁义之道难昭明于天下呀。"老子说："（你所谓的不幸在我看来）是另外一种幸运呀，多亏你没遇上治世之明君（如被你遇上，用你那一套腐朽的知识影响他，他一定会被你误导的。其误导之结果，很可能比你刚才所说的七十二君更坏、更差劲。——这与后世禅师所言的'吾眼本明，因师故瞎'，遥相呼应）。你所谓的'六经'无非是古圣先王的思想之陈迹罢了。所以说它是陈腐旧迹，是因为它们都是过时很久的观念学说了。（难道你不明白如下的道理吗？）人的足迹，是人用鞋踩出来的，但你能说足迹就是鞋吗？（脚印虽在，但足履已远。以此暗讽孔子只知一味守株待兔、认迹为履,乃食古不化之人)。"此是称呼"六艺"为"六经"之始。

《诗经》内容来源有二:一是王室派"行人"到民间"采诗";二是公卿大夫给周天子的"献诗"。但无论哪种诗歌,最后统一由周王室设在家庙的"守藏室"(即国家图书馆)删定和收藏。春秋时期,诸侯宴飨、会盟,莫不赋诗,可见当时之诗风已广为流传。《诗经》是中国韵文的源头,是中国诗史的起点。又因为其中的作品都可以用乐器伴奏演唱,所以《诗经》也被称为我国古代第一部乐歌总集。

《诗》分"风""雅""颂"三个部分。"风"即民风、风气、风俗之义。"风"诗汇集了不同地区的乡土音乐,多为民间的歌谣,共计来自十五个地方的国情民风。"雅"是王畿(周王朝直接统治地区)之乐,这个地区周人称之为"夏"。"雅"和"夏"古文通用。"雅"又有"正"的意思,当时把王畿之乐看作是正声——作为典范的音乐。周代人把正声叫做"雅乐",犹如清代人把昆腔叫做"雅部",带有一种尊崇的意味。"颂"是宗庙祭祀的乐歌和史诗,内容多是歌颂祖先功业的。《毛诗序》中说:"颂者美盛德之形容,以其成功告于神明者也。"这是颂的含义和用途。"颂"表现手法有赋、比、兴,它的基本风格是淳朴自然,直面现实。

《乐》是隶属周王室司乐的音乐作品,后世不少学者认为《诗》和《乐》实际上是一体的。司马迁在《史记·孔子世家》记载:"(《诗》共计)三百五篇,孔子皆弦而歌之,以求合《韶》《武》雅颂之音。"《诗》为乐歌,"诗"记词,"乐"记谱。《乐》集夏、商两代音乐之精华，由周公在洛邑整理而成，并由周王室历代乐官不断地修订和充实。现《乐》已失传，无法知道其原貌。

周代重视贵族教育，贵族子弟把《诗》《书》《礼》《易》《乐》《春秋》称为"六艺"（"六艺"有两种，另一种为《礼》《乐》《射》《御》《书》《数》），是必备的知识。而《诗》《书》《礼》《易》《乐》《春秋》原收藏于周王室，至春秋末年，周王室大乱后，大量典籍散失民间，如此才有后来"民间教育家"孔子之"删《诗》《书》，定《礼》《乐》"，重新删定典籍、整理国故之不朽壮举，以及教授"六艺"于民间，开"有教无类"之先河。

孔子终身以"六艺"教授弟子，自然对其精熟于胸，试看孔子是如何品评"六艺"的：

孔子曰："入其国，其教可知也：其为人也，温柔敦厚，《诗》教也；疏通知远，《书》教也；广博易良，《乐》教也；絜静精微，《易》教也；恭俭庄敬，《礼》教也；属辞比事，《春秋》教也。故《诗》之失愚；《书》之失诬；《乐》之失奢；《易》之失贼；《礼》之失烦；《春秋》之失乱。"（《礼记·经解》）——其为人也，温柔敦厚而不愚，则通达于《诗》之故也；疏通知远而不诬，则通达于《书》之故也；广博易良而不奢，则通达于《乐》之故也；絜静精微而不贼，则通达于《易》之故也。恭俭庄敬而不烦，则通达于《礼》之故也；属辞比事而不乱，则通达于《春秋》之故也。

"子曰：小子！何莫学夫《诗》？《诗》可以兴，可以观，可以群，可以怨。迩之事父，远之事君。多识于鸟兽草木之名。"

（《论语·阳货篇》）——孔子说："弟子们！怎么不学《诗》呢？《诗》可以用来激发情感，可以了解社会风气民俗，可以结交更多朋友，可以用来讽刺不公和抒发情绪。近一点儿说，可以用来侍奉父母，远一点儿说，可以用来侍奉国君。且能更多地了解飞禽走兽、花草树木等自然界的事物。"

子曰："兴于诗，立于礼，成于乐。"（《论语·泰伯篇》）——孔子说："修身明志，让人生充满激情，当以诗成之；如何立身处世，如何与社会和他人相处时知所进退之道，当以礼成之；养成高尚情操与艺术品质，当以乐成之。"

《诗》中大量记载了上古先民对心性的体悟与洞悉，以及古圣明君的盛德伟业，故学《诗》可以明人生归宿和实践方向之何所在，及如何朴实、温和且充满激情地生活，故孔子曰"诗言志"，"兴于诗"。礼者，理也。人是群居之民，是国家之民，是社会之民，如何群居和独处？如何和谐地行走于人世间，且能顺利地成就一番大业？这是任何人都时刻面临着的大问题，必须予以正视。故先王制礼以明序，上至君王下至百姓，皆能明白各自的人生职责、人伦秩序、处世方式和国法家规，明其何以如此之依据与根源。明白这些，每个个体才能于人格中挺立起来，才能于社会中挺立起来，才能于人生中挺立起来，乃至于宇宙中挺立起来（道德秩序即是宇宙秩序），故孔子曰"立于礼"。《乐》之魂在"和"与"悦"。"从心所欲不逾矩"谓之和，"喜怒哀乐之未发，谓之中；发而皆中节，谓之和"。故"和"者，圣贤之至善化境也。乐者，悦也，"发愤忘食，乐以忘忧，不知老之将至"之谓也。心性全水为波，全波为水。故心性全体可化为三德：

真、善、美。儒者固然以善（良知、仁义）释心训性，尽管真与美不是儒家最为重视者，但也并非不认可真与美同样是心性本有之内涵。乐者，美之化身也，美之化身即心性之化身也。故可透过乐而悟心性之美，也可以乐为入心性之门。最能表现心性之完美者，最能表现心性之极乐（圆满之幸福、无上之快乐）者，无过于乐也。故孔子不仅有"成于乐"之言，更有"尽美矣，又尽善也"之指示：透过美妙、高雅之音乐而领悟、融入、实现那"大而化之之谓圣，圣而不可知之之谓神"的大成化境。故可将"兴于诗，立于礼，成于乐"看待为儒者修养工夫的三大法门或三大次第。

至圣孔子一生重视《诗》教，因而其弟子或再传弟子，如宗圣曾子、亚圣孟子等，每于著作或讲学之时，皆喜欢引述《诗经》以佐证其说。《大学》一书亦莫能外。此处和下文对《诗经》多有摘引，以期进一步阐明三纲八目之旨。

瞻彼淇澳，菉竹猗猗。有斐君子，如切如磋，如琢如磨。瑟兮僩兮！赫兮喧兮！有斐君子，终不可谖兮。

这几句诗文引自《诗经·卫风·淇澳》之首段。

淇：淇水，河名，今河南省北部，古为黄河支流，南流至今汲县东北淇门镇南，入黄河。澳（yù）：通"奥"，河湾之处。菉（lù）竹：草名，即荩草，一年生细柔草本植物，高一二尺，叶片近似竹叶，生长于草坡或阴湿地。猗猗（yī）：形容修长而柔美之状。斐：有文采，有教养。切、磋、琢、磨：把骨头加工成器物叫"切",把象牙加工成器物叫"磋",把玉加工成器物叫"琢",把石头加工成器物叫"磨",均用以形容君子的文采好、修养好。瑟:庄严之状。僩(xiàn):高大之状。赫:威严之状。喧(xuān):通"喧",光明、显耀之状。谖(xuān):忘记,引申为停止。

　　这几句诗文译为白话是:看那淇水河湾,苌草是如此的柔美修长啊。有位气度非凡的君子,如切磋后的骨饰象牙那样晶莹剔透,像琢磨后的翠玉奇石那样美轮美奂,(这位君子的风采)是那样的气宇轩昂,英俊庄重,举止肃穆大方。如此光彩照人的君子啊,(终其一生)叫我如何忘记他?!

　　古时自然环境没有遭到破坏,处处是水绿草青,天蓝云白。远远望去,淇水之湾,草青竹茂,大自然的无限美景尽收眼底。是谁成就这样一幅勃勃生机之景象?是心性呈现之结果呀。但即使这样,也比不上那风采无限的君子!看那君子之品德与神韵,如同世间最绝妙、最珍贵的艺术品。是谁切磋琢磨出这样一个世上如此美妙的君子风采?是心性内涵本有之真善美呈现之结果呀!让人由衷地欢喜赞叹,让人自发地肃然起敬,仅仅只是看上一眼,也会终生难忘呀。如好好色,如恶恶臭。这样的美德——品德之美,只要人们不虚伪,不自欺,心性之无上美妙与不可思议之魅力便可当下呈现,觌面相逢。一旦呈现,一旦相逢,仅只一见,必然终生难忘。

　　此诗全句是借形容自然之秀美和君子之风采,借此来指示心性之丰富和神奇。同时也展示出古人对生命内涵的透彻了解,并发明了通过诗歌这种文学方式,来艺术地表达其体悟与见地。人生哲学、心性义理与诗乐艺术完美地结合起来。谁能想象得出,在三千年前乃至更久前的华夏先贤们,就已经达到了如此的文明高度和智慧深度!这就不难理解,为何孔子一生神往太古,仰慕先辈,情不自禁地感叹:"郁郁乎文哉,吾从周。"创造更美好的未来是我们的期望,但美好的未来必源自对历史的忠实传承和透彻消化,因为历史给我们以深度。有了历史的深度,才可能创造出未来的高度。千百年来,尤其是近世以来,世人多以为孔子是一个思想陈腐、文化守旧之徒,此误会可谓由来已久。天地之悠悠,几人能知夫子"述而不作,信而好古"之深远妙义哉?

"如切如磋"者,道学也。"如琢如磨"者,自修也。"瑟兮僩兮"者,恂慄也。"赫兮咺兮"者,威仪也。"有斐君子,终不可諼兮"者,道盛德至善,民之不能忘也。

"'如切如磋'者,道学也。"此明儒者为己之学,广学六经(现只遗五经),通达圣贤义理,明白心性之涵。一切人文教化,一切人本思想,一切人生修养,一切生命觉醒,一切文明传承,皆自《中庸》所示的"博学之,审问之,慎思之,明辨之,笃行之"中来,此即"如切如磋"之义。但这个学是道学——道统之学。世间有政统、学统与道统三系。政统为王道,以今语言之,即政治哲学和权力架构之学。因政治公正与否、清明与否,与百姓生活息息相关,甚为重要,儒者理想是努力实现太平盛世、人间乐土,故于王道政统多有议论和评述。但此王道政统,束于历史局限(王权政统始终为某一姓氏之大皇帝所严密掌控),儒者于此只发挥出部分正面推进之作用,并不能全尽儒者之价值和智慧。历史地观之,儒家圣贤于中华民族不朽之贡献是在学统和道统两者。

儒家学统与别家又有不同,如西方文化是建立于感性与知性之上的文化,故其学统是纯经验知识和客观世界的学问,儒家学问与其有着本质之别。儒家义理体系是源自于心性之发明与呈现,她的核心功能就是荡去经验世界对感官和知性的束缚,统摄感性与知性于心性之中,让天心与人心通而为一,让心性本有内涵化除和升华一切物理世界和生物世界之隐曲和质碍于仁义道德之中,以此开出真正的人文世界和人本文化,彰显生命之光明(此光明非比喻用词,生命本身即无相之光明,物理世界的日月所出之有相光明只是此生命光明部分之具体化)以润泽一切,笼罩一切,化生一切,成就一切。故正宗儒家心性之学(义理体系)代代传承所形成的学统,是道德之学统、人本之学统、生命之学统,实现人类终极关怀(解脱与圆满)之学统。心性外显为学术,为学统;学术内化为德性人格与生命光明。心性内涵诸属性即儒家外在学术体系之诸属性。概括之,儒家学术体系即道德体系,即宇宙体系,即身心修养(工夫)体系,也即心性本有之体系。在儒家,始将学术体系(外在之学统)与心性体系(内在之道统)二者彻底打通。

儒家之道统与别家亦有差别,儒家是从自律道德(心性的自律性与善性,善良即德性)进入心性世界(本体世界)以实现德行、德目和德化人生,以及成就内在的(生命)终极解脱与究竟圆满。道统又名"儒门心法",此为儒家最为核心之灵魂也。圣贤之间千古相传者，无非此心此性；无数大德君子一生守望者，无非此心此性；无数英雄豪杰自甘杀身成仁、肝脑涂地者，无非此心此性。此一派血脉中，生出无上庄严，化为世上的盐，化为世上的光，化为世上的路，化为世上的真理。

"'如琢如磨'者，自修也。"此明君子内在修养之道。直心之谓行，率性之谓道，以此诚意、正心，以此诚意、慎独。这是即本体即工夫，即工夫即本体，本体工夫贯通为一。

"'瑟兮僩兮'者，恂慄也。"慄，即"栗"之通假，"恂慄"的字面义为战惧，引申为面对强大势力（如上帝，如太阳）所引发的情不自禁之敬畏。

"'赫兮喧兮'者，威仪也。"形容君子之德风威仪，如烈日照射出万丈光芒一般，眩耀得让人睁不开眼睛，不敢正视。

"'有斐君子，终不可諠兮'者，道盛德至善，民之不能忘也。""道盛德至善"之"道"字，为表示、反映之义。如此威仪万千之君子，因为他的整个形意皆为心性之彰显流行，皆为仁义道德之化身。民众见之，如见日月。仅此一视，终身难忘。

《诗》云："於戏！前王不忘。"

此文出自《诗经·周颂·烈文》。《烈文》是在周成王祭祀祖先（主要指周文王、周武王、周公这些周朝开国圣君）时为赞颂先王，并诫勉助祭之众诸侯而作。此诗全篇为："烈文辟公，锡兹祉福。惠我无疆，子孙保之。无封靡于尔邦，维王其崇之。念兹戎功，维序其皇之。无竞维人，四方其训之，不显维德，百辟其刑之。於戏，前王不忘。"

烈：光明。文：文明、大德，此处指周文王。辟：封侯建邦。公：郑玄注为"天子，诸侯"有误，应为周代爵位等级五分——公、侯、伯、子、男中之公、侯。"烈文辟公"：文德赫赫的文王所分封的王公、诸侯们。

锡：赐。兹：此。祉：善报。"锡兹祉福"：祈请文王赐予他们福祉。"惠我无疆"：同时将此福祉通过他们惠泽于天下。"子孙保之"：庇佑他们的子子孙孙。

封：局限、封闭。靡：奢侈、浪费。"无封靡于尔邦"：不将您的丰厚之庇佑与恩惠仅仅局限于他们的小小邦国之内。

维：如是，如此这般。崇：尊敬。"维王其崇之"：这样的先王确实值得我们仰慕与尊敬呀。"念兹戎功"：现在于此缅怀先王的盛德大业、文治武功。皇：高大显赫。"维序其皇之"：我们要代代传承他们的伟业。竞：通"竟"，终止。"无竞维人"：这种传承不要终止，在于人人是否真心发愿传承先王圣道。人能宏道，非道宏人。"四方其训之"，只要我们能真实传承先王圣道，四方民众必然归服和感化。不：通"丕"，大也。"不显维德"：先王们如此赫赫之盛德大业。

百辟：所封之王公诸侯。刑：遵从，效法。"百辟其刑之"：告慰先王，现在在此祭祀的这些王公诸侯们，都能很好地传承你们的仁德。

於戏：读作"呜呼"，叹词"哎呀"之义。"於戏，前王不忘"：呜呼！如此伟大的先王们呀，让我们这些子孙怎么能忘记你们呢？即便想忘记，那也是忘不掉的！

君子贤其贤而亲其亲，小人乐其乐而利其利。此以没世不忘也。

前辈圣君贤王们的丰功伟绩、盛德大业，永远被后人所铭记，但后世铭记圣贤的方式和性质是很不一样的。君子追慕圣贤的是他们的道德品行，以他们的德行为德行，以他们的境界为境界，以他们的伟业为伟业，以他们的光明为光明，以他们的人生为人生，以他们的好恶为好恶……所谓见贤思齐、见圣渴仰是也。

另一文明古国——印度，也有"君子贤其贤而亲其亲"的观念，且此观念一直作为印度传统文化的核心思想和主要修行方法而传承至今。瑜伽（Yoga）是与印度文化同时诞生和发展的一门生命文化体系。"瑜伽"有"结合""联通""合一""相应"等含义。其结合相应之对象可分为三类：

第一类是与内在的心性（瑜伽或曰印度哲学所理解的心性，大体类似于佛教之心性观）结合和相应。与内在的心性合一和相应，即不断深入地体悟"我即心性，心性即我。我之外无心性，心性之外亦无我"，我一生的唯一使命就是彰显心性内涵本有诸属性于世间，故我是心性之具体化，是心性之化身。

第二类是与天上的某个神灵（宇宙创造者）结合和相应。与神相应，就是时刻观想"我即神，神即我"，我是此神的人间化身，我的人生使命就是彰显此神之各种能力（神的智慧、神通、德行、慈悲等）于世间。用其术语言之，即荣耀神的光辉于人间。"与神合一"在印度传统文化里有一个专用的梵文单词"Avatar"，它的意思是化身、天神下凡、具体化等，中文将其音译为"阿凡达"。美国有一部著名的好莱坞电影，即以此梵文单词命名。

"与神合一""荣耀神的光辉于人间"理念，对宗教色彩无处不在的印度历史和文化的影响十分深远。印度历史上那些伟大的思想家、文学家、政治家、军事家和精神导师们，几乎全部都是被这一理念所长期地激励与深刻地启发。如无这一理念的长期激励和深刻启发，很难想象在印度历史上，还能否出现如此之多的伟大学者、哲学家、宗教家、艺术家和政治家。

第三类是与古圣先贤或当世明师（大成就者）结合和相应，成为其化身和再现。以圣贤为师，时刻观想"我即师，师即我"，我是此圣贤在当世的化身，我的人生使命就是彰显此圣贤之各种能力（圣贤的智慧、神通、德行、慈悲等）于世间，荣耀此圣贤之光辉于世间。

佛教于印度诞生后，同样继承了瑜伽是结合相应的理念，也将瑜伽理念（即结合相应）作为其建立思想体系和修行体系的核心。故佛教八万四千法门，究竟而言，只有一个法门，即瑜伽（结合相应）法门，与内在的心性结合相应，与佛菩萨结合相应，或与天上的某位神灵相应（佛教发展至大乘和金刚乘阶段时，已将佛菩萨高度神化，此时佛菩萨充当了或替代了一般宗教中所信之神），并以此来建立尊师重道的学统与道统。不仅学统与道统自此"化身"中得以建立，无上尊严之师道也于此"化身"中得以建立。（中国传统的政统也是于"化身"中建立。君王即是天帝之人间化身，君王在人间彰显天帝之旨意。）儒家于此亦复如是，惟其所别者，在于各学所学，各道所道，各师所师而已。佛家将瑜伽结合与相应之理,演绎得无比曲折繁琐——有数不胜数的咒语、手印、观想和次第,有数不胜数的仪轨、仪式和法相(如写经、造像、供养、礼拜、赞诵、禁忌等);儒家则直探龙珠,直揭精粹,仅一句"君子贤其贤而亲其亲",其"化身"之真意、其瑜伽之灵魂,大白于天下,如此的简单平实,如此的仁心直露。千古圣贤心心相传之道统,于此一口说尽。能发人深省,能言下大悟,一句半句已足够,不然纵使千言万语,总是局外。

"小人乐其乐而利其利",小人与君子截然不同,小人终生甘为身奴,陷溺于感官之乐,随躯壳起念,始终唯利是图。"见君子而后厌(䫩)然。掩其不善而著其善",故小人没有见贤思齐、睹圣思慕之心,他们满脑子只想着如何更多地获得和占有古圣明君们留下来的精神或物质之遗产,并尽可能多地享受它们,消费它们,贩卖它们,或者是私藏它们以成奇货之居,以此为炫耀,以此为自重。

"此以没世不忘也",无论是后世君子之渴望、仰慕,还是后世小人之享乐、消费,结果则是同一的:使得圣贤之大德伟业永放光芒,传承不息,以成不朽。

朱熹在《大学章句集注》中,注释此段诗句时于结尾处说道"其味深长,当熟玩之",信然。

克明峻德

《康诰》曰:"克明德。"

"康诰"是《尚书·周书》中的一篇。尚即上,《尚书》意为上古之书。《尚书》又称《书》《书经》,是中国第一部古典散文集和最早的历史文献,以记言为主。《汉书·艺文志》载,《尚书》原有100篇,孔子编纂并为之作序。汉初,有今、古文不同的传本。今文《尚书》29篇,是经师伏生所传。古文《尚书》在汉武帝时出现,比今文《尚书》多出16篇,这16篇后来亡逸了。西晋永嘉之乱后,今文《尚书》散亡。今存于《十三经注疏》的《古文尚书》有58篇,其中的33篇与汉代传本文字大抵相同(只有少数篇章的分合、定名不同),另外25篇被宋代以后学者判断为东晋人的伪作。清人孙星衍作《尚书今古文注疏》,广泛汲取前人考订成果,摒弃25篇伪作,将篇目重新厘定为29卷,大抵恢复了汉代《尚书》传本的面貌。《尚书》全书分为《虞书》《夏书》《商书》《周书》四部分。

《康诰》是周公封康叔时作的文告。周公在平定三监(管叔、蔡叔、霍叔）武庚所发动的叛乱后，便封康叔于殷地。这个文告就是康叔上任之前，周公对他所作的训辞。原文是"惟乃丕显考文王，克明德，慎罚，不敢侮鳏寡"。译为：希望你光大先父文王（的功德），能够彰显仁德，慎用刑罚，务必善待孤老之男与失偶寡居之妇等这样的弱者。

克，《尔雅》曰"克，能也"。明德，此处及下面的几处引文，皆旨在释明"明德"这一概念源远流长，可见并非孔子或曾子之始创。在西周及更早之时，"明德"已作为非常重要的概念，在天子诰命及一般百姓中被频繁地使用着，作为上自天子下至庶民，在思想文化上的共识。以此证明，彰显心性本有之光明正大的仁德，是从夏、商、周时代就已经有了清楚的认识和切实的体证，有《书》为证。曾子于此处是想申明，儒者立言著述，皆有所依，代有传承，其所讲说，并非私心自用，别出心裁也。"克明德"之意为：能够执守和实现内在心性之德于自己和天下。引申之意为：（无论是谁）只要你立志以圣贤自居，立志实践德化人生，这个人立即就是圣贤之化身，就是圣贤之再来与再现，他就可以真切地如圣贤那样，实行圣贤之道于分分秒秒和事事物物之中。

《大甲》曰："顾諟天之明命。"

《大甲》属于《尚书·商书》中的一部分。太甲，生卒年不详，为商汤嫡长孙，共在位二十三年，病死，葬于历城（今山东省济南市）。商汤建立了商朝，在位三十年就死了。商朝的继承法是兄死弟及，汤没有弟弟，就传位给儿子，应由长子太丁即位。可太丁比其父汤死得还早，因此就由太丁的弟弟外丙继位。外丙在位三年也去世了，他的弟弟仲壬继位。仲壬在位四年也死了。这时候由开国元老伊尹作主，由太丁之子太甲继承王位。太甲即位后，由四朝元老伊尹辅政，伊尹连写了《肆命》《祖后》等几篇文章，教导太甲遵照祖先的法制，努力做一位明君。在伊尹的督促下，太甲在继位后的头两年，其表现还过得去，但从第三年起就不行了，他任意地发号施令，一味享乐，暴虐百姓，朝政昏乱，又亲自破坏汤制定的法规。他居然学夏桀的样子以暴虐的手段对付老百姓，百姓们怨声载道。《孟子·万章上》记载："太甲颠覆汤之典刑，伊尹放之于桐。"伊尹虽百般规劝，他都听不进去，伊尹只好将他送到商汤墓地附近的桐宫（今河南省偃师县西南）居住，让太甲深刻反省。自己摄政理国，史称"伊尹放太甲"。太甲在桐宫三年，认真地悔过自新，伊尹又将他迎回亳（bó）都（商朝都城，位于今河南商丘），还政于他。重新当政的太甲积极修德，政清人和，诸侯咸来归顺，百姓安居乐业。于是伊尹复作《太甲》上、中、下三篇训辞，令太甲进一步明白为政以德之理。

此诗句摘自《尚书·太甲·上篇》，全句为："先王顾諟天之明命，以承上下神祇。"先王：指商朝开国明君成汤。顾：字面意思是存心、留意、守护、重视等，引申为时时不忘上天之命令与昭示，再引申为自觉地做上帝在人间之化身，主动地荣耀上帝于人间。諟（shì）：通"是"，如是之义。天：指上古宗教之天，即天帝、上帝之义。承：犹印度之瑜伽义，指结合、相应、交通等。神祇（qí）：泛指天地众神，神，指天神，祇，指地神。全句释为：商汤之所以是圣明君主，是因为他时刻以天地神祇之化身以自处，恪守着上天（上帝）给自己的明确使命，即荣耀天帝（的智慧、权威、仁德等）于人间。故而他能实践道德，仁政爱民，建立政统和道统。

孔子的伟大之处在于，他是中国历史上第一位全面反思神祇（泛指他之前的一切宗教）本质之人。是什么让神如此之神奇的？即神的无限之智慧、无上之权威、无我之大爱（仁德）、不可思议之神通（超自然的能力）等从何而来？通俗地讲，就是神祇的母亲是谁？孔子如此步步逼视和追问下去，就浮现了"心体"与"性体"这一对概念出来。于是孔子明白了，让神如此之神的是神之生命中本有的神心神性，是神心神性让神祇拥有如此这般之神奇能力。故神性才是天地之根源，宇宙之本体，生命之真相，道德之所由。因一切神祇皆不能违背道德法则，因而一切神祇必须遵守道德律令。如违反之，神祇也将受到道德的审判，而不再成其为神祇。故大于和高于神祇的，是神祇生命内在的道德律。由是而明，道德性是神性最为根本的属性之一。故孔子及其后的儒家圣贤们皆视神性为道德性，简称"德性"，此为儒门千古不易之心法。

如是，孔子完成了中华文明史上，也是人类文明史上一系列伟大的创举：

① 孔子突破了神灵那炫目的外形，发现了祂们的"母亲"——心性以及心性中非常重要的一个属性——德性。将人们的注意力从外在、天上扭转回来，收纳到我们内在主体的生命之中，收纳到超越而内在的心性本有内涵之中，以此作为人生的终

极归宿，以此来实现人生的终极圆满：明明德、亲民与至善。

在印度，是释迦牟尼为代表来完成对神何以为神的追问，他也同样发现了神灵生命中本有的心体与性体，本也可以就此完成彻底的宗教改革，扭转宗教信仰为人本文化。但佛陀并没能很好地完成他的历史使命，他的宗教改革只完成了一半，因为在他的学说体系里，仍然保留着大量的神灵位置和信仰体系。待到大乘佛教兴起后，佛陀本人也被极大地神化了，佛菩萨们成了人间新兴的神灵，成为新的信仰体系。以至于佛教传入中国后，中国的佛教大师们在儒家的启迪下，努力地想让佛教去宗教化、去信仰化、人间化、人本化、现实化、伦理化等，但由于其基本的思想学说架构已经成型而坚固，致使这些中国的佛教大师们，只能在佛教的外在形式上做一些无关本质的修改与补充。佛教内部那浓厚的宗教色彩、形式化倾向、神本主义、出世思想、虚无主义以及对心性内涵体认的严重偏差等，无法从根本上将其彻底修正和扭转。简言之，佛教在努力地去宗教化的同时，又在努力地强化着宗教特色；在努力地祛除神灵信仰的同时，又在努力地开辟和构建新的神灵信仰谱系。迄今为止，佛教仍然是一个将宗教信仰和生命科学，如水乳交融般高度混杂的文化系统，远没有儒家之纯粹与朴实。

② 孔子是历史上首位发现和正视心性本有之自律道德的人，并以此建立起一个高度成熟的学术体系——仁学。并在"仁者，人也"的理念下创立了人学——人本主义理念。首次将人的宇宙地位提升到神祇之上，人超越了一切神祇而成为天地之主宰，"参天地，赞化育"。神祇并不值得信仰，让神祇成为神祇的神性

（心体性体）才最为可敬，最需要人们去正视与发明。

③孔子在上述两者基础上，成功地瓦解和超越了宗教体系和神祇信仰，将其转化为生命科学——含生命哲学（义理）和生命实践学（德化人生的践行）。

④孔子成功地逆转了此前的道德实践方式，即以天帝在人间的化身自居和荣耀天帝于人间（所有宗教信仰和神祇监视下的道德行为，皆为他律道德）；以尽心诚意来作为内在的、超越的心性之化身为人生价值之所在，以荣耀心性诸神奇属性于人间，以作为人生追求之志向。并在此基础上建立起了人本化、人文化、人性化的师道尊严。这标志着从此中华文明由上古之时的他律道德（神祇的权威命令）成功地转化为自律道德（内在而超越的心性之绝对命令）。

《帝典》曰："克明峻德。"

《帝典》是《尚书·虞书》中的一篇。《尚书》之《帝典》又分为《尧典》和《舜典》，此处引文是出自《尧典》。《尧典》记录了尧帝在位时所经历的各种大事。上古尧舜时期实行的是禅让制，是天下为公，还不是后来以家天下为特征的世袭制。尧帝把天子之位禅让给舜帝之时，就把他在位时的重大经历、重大事件作了总结与回顾，这就是《尧典》，希望舜帝通过《尧典》这部书，对以后的治国安邦有所借鉴。

此文整句为："克明峻德，以亲九族。九族既睦，平章百姓。百姓昭明，协和万邦。"峻：帝典原文为俊，古文中峻、俊相通，意为崇高伟大。九族：九乃数之最大者也，形容很多的意思，九族是泛指天子辖区内的所有部族。全句释为：通过天子内在生命中高深光明的德性来普照与和谐九族。九族在此德风普被下，就会越来越和睦相处，风俗归厚。如此百姓则会越来越文明、守礼、忠义、善良，如此则中国以外（天子统辖以外地区）的所有邦国，也都能受其影响、闻风而化，那么普天之下也就太平安详了。

皆自明也。

这是曾子在摘引了上述三句古圣先王的话语后，作出的一个总结性结论：明明德之明是自觉、自发、自主地彰显明德（仁义、心性）。这就充分证明我们的明德是内在的，是自觉的，是道德性，也是超越的和先验的，更主要的一点是：明明德之明正如孔子所言的"吾欲仁，斯仁至也"，是非常贴近于我们的，它一点儿也不遥远和玄虚，就像太阳之光一样随时伴于我们的左右。道不远人而人自远之，只要我们不背离自己，明德如心跳一般伴随着我们。

汤之《盘铭》曰："苟日新，日日新，又日新。"

汤：即成汤，商朝的开国君主。铭：铭文的出现可以追溯到上古之初。《汉书·艺文志》中就著录了《黄帝铭》六篇。铭文是一种刻在生活所用之器物上用来警诫自己、称述功德的文字，后来成为一种文体。商、周时期出现了青铜器，当时的人们喜欢在青铜器上留下字数不等的智慧短语，此即早期的铭文。盘铭：刻在器皿上警醒自己的箴言，此处特指商汤刻在自己洗澡器具上的铭文。无法确知自何时起，但能确知的是，在夏、商时期，就有一种流行——在日常生活用品上，刻上一些诗句、警语等铭文。这些铭文差不多都是从这个器物的功能、外形上说开去，将某些人生体验和生命感悟寓于其中，使自己或他人在使用这些器物的同时，读到这些诗句、警语，以期从中获得启示、提醒、教化或文学的享受。

历史上有一篇著名的《盥盘铭》，它是周武王时期刻在脸盆上的铭文："与其溺于人也，宁溺于渊。溺于渊，犹可游也，溺于人，不可救也。"意思是：与其陷溺于人海之中，不如置身于深潭之中。置身于潭水之中，还可以游出来，若陷溺于人海之中，就不可救治了。

人是极容易受他人、社会和自然环境影响的，如果不幸处于恶性环境中，很快就会感染上一身习气与坏毛病。近朱者赤，近墨者黑。此谓之"盲从"也。例如，在一家之中，或一单位之中，如他人不打扫卫生，我们出于良好习惯会去主动打扫。但不会太久，就会想：为何别人都不打扫卫生，而偏偏是我每天来做这个工作？明天我也不做了，要脏大家一起脏好了。果然，你停止了打扫卫生的工作。若干天后，又有一新人到来，也可能会坚持打扫卫生几天，数日后也会重复我们此前的变化。这就叫"交引日下"。时时刻刻，分分秒秒，我们被周围的他人、社会和自然环境潜移默化着而不自知。当于某一日，猛然觉察到，天呀，我怎么沉沦、堕落到了如此地步时，已经来不及了，谬见太固、习气太深以至于难以自拔，这就是溺于人（群）之可怕后果，这是导致绝大多数人一生昏庸、无聊、沉溺、自暴、自弃的根本原因。故历代圣贤智者，皆有不可同流合污之谆谆教诲。溺于渊者，显明也，极易察觉而自救；溺于人者，渐进也，极不易察觉之，因而其害之深百倍于前者。

"苟日新，日日新，又日新。"商汤自勉曰：如果能每天除旧更新，就要天天除旧更新，不间断地新之又新。此句字面意思是：要天天盥洗沐浴身体上的尘埃，保持清洁，如此坚持下去，做到身体永远的洁净。其引申之义为：以德润身，以德净心。德性之水是世上最好的圣水，此水可以洁净整个身心形意一切污染，使我们的身心、言行、人格、思想、学术、人生等，皆能保持着最清明、最健康、最兴旺、最纯洁的状态，并在此状态下持续地向着德化人生、觉醒生命、发明心性、究竟解脱、圆满至善的方向成长。这是"汤、武，反之"之涵养、诚意和慎独工夫。

《康诰》曰："作新民。"

《康诰》此句全文是："王曰：'呜呼！小子封，恫瘝乃身，敬哉！天畏棐忱，民情大可见，小人难保。往尽乃心，无康好逸豫，乃其乂。'我闻曰：'怨不在大，亦不在小。惠不惠，懋不懋。'已！汝惟小子，乃服惟弘王应保殷民，亦惟助王宅天命，作新民。"

恫：痛。瘝（guān）：疾苦。敬：谨慎。棐（fěi）：辅助。忱：诚。豫：安乐。惠：顺服。懋（mào）：勉励，使人努力上进。服：责任。应：受。宅：定。作：振作。新：革新，更新。

全句释为：周公说："唉呀——！年轻的封〔指康叔，姓姬，名封，又称卫康叔、康叔封，周文王第八子，周武王的同胞弟弟，获武王封畿内之康国，故称康叔。周成王（姓姬，名诵，前1055—前1021，周武王之子，西周第二位君主，谥号成王）继位时年幼，由周公旦辅政。自亲政后，营造新都洛邑、大封诸侯，还命周公旦东征、编写礼乐，加强了西周王朝的统治。公元前1021年，周成王驾崩，享年35岁。周成王与其子周康王统治期间，社会安定、百姓和睦，'刑错四十余年不用'，被誉为'成康之治'。亲政后，徙封康叔于卫（今天河南淇县朝歌），建立卫国，从而成为卫国的第一代国君，同时也成为卫姓的始祖。卫康叔，也就是封于赴任之时，周公旦作《康诰》《酒诰》《梓材》三篇训文，告诫他：'必求殷之贤人君子长者，问其先殷所以兴，所以亡，而务爱民。'] 治理国家要经受得起各种磨难，故务必小心谨慎啊（与孟子"天将降大任于斯人也，必先苦其心志，劳其筋骨，饿其体肤，空乏其身，行拂乱其所为，所以动心忍性，增益其所不能"语义相通）！威严的上天辅助诚心的人，这可以从民心表现出来，如果你是一个小人（只惟念念在己）的话，那是无法保证能时刻倾听到民之心声的（与《尚书·周书·泰誓》'天视自我民视，天听自我民听。百姓有过，在予一人'语意相通）。因此去到你的封地——卫国后，要尽心尽力，不要贪图安逸享乐，如此才能治理好国家。我听说：'民怨不在于大，也不在于小。要使不顺从的人顺从，使不努力的人努力。'唉呀——！你这年轻人职责重大呀，我们君王受上天之命来保护殷民，你要辅佐君王共同实现上天之仁德，完成革新改造殷商遗民这一重大的历史使命。"

《诗》曰:"周虽旧邦,其命惟新。"

此诗句引自《诗经·大雅·文王》。朱熹《诗集传》据《吕氏春秋·古乐》篇为此诗解题曰:"周人追述文王之德,明国家所以受命而代殷者,皆由于此,以戒成王。"指明此诗创作于西周初年,作者是周公。后世说《诗》,多从此说。余培林《诗经正诂》说:"观诗中文字,恳切叮咛,谆谆告戒……至此诗之旨,四字可以尽之,曰:'敬天法祖。'"此论可谓简明得当。

此诗整句为:"文王在上,於——昭于天。周虽旧邦,其命维新。有周不显,帝命不时。文王陟降,在帝左右。"文王:姓姬,名昌,周王朝的缔造者。惟:原文是维,古文惟、维通用。於(wū):叹词,犹呜呼。昭:光明显耀。旧邦:邦,犹国。命:天命,即天帝的意旨。周本来是西北一个小国,曾臣于商王朝,文王使周发展强大,独立称王,奠定灭商的基础,遗命其子姬发(即周武王)伐商,建立新兴的周王朝。有周:有是指示性冠词,周指周王朝。不(pī):同丕,大。时:是。陟(zhì)降:上行曰陟,下行曰降。左右:犹言身旁。

全句释为:伟大的周文王之生命高高在上,唉呀——如太阳一般照临天下。他所奠基的伟大周朝,虽然是从一个古旧小邦发展壮大而来,但其秉受上帝之使命,在世间创建全新的国家和文明。我们大周王朝为何如此的显耀而文明?是因为文王等这些圣君们恪守天帝大爱仁慈之旨意。文王是天帝的化身与(世间的)使者,是天帝的具体化,故天帝从未离开过文王(与基督教中"上帝与基督是合二而一的,二者从未分离"及"道成肉身"之思想,相应而相通)。

"新民"思想，在华夏思想史上源远流长。《尚书·夏书·胤征》就已有"旧染污俗，咸与惟新"的观念。《易传·系辞上》云："富有之谓大业，日新之谓盛得，生生之谓易。"张岱年先生承接《易传》思想，给出了一个更为直截了当的转语。他说："世界是富有而日新的，万物生生不息。'生'即是创新；'生生'即不断地创新、更新。新的不断代替旧的，新旧交替，继续不已，这就是生生，这就是易。"三千年前，"周虽旧邦，其命维新"铸造了中国文化的基本性格，成为中华民族不断地创新自己、不断从凤凰涅槃中再生出来的动力源泉。这个中华民族的文化基因在《周易·大畜》象文中被更清晰地表述为："刚健笃实，辉光日新。"

是故君子无所不用其极。

曾子在摘引以上分别来自《盘铭》《书经》和《诗经》这几段后，总结说："是故君子无所不用其极。"——这就是圣王，他们将明德（心性、仁义）运用在格物、致知、诚意、正心、修身、齐家、治国、平天下等各个方面和各个层级，无不彰显、发挥和实现到极致。极致即真实，极致即具体，极致即圆满，极致即纯粹。

大畏民志,此谓知本

《诗》云:"邦畿千里,惟民所止。"

"邦畿千里,惟民所止"此诗句引自《诗经·商颂·玄鸟》。《毛诗序》云:"《玄鸟》,祀高宗也。"故此诗篇是祭祀殷商高宗武丁的颂辞,用以歌颂武丁中兴殷商王朝的盛大功业。

诗名为《玄鸟》,是因为此诗开首有"天命玄鸟,降而生商"一句。"天命玄鸟,降而生商"是一则非常著名且与商部落及后来的商王朝有关的上古神话。《史记·殷本纪》载:"殷契,母曰简狄,有娀氏(娀,sōng。有娀氏,古氏族名,也为古国名,在今山西运城一带)之女,为帝喾〔kù,姓姬,名俊,号高辛氏,河南商丘人,为'三皇五帝'中之第三位帝王,即黄帝的曾孙,前承炎黄,后启尧舜,奠定华夏根基,是华夏民族的共同人文始祖,商族的第一位先公。祖父玄嚣,是太祖黄帝正妃高皇后嫘祖的大儿子,父亲名蟜极,帝颛顼是其伯父。帝喾从小德行高尚,聪明能干。15岁时,被帝颛顼选为助手,有功,被封于辛(今商丘市高辛镇),帝颛顼死后,他继承帝位,时年30岁。帝喾继为天下共主后，以亳（今河南商丘为都城），深受百姓爱戴，死后葬于故地辛（今商丘市睢阳区高辛镇，建有帝喾陵］次妃。三人行浴，见玄鸟堕其卵，简狄取吞之，因孕生契。"上古典籍中对此传说有很多的记载。如《楚辞·离骚》："望瑶台之偃蹇兮，见有娀之佚女。凤鸟既受诒兮，恐高辛之先我。"《楚辞·天问》："简狄在台，喾何宜？玄鸟致诒，如何喜？"晚商青铜器《玄鸟妇壶》上刻有铭文，意为：此壶系以玄鸟为图腾的妇人所有。大量文献典籍所示，玄鸟是商王朝所崇拜的图腾。"天命玄鸟，降而生商"的传说正是原始商部落的起源神话。

此诗整句为："邦畿千里，惟民所止；肇域彼四海，四海来假。"

邦畿：封畿，疆界。肇：开端，基础。假：通"嘉"，赞美，表彰，引申为向往、归顺。全句释为：拥有千里辽阔疆界（的商王朝），民众安居乐业。以此（政通人和）为基础和原因，获得了四海内外的赞美与归顺。

《诗》云："缗蛮黄鸟，止于丘隅。"

自此开始，曾子意在让我们进一步领悟"止于至善"之理。此诗句摘自《诗经·小雅·鱼藻之什·绵蛮》。缗（mín）蛮：《诗经》原文为"绵蛮"，（小鸟的）可爱状，引申为悦耳的鸟叫。丘隅：小山丘的角落。此句的字面意思是：叫声缠绵的小黄鸟，知道栖息在山中林木丛茂的地方。引申之义为：鸟儿都知道选择合适的寓所，人更应该择善而居，止于至善。

子曰:"於止,知其所止,可以人而不如鸟乎?"

於:感叹词,呜呼。於止:唉呀,关于这个"止"呀。可以:何以,反问词。全句释为:孔子感叹道,黄雀尚且知道自己应该栖息在什么地方,难道做一个人,还不如鸟吗?引申为:小鸟都知道什么是择善而居,作为比鸟高级得多的人,很多时候,未必比小鸟聪明多少啊!

关于孔子的这句"人不如鸟"之叹,在何时何地所说,无法确考,只见于《大学》此处。曾子受学于孔子晚年。孔子经周游列国推行仁政之主张失败后,于晚年回到他的家乡——鲁国,自此专心讲学和整理国故这两项事务。但于时政民风时有评议,多为感叹、无奈之言。推想曾子可能经常听到类似于"人不如鸟"这样的叹言而默记之,并在此处公示出来,以使后人更透明于"止于至善"之道。

《诗》云:"穆穆文王,於缉熙敬止。"

此句摘引自《诗经·大雅·文王》,这是一首旨在赞美周王朝的奠基者——文王姬昌的颂诗。朱熹认为此诗创作于西周初年,作者是周文王的第四子,周武王姬发的同母弟弟——周公。

此处引文与前面"周虽旧邦,其命惟新"是同一首诗。此诗整句为:"穆穆文王,於缉熙敬止。假哉天命,有商孙子。商之孙子,其丽不亿。上帝既命,侯于周服。"

穆穆:深远广博之义。於(wū):叹词。缉:绵绵不息。熙:光明通达。敬止:所行无有不敬,而得其所止。假:大。其丽不亿:为数极多。周服:穿周朝的衣服,引申为臣服于周。全句释为：智慧深远广博的文王呀，呜呼——！（让我怎么称颂他呢？实在是太难了）他的仁德是如此的光明通达，健行不息。他的行止是无所不用其极，无不达于至善圆满，殷商的遗民都甘愿成为新兴周朝的属臣。臣服于大周朝的那些殷商后代们，人数众多算不清。这是因为天帝已将其人间代表指定给了周朝的圣君（而不再是殷商），所以这些遗民臣服周朝是为了顺应天命。

孔子之前有代表性的圣者们，如尧、舜、禹、汤、文、武等，皆同时集政统、道统和学统于一身。自孔子开始，首次将政统与道统、学统分离开来，而孔子本人只传承了道统与学统，并集此两者之大成。但这并没有影响当时世人和他的弟子们将他与古之圣君比肩而视，甚至将孔子看得比古圣们更高大、更完美。故于《大学》中，处处将孔子之圣言置于先圣遗教之前后，以达比类同观、相互发明之效。

为人君，止於仁。为人臣，止於敬。为人子，止於孝。为人父，止於慈。与国人交，止於信。

这是曾子引述了三处《诗经》和一句孔子的话后所作的总结。"止"之一字，蕴义深远而又简易浅白。必止而后，方可渐达于至善之域也；知止，即是至善，知止之所止，即为至善。为人君，止於仁，此即至善也，为何？因为知止，因为知止之所止，故为至善。至善者，终极之善之谓也，圆满之善之谓也，至上之善之谓也，天生良知之谓也。此善，乃心性内涵之本有，非于后天从外部拿来一善，以求其至也。于不阻不塞之时，于"毋意，毋必，毋固，毋我"之际，彰显和流行心性本有之善，即是至善。此良知、此至善，在"为人君"时，自然显发为仁；"为人臣"时，自然显发为敬；"为人子"时，自然显发为孝；"为人父"时，自然显发为慈；"与国人交"时，自然显发为信。仁、敬、孝、慈、信，皆良知至善之自然、自觉、自发地呈现而来，不需刻意为之。此处要点贵在知止——将良知至善之显发而定止于"为人君""为人臣""为人子""为人父""与国人交"之上，不可游移、走失，务必物各付物，人人各归其位：君归君位，臣归臣位，子归子位，父归父位，友归友位。如此不仅外在伦理次序不乱，更为重要的是，如此才能切实地彰显心性，实现德化人生。一旦不能各归其位，必然混乱纠结，如此则心性之至善不能抒发、流行，不能顺畅地呈现、落实。

君臣（现在曰上下级）、父子，是人类永恒不易的关系，必须予以正视和畅通，不然彼此之间在精神、情感、道德、智慧以及心性等各个方面，无法进行有效的交流与沟通。一旦彼此之间在精神、情感、道德、智慧以及心性等方面，不能有效地交流与沟通，必然形成种种纠结与障碍而成病态与异化。其健康之道在于人人各归其位，各尽其责，如此则仁、敬、孝、慈、信等德目必然得以实现，如此则德化人生必然得以实现，如此则心性内涵诸属性必然无障碍、无异化地得以发明，彰显。

子曰："听讼，吾犹人也。必也使无讼乎？"

此句引自《论语·颜渊篇》。听讼：据《史记·孔子世家》，孔子在鲁定公时，曾为鲁国大司寇（大司寇是最高司法长官，相当于现在的"最高法院院长"和"一级大法官"）。孔子这句话或许是任大司寇时所说。

此句释为：孔子说："审理诉讼，我和其他司法官员的动机是一样的，就是尽力使诉讼双方都能得到最公平的处理，从而消弭世间各种矛盾冲突，保持着最大限度的公平与和谐，使正义得以伸张和捍卫。"

曾参引述其师孔子这句话，仍然是为了进一步说明"止于至善"之道。在听讼过程中，如何将至善之道反映出来呢？通过列举孔子这句话而知，在审理纠纷和案件时，需止于智和德。止于智，而能明是非，断对错，晓利害，此时先验智慧与经验智慧都需运用。经验智慧之运用，则知曲折；先验智慧之运用，则知是非。知事情之曲折，是判断事情之是非的辅助，最终必以先验直觉下的是非为准绳。这是儒者千百年来的一个坚守：心性之中自有一杆秤——良知、良能，它们才是审定天下事物好坏对错的最高法官和最终的标准，且是永恒的、放之四海皆准的标准。只要有人类存在一天，此标准就存在一天。人类不存在了，此标准还在天地之间，不增减分毫，止于德，让民众皆能知其所止（止于君臣仁敬之道，止于父子慈孝之道等），明明德，守正道，走上德化人生。如此则社会和谐，民风归厚，而诉讼止息。

无情者，不得尽其辞，大畏民志。此谓知本。

"无情者"：不通情理，不明道理，自我私欲炽盛之人。"不得尽其辞"：不能使他们那些巧言令色、狡辩搪塞之辞得以伸张流行。"大畏民志"：让人人（尤其是处于高位者）皆存敬畏之心，对心性内涵本有的道德自律和道德审判生起真正的敬畏之心。心性内涵本有之道德自律和道德审判，儒家谓之"天刑"，老子谓之疏而不失的"天网"。将审讼过程变为教化过程，让人人明白，天下最为可畏者，不是世间的王法，而是我们生命之中先天本有的"天刑"（天网），它是最公正、最终极，也是最严厉的审判官。简言之，即道德的审判远高于王法的审判，它才是最值得重视和敬畏的审判。以此进一步申明心性内涵的道德律之无上庄严与无上神圣。"此谓知本"——这是曾子的总结语。对于诤讼各方，虽然我们可以做到分清曲直，明判是非，让那些奸巧诡诈之徒不敢有不实的辩辞，但是需让民众切实地明白，教化的终极目标是让人人都能达到自觉、自新和自律，如此才能可望没有诤讼的存在。知晓如此道理，方是知本。

圣人教化民众，首以自明己德为根本，次以刑法之惩为辅助。为政者，不教而罚民是为不仁。修订刑制法度的目的不在于治人，应以拯救沉沦为其主旨。教而能化之者，那种种的刑法自然对其无所裁用。而对那些凶暴奸邪、冥顽不化者，则量之以刑，施之以法，使其能有所警惕，有所悔悟，终得以自新、自觉与自律，归于正道。

所以，圣人之治以教化为本，刑法为末。刑法能够具备无所疏漏，执法者也要有量刑施法之智。若不以教化民众自觉自律为根本，徒施之以刑法，则民众无以自省、自觉，身虽有所畏，而民心终不可归服，诤讼也必将无有穷尽，刑法也就失去了它存在的本意与宗旨。老子曰："民不畏死，奈何以死惧之？"若民愚欲重，必然冒险犯法，即使有严刑峻法，也无法消弭作奸犯科。相反，夫子以明德自新施教于鲁国，鲁国上下民风为之一新。由是知之，刑为末，德为本，平讼之法、闲刑之道，在于教化，在于让民众皆明明德、亲民和止于至善。曾子曰："此谓知本。"孔子曰："知所先后，则近道矣。"

孔子只指点出若悖离心性，悖离道德，则必受比王法严厉得多的"天刑"之惩罚；老子也只是讲到"天网恢恢，疏而不失（漏）"。如若悖离道德，行不义之事，后果会怎么样呢？孔子于此处也只是说，你会于此后强烈地感受到良知、良心的谴责与啃噬而寝食难安，你会从此越来越远离心性，与心性本有内涵诸属性渐行渐远。心性是我们的起点，也是我们的终点，更是贯穿起点与终点的全部过程。如果我们与自己的根本渐行渐远，如无水之鱼，如无根之木，必然导致我们发自内在最深处的不安与失落。这种不安与失落，超出了我们的承受能力，使我们时刻得不到安宁、自在、舒适、光明之感受。这些珍贵的感受，被称之为"存在感"或"生命感"，这种感受是人生的终极渴望与永恒追求，故存在感和生命感又名为"终极归宿感"。

失去了终极归宿感的人，时刻感受到的都是诸如被抛弃感（浮萍感）、无力感（渺小与脆弱感）、无意义感（对一切皆无兴趣）、无价值感（做什么都没劲儿）、寂灭感（无常感）、空虚感（梦幻不实感）、无爱感（感受不到活着的亲切与温暖）、牢狱感（感到自身、家庭、社会和天地无非是一个大小不等的监狱）、恐惧感（死亡如影随形地陪伴着）、疯狂感（感到内在有一个随时可能发作的魔鬼）、冲突感（感到身心内外到处充满了矛盾和对立）、若有所失感（上述这些感受加在一起，就构成了若有所失感：总是觉得人生正在错过一些十分重要的东西，但究竟是什么东西被我们错过了呢？又不知其所以。——这是人间那么多莫名其妙的事情的真正根源），等等。这些与"存在感"或"生命感"相反的感受，可统称为"非存在感受"或"非生命感受"。这些"非存在感受"或"非生命感受"必须回归心性后才能彻底消失，必须回归德化人生后才能彻底消失。哲学上又把这些"非存在感受"或"非生命感受"称之为"良知的呼唤"或"道德（感）的萌发"。

孔子和老子认为讲到这个程度就足够了，足以唤醒我们的良知认同和道德冲动，足以唤起我们的忧患意识和自救精神，而使我们走上回归或超越式的人生之路（修行之路、工夫之路、觉醒之路或德化人生之路）。但印度文化和佛教认为远远不够，还需于此前进一大步，将悖离心性之惩罚分析讲解得更清楚一些，将堕落的生命（悖离心性之后的生物化之生命）、物化的人生和经验化的人心（远离德性仁义润泽的心理学之心，即迷失后的天性。人心，后天之心、尘劳之心）之后果进行更进一步地分析讲解，于是就有了六道学说、轮回学说、三世学说、因果业报学说、天堂地狱学说、两重世界（世间与出世间、真谛与俗谛、秽土与净土）学说，等等。

在指示生命于离其自己之阶段上，印度传统文化和佛教可能辨示得比中国儒道两家前进了一大步，具体而详细了一大步。生命（或曰心性）有无限之创造力，即使当它离其自己时，这种无限之创造能力仍然作为一种潜能而存在，故当生命离其自己后，各种可能性都有——故出现如印度文化和佛教所言的六道轮回、三世因果等是完全可能的。尤其当佛教诞生后，一个清晰的理论框架和修学体系便形成了，这些就成了一种必然的存在了，因为这套理论框架和修学体系给了方向不太确定、处于离其自己状态下的生命以明确的方向和结构，这个确定后的方向和结构，就会使三世、六道等由可能性转变为了必然性。但如此做的后果，很可能使众生陷于深深的恐惧与无奈之中难以自拔，陷于重重法阵之中难以自救。结果正如佛家自己所言的那样：慈悲出祸害，方便出下流。相比于中国儒道两家而言，这是不是另一种意义上的"无事生非"与"头上安头"？

心性的光明是无限的，我们在光明中无论走多远，仍然置身于光明的世界，而且只能是越来越光明。当生命悖离其自己后的黑暗也是无限的，故我们于黑暗中，无论下潜多深，无论行走多远，我们只能越陷越深，越来越黑暗。儒圣告诉我们对于黑暗的世界，知道一些就够了，对它的探究是没有尽头的，结果很可能陷于黑暗之中难以自返。还是把探究黑暗的劲力用在探究光明上来吧，你在光明中走的越深越远，你也就距离黑暗越远，以至于在你的世界中不复有黑暗存在，这样岂不更好？因为当你在探索它的同时，你就不可避免地参与进你所探索的对象之中，不可避免地融入你所探索的对象之中，不可避免地创造了你所探索的对象，它又将以你对它所创造出来的形象呈现给你。参与→融入→创造→以你所创造后的样子呈现于你，就这样三世、六道等，就由抽象化变为了具体化，由可能性变为了现实性。

修身在正其心

所谓修身在正其心者,身(心)有所忿懥,则不得其正;

《大学》自此开始,旨在进一步申明修、齐、治、平之道。

何谓"修身"?《礼记·中庸》篇讲的最明白了当:"好学近乎智,力行近乎仁,知耻近乎勇,知斯三者,则知所以修身矣。""好学"是为己之学。"力行"是尽力彰显心性于形意举止之间。"知耻"是拒绝的智慧,是恪守性德——体现自律道德于人生的方方面面。"所谓修身在正其心者",所有的修行、修炼、修养,核心都是修心——修正我们这个心。所有的修行,可一言以蔽之——正心与诚意也。身者,心之外形者也,心之另一个呈现者也。有什么样的心,就一定有什么样的身体和言行,因为身体和言行皆是心之延伸、心之具象。是故,修身之道,只在正心。心本为身之主,若心不正,则必然成为身之奴。一旦心成为身之奴,则会随形变化,受身所役,整个情况就会反过来:有什么样的身,就有什么样的心。这就是修行者之身心关系与非修行者之身心关系，或曰大人与小人的身心关系。

"身有所忿懥"之"身"字，朱熹认为其语义不通，故将此字改为"心"字。所改正确。但朱熹所改之心，为实然之心，即西方心理学之心，为后天之心，小人之心，此需明辨。懥（zhì）：愤怒之状，郑玄注"懥，或作懫，或为疐，怒貌也"。

全句释为：如果内心时刻充满着一股愤世嫉俗、暴戾之气，则心（此心为心体之心、良知之心，亦为先天之心与后天之心贯通为一之心）必然不正。

有所恐惧，则不得其正；

心性之现发不会带来任何的恐惧，只会使人更加地敞开、自然、稳重、勇敢，只会使人视死如归，舍生取义。唯当人们失去了心性，悖离了生命，陷落于生物性的后天身心之中时，才会有所恐惧，才会必然地生发出各种恐惧感。最大的恐惧感来自死亡，但只有肉体才有死亡；心性无限而永恒，生命是绝对而自在之主体，故无有死亡。人们越是陷溺于生物性的后天之自我中，才越会感到死亡的真切与恐惧。

当人们真切地感受到死亡的威胁时，恐惧感油然而生。当人们有了恐惧感时，会出于生物之本能而试着躲藏和逃避，就会努力地逃避到各种心理的、社会的、文化的面具后面，或制造一些心理的、社会的、文化的洞穴后躲藏于其中。如受惊的兔子那样，在洞穴中越躲越深：有些人躲藏进金钱或权力的洞穴里；有些人躲藏进宗教神灵的洞穴里；有些人躲藏进豪宅名车的洞穴里；有些人以热爱艺术、诗歌、音乐、学术等名义，实则是将其改造为自己的洞穴而躲藏进去；更多的人是将自己的身体改造为洞穴而躲藏进去。——这就是自我或自恋等形成的原因。

将什么视作为或改造为洞穴，就必然会视其为我们的一切，视其为我们的生命。如果失去了此洞穴，我们就会认为失去了生命和一切。其实它或它们不是我们的生命，更不是我们的一切，我们的生命就是心性之本身，我们的一切就是心性之本身，从来就不曾失去，也不可能失去。但我们迷失了心性，才有后来这些人为制作的面具和洞穴，才有后来这种种之荒谬行径与认贼为父之举。

有所好乐，则不得其正；

此"好"为偏好，此"乐"为感官之乐。"有所好乐"是指沉溺于感官享乐之中不能自拔。"则不得其正"，其心不得所正，显然也。正心者，中和也。不得中，不得和，不名为正。《中庸》曰："中也者，天下之大本也，和也者，天下之达道也。致中和，天地位焉，万物育焉。"心体性体处于在其自己之时，饱满充实，光明正大，万善具足，此谓之"中"；心性创生宇宙，涵养万有，赋予万有以法则，令一切安处于自律、自在、自由、生化之中，此谓之"和"。致中和：处于中和境界。天地位焉：天地一切物各付物，各归其位，各处于在其自己之状态。万物育焉：如是，则万有皆得其所，皆是心性之自律、自在、自由、生化之呈现与具体化。

沉溺于感官享乐，随躯壳起念，此时形躯就是我们的洞穴，如此我们必局限此广大深远之心性于小小形躯之内，如同弃天空之大而不取,自甘龟缩于蚁穴之内。当然也就"不得其正"了。

有所忧患,则不得其正。

此"忧患"非指儒者"天下如一家、宇宙犹一身"的亲民精神,也不是儒者"先天下之忧而忧,后天下之乐而乐"的忧患意识,而是指小人式的蝇营狗苟、患得患失之忧。如存此忧,不是光明之忧,不是正大之忧,此忧实乃一己私欲之显露,当然"不得其正"。

心不在焉,视而不见,听而不闻,食而不知其味。此谓修身在正其心。

除了前面列举的心性"不得其正"之现象外,此处还有一个更为常见、更为严重的现象:心不在焉。无论是先天的天心(心体,先验之心),还是后天的心理学之心(经验之心),都不在了,遗失了,缺位了,整日里昏昏沉沉如同梦游,心灰意懒、失魂落魄,如同行尸走肉,整个一个空心人,"视而不见,听而不闻,食而不知其味",此乃麻木不仁、无动于衷之状。这是所有"其心不正"中最为严重的一类。对于这一类人,包括儒家在内所有流派的圣贤,都将拿他们无有办法。

"不愤不启,不悱不发,举一隅,不以三隅反,则不复也。"(《论语·述而篇》)愤:心里想求通而又未通。悱:想说又不知道怎么说。"举一隅"三句:举出一个角为例来告诉学人,而他不能推断其他三个角如何,就不用再教他了,因为他不用心思考。自助者,天助之。一个人必须自己先振作起来,提撕奋发,然后方可教育之，启迪之。"夫子言之，于我心有戚戚焉。"（《孟子·梁惠王上》）夫子：孟子。我：齐宣王之自称。戚戚：感动、触动，指心中产生了共鸣。整句话的意思是：孟老先生您说的这一番话，对我（齐宣王）有很深的感触呀！心有所感，情有所动，方可启发教育之。一个人如果自暴自弃，形同木石，纵有"万世师表"之称的至圣孔子来到你面前，也只能摇头叹息，三缄其口了。

"此谓修身在正其心。"这又是一句曾子的总结语。在列举了上述种种"不得其正"后，曾子说：由此可知，欲做修身工夫，其要在于正心——将种种不正之心，修正过来，使其相应于心性，通化于心性。若心不正，则身终不得修——因为心为身体和言行之主。

齐家　治国　平天下

所谓齐其家在修其身者，人之其所亲爱而辟焉，之其所贱恶而辟焉，之其所畏敬而辟焉，之其所哀矜而辟焉，之其所敖惰而辟焉。故好而知其恶，恶而知其美者，天下鲜矣。故谚有之曰："人莫知其子之恶。莫知其苗之硕。"此谓身不修，不可以齐其家。

此整段是曾子进一步阐明齐家之要。

齐家：家庭和家族成员之间于人生观、价值观和世界观等观念与言行上，力求达到接近和相通。辟：偏颇，偏向。哀矜：同情，怜悯。敖：骄傲。惰：怠慢。硕：肥壮。整段释为：一个家庭或一个家族，其各成员之间如果想达到三观上的高度接近与相通，成员之间力求达到最彻底的沟通与默契，其核心要点在各自都能有很好的修身工夫。如果修身这一环节的工夫做不到位，就会出现情感上的极端：爱之欲其生；恨之欲其死；对所敬者则认为他完美无缺；对于自己同情的人，则会过分纵容与溺爱；对于自己所轻视、怠慢的人，则会存有顽固偏见。很少有人能喜爱某人的同时，又能冷静地看到那人的种种缺点；厌恶某人的同时，又能清楚地看到那人的种种优点。所以有谚语说："人都不知道自己的孩子有多坏，人都不满足自己的庄稼长势好。"这就是如果修身工夫没做好，就没法让自己的家庭和家族有一个很好的情感互动与三观统一。

儒学的进修阶梯是由内向外、由形上向形下、由先天向后天、由先验世界向经验世界等逐次展开（这也只是言语表述和逻辑推演上如此，事实上它们是同时完成、相互贯通的。在大成化境之中，本不存在什么先天后天、形上形下、内外人我等分别，皆通化于心性之中而涵摄之，圆成之，贞定之）。"修身"是儒家进修次第中最为重要的一环，在此之前的格物、致知、诚意、正心，都是个体化的"慎独"工夫（即本体即工夫，即工夫即本体），在此之后的齐家、治国、平天下，开始承体起用，化体为用，贯通体用，由独善其身转向兼济天下，兴发文明，实现大德淳化。

所谓治国必先齐其家者，其家不可教，而能教人者，无之。故君子不出家，而成教于国。

此整段是曾子进一步阐明治国之要。

中国传统的社会和政治结构，自始即以家庭和家族为基本单位。无论是诸侯所治之小邦，还是天子所辖之大国，皆是家庭和家族之放大而已。故一家齐则一邦齐，一邦齐则一国兴，一国兴则天下平。老子"不出户，知天下；不窥牖（yǒu，窗户），见天道"与《大学》此处的"故君子不出家，而成教于国"，有异曲同工之妙。孔子曰："君子之德，风；小人之德，草。草上之风，必偃。"此句释为：君子的道德好比劲风，平民百姓好比弱草，劲风吹于弱草，弱草一定顺着风的方向倒伏。小人之所以小，是各个方面都是小的，包括影响力也是小的。君子俊德美誉，像劲风这样广被天地，四海内外，无所不至。是故一个拥有俊德美誉的君子，即使终日不出家门，其影响力也会如劲风一样，传遍四方，所及之处，民众无不受其德风感化，"而成教於国"——完成和实现其仁德之教化于整个国家。

孝者，所以事君也。弟者，所以事长也。慈者，所以使众也。

弟：即悌，指弟弟敬爱哥哥。整句释为：在君子德风所化下，国民愈发明白道德的意义与价值而自觉地践行之，自觉地走上德化人生之路。在家对父母恪守孝道之人，在国自然就会成为忠君爱国之臣；在家谨守悌道之人，在国自然就会敬重长官，摆正上下级的关系；在家疼爱子女的父亲，在国自然就会施仁政于民众。

《康诰》曰："如保赤子。"

此诰命整句为："王曰：'呜呼！封，有叙时，乃大明服，惟民其勑懋和。若有疾，惟民其毕弃咎。若保赤子，惟民其康。'"有：能。叙：顺从。时：这。明：顺服。勑（chì）：告诫。懋（mào）：勉励。和：和顺。毕：尽。咎：罪过。如保：原文为若保。赤子：初生婴儿。整句释为：（周成）王说："呜呼！康叔，如果你能照这样去做（指施行仁政），就会使臣民顺服，臣民就会互相劝勉，和顺相处。要像医治病人一样，尽力让臣民放弃自己的过错。要像爱护柔弱的婴儿一般爱护臣民，使他们健康安宁。"

心诚求之，虽不中，不远矣。未有学养子，而后嫁者也。

整句释为：如诚心地企求修身、齐家、治国者，有可能不会一蹴而就，如能坚持不懈，很快必有成就。这就犹如一个姑娘，她不可能先学会了抚养孩子，才去嫁人的（即使她先学习如何抚养孩子，那也是纸上谈兵，不切实际。都是在嫁人后，当真实地有了孩子时，才逐渐地学会养子之道）。

一家仁，一国兴仁，一家让，一国兴让，一人贪戾，一国作乱，其机如此。此谓一言偾事，一人定国。尧舜率天下以仁，而民从之。桀纣率天下以暴，而民从之。其所令反其所好，而民不从。是故君子有诸己，而后求诸人；无诸己，而后非诸人。所藏乎身不恕，而能喻诸人者，未之有也。故治国在齐其家。

机：作用。偾（fèn）：败坏。尧舜：父系氏族社会后期部落联盟的两位领袖，即尧帝和舜帝，历来被认为是圣君的代表。帅：同"率"，率领，统帅。桀（jié）：夏朝最后一位君主，以暴戾无度著称。纣：即殷纣王，商朝最后一位君主，亦以暴戾无度著称。二人被认为是上古时期暴君的代表。求：追究，寻求。诸："之于"的合成词，反过来追问自己，让自己先做到。子曰："君子求诸己，小人求诸人。"（《论语·卫灵公篇》）意思是：君子总是努力地完善自己，小人总是责备他人。恕：即恕道。子曰："己所不欲，勿施于人。"（《论语·颜渊篇》）——凡是自己不喜欢的，需知他人也很可能和你一样不喜欢；凡是不想别人那样地对待你，你也不可那样地对待别人。这种推己及人，将心比心的品行，就是儒学一直倡导的"恕道"。喻：使别人明白。

整句释为：如一家践行仁义，（受其影响）整个国家都会崇尚仁义；如一家谦让恭敬，（受其影响）整个国家都会谦让恭敬；如一人（统治者）贪婪暴戾，全国都会群起作乱。它的"蝴蝶效应"就是这样。这就叫做一句话可以败坏事业，一个人可以安定整个国家。尧、舜用仁义来引导天下，民众就跟从他们追求仁义。桀、纣用暴虐来引导天下，民众就跟着凶暴。统治者形式上的命令与他们实际的嗜好相反，那么民众是不会听从这种命令的。所以有德行的君子始终在努力地完善自己，然后才去用品德感化别人；只有小人才会一味地去责难别人。如果总是试图隐藏自己的过错，总是为自己的毛病找借口开脱，如此还想让别人明白品德的重要性，那是不可能的，因为你永远给不出你没有的东西！因此，治国之要，在于齐家。

圣君只是以仁政恕道为治国之本，教每个民众都能认识到生命中的良知性德。能真知者，必有真行，真行者必然是有高度自觉、自律之人。而对于具有高度自觉的人来说，是无需用什么规章律法来制约的，规章律法只是对那些不自觉的人才有用处。在尧、舜大治之世，是没有刑法的。

据史书记载：周王朝八百余年，其中用刑法的时期不过区区四十余年。反之，当一个国家的国民皆需要用严刑峻法来制约各自的行为，那就说明这个国家的国民素质已经非常糟糕了，因此这个国家就算不得文明和先进的。一个国家就譬如一个人，人有病才需药，病愈重而药就越繁多。如果无病，当然用不着药了。诚然，乱世不可不用法，所谓"乱世须用重典"。但法度只能制其身，而不能约其心，治身只是治标，心治才是根本。所以，尧、舜大圣，以仁道感召万民，各明其德，各复其性而同归其根，使万民归心，心悦而诚服，无不从善如流者。孟子说："天下溺，援之以道。"离开了这个至仁之道，要实现真正意义上的大治盛世，是绝无可能的。要让他人认知和复明这个心性本有之良知性德，就必须首先自己能知，能明。如果自己尚不能明达仁道的真义，又怎能去让他人明白和知晓呢？所以真理必须接受实践的检验，有一言就当有一行。说起来或许头头是道，却不能用之实践，那就是愚民、害民的伪理和伪善，是算不得真理的。圣人是真知者，是真语者，是真德者。老子说："圣人无常心，以百姓之心为心。"故圣人是真爱民、真利民者。君子耻躬之不逮，重于行而轻于言，言教不如身教。要取信于人最好的办法就是身体力行，实践为道。

《诗》云："桃之夭夭，其叶蓁蓁。之子于归，宜其家人。"

此诗引自《国风·周南·桃夭》。整诗为："桃之夭夭，灼灼其华。之子于归，宜其室家。桃之夭夭，有蕡其实。之子于归，宜其家室。桃之夭夭，其叶蓁蓁。之子于归，宜其家人。"

夭夭：此处指美艳之状，《论语·述而篇》"子之燕居，申申如也，夭夭如也"之"夭夭"为舒缓和睦之状。灼灼：花开鲜艳的样子。华：花。之子：指出嫁的姑娘。归：古时称女子出嫁为"于归"，或单称"归"，是往归夫家之义。宜：和顺，和善。室家：指夫妇。蕡（fén）：硕果累累之状。蓁蓁（zhēn）：树叶茂盛之状。

整句诗文释为：这是一首送新娘时唱的诗歌。在新婚喜庆的日子里，伴娘送新娘出门，大家簇拥着新娘向新郎家走去，一路唱道"桃之夭夭，灼灼其华……"红灿灿的桃花比喻新娘的美丽容貌，娶到这样的姑娘，一家子怎不和顺美满呢？果实累累的桃树比喻新娘将会为男家多生贵子，使其一家人丁兴旺。枝叶茂密的桃树比兴新娘子将使一家如枝叶层出，永远昌盛。通篇以红灿灿的桃花、丰满鲜美的桃实、青葱茂盛的桃叶来比喻新婚夫妇美好的青春和前途无量的未来，祝福他们的爱情像桃花般绚丽、桃树般长青。

宜其家人，而后可以教国人。

《诗经》里有很多歌颂爱情、婚姻的诗句，如《关雎》和此诗，反映出上古人民对美好幸福生活的追求，同时也生动地再现了上古人民的质朴、热烈、从容、通达、智慧与和谐，以及"发乎情、止乎礼"的生活状态，非常令人向往。也许他们的物质不富足，但他们的精神却很充实，情感很丰富，人与人之间的那种亲情友爱、那种其乐融融，体现出一种旺盛的生命力。不似现在，人人都显得筋疲力尽的样子，人人都显得浮躁不安的样子。今昔对比，让人感叹！有如此之国风，那是因为有如是之家风，每家每户风气淳厚了，国风自然也就清正了。"一家仁，一国兴

齐家　治国　平天下　225

仁；一家让，一国兴让"，是故曾子曰"宜其家人，而后可以教国人"。

《诗》云："宜兄宜弟"。宜兄宜弟，而后可以教国人。

"宜兄宜弟"引自《诗经·小雅·蓼（liǎo）萧》。此诗是一首典型的颂诗，表达了诸侯朝见周天子时的尊崇、歌颂之意。整句诗词为："既见君子，孔燕岂弟。宜兄宜弟，令德寿岂。"

孔燕：非常安详之状。岂弟（kǎi tì）：通"恺悌"，和乐平易之状。令德：高尚道德。寿岂：长寿而快乐，岂，通"恺"，欢乐之状。整句释为：我们所见到的周天子呀，发现他是如此的安详平易。兄弟之间则亲爱和睦，道德高尚且长寿快乐。引申为：为何周天子所辖之国民、国风，呈现出如此的太平安乐之状？那是因为我们的周天子有一个和睦美满的家庭，他只不过把家放大为国而已，故有此盛世出现。——宜兄宜弟，而后可以教国人。

《诗》云："其仪不忒，正是四国。"

此诗引自《诗经·曹风·鸤鸠下》。整句为："淑人君子，其仪不忒。其仪不忒，正是四国。"

鸤（shī）鸠：布谷鸟。淑：因内在品德高尚而外显圣洁之状。忒（tè）：差错。正：良好的表率。整句释为：善良贤能的君子，他的风仪令人倾慕，因为他那令人倾慕的风采仪表，（他）成为了四方各国的表率。方玉润（1811—1883）在其《诗经原始》中论此句诗意曰"诗词宽博纯厚，有至德感人气象。外虽表其仪容,内实美其心德",信然。

其为父子兄弟足法,而后民法之也。此谓治国在齐其家。

此为曾子引述三处《诗经》之后的总结:因为这些美德的行为,于家中父子兄弟所效法践行,因而其影响所及,德风所被,亦为四海国民所纷纷仿效。这就足以证明"欲治其国,先齐其家"之理。

所谓平天下在治其国者,上老老,而民兴孝;上长长,而民兴弟;上恤孤,而民不倍。是以君子有絜矩之道也。所恶於上,毋以使下;所恶於下,毋以事上;所恶於前,毋以先后;所恶於后,毋以从前;所恶於右,毋以交於左;所恶於左,毋以交於右。此之谓絜矩之道。

自此开始申明"欲明明德于天下者,先治其国"之理。天下者,四维之外,无极之远,无限时空之谓也,收而为人人之个体身心,又无比切近者也。故陆九渊曰"吾心即宇宙,宇宙即吾心",此之谓也。一切现象、一切存在,合而言之,曰"天下"。儒者所谓"天下",主要是指吾人心性彰显之处、道德文明所化之域而为言。

老老:先秦时期中国学者修辞之习惯,喜将名词作动词之用,以成重词,如父父子子,君君臣臣等。此处之义是:让老人如其所是地获得赡养,根据老年人的特征——如身体与感官严重退化、易孤独、喜怀旧、多疾病等,应给予尽力照顾之,而不是根据年轻人或局外人的主观臆断来对待老人所需。儒家的父父子子、君君臣臣、老老幼幼、兄兄弟弟,此为人伦之极致、人本之真理。弟：读作悌（tì）。恤：体恤，周济。孤：孤儿，古时专指幼年丧父之人。倍：通"背"，背弃。絜矩之道：絜（xié），度量，用绳子作成的规；矩，画直角或方形时用的尺子，引申为法度、规则。儒家以"絜矩"来象征道德上的规范，但此规范是指自律之道德，非指他律道德，是指心性在道德上的绝对命令和心性内涵本有之道德结构，即道德先天而有的自生、自发、自在、自明、自定规矩和自定方向。

整段释为：之所以说安定天下之要在于先治理好自己的国家，是因为，在领导位的人如尊敬老人，受其影响，百姓就会孝顺自己的父母；在领导位的人尊重长辈，老百姓就会尊重自己的兄长；在领导位的人体恤救济孤儿，百姓也会同样跟着去做。所以，品德高尚的人总是实行以身作则、推己及人的"絜矩之道"。如果厌恶上司对你的某种行为，就不要用这种行为去对待你的下属；如果厌恶下属对你的某种行为，就不要用这种行为去对待你的上司；如果厌恶在你前面的人对你的某种行为，就不要用这种行为去对待在你后面的人；如果厌恶在你后面的人对你的某种行为，就不要用这种行为去对待在你前面的人；如果厌恶在你右边的人对你的某种行为，就不要用这种行为去对待在你左边的人；如果厌恶在你左边的人对你的某种行为，就不要用这种行为去对待在你右边的人。这就叫做"絜矩之道"。

一个人处于社群之中，犹如一棵树处于森林之中，与前后左右上下先后，构成了一个动态的、立体的因果关系，这是一个网络化结构，所谓"牵一发而动全身"也。我们与他人、他物的关系主要有两种：一种是对立敌视关系；一种是同体共生关系。一般而言，小人是将人际关系视作敌对和冲突的关系，大人将其视作同体和共生的关系。一旦我们将自己与他人、他物的关系，确定为一体共生之关系，仁义之道、絜矩之道，必然伴之而生，于个人则是步入德化人生，于国家、于天下，则是行仁政和兴德化。佛道两家是以出尘离世的方式来规避之，儒家则认为将人安处于世间人群之中，与前后左右的他人、他物之间建立"絜矩之道"，将一切人生理想、道德理想，皆放置于此生此世之内来贞定之，实现之，此方为正道，是为人本，亦为仁道。

《诗》云："乐只君子，民之父母。"民之所好好之；民之所恶恶之。此之谓民之父母。

此诗引自《诗经·小雅·南山有台》。这是一首上古贵族宴饮聚会时，颂德祝寿的乐歌。整句为："南山有杞，北山有李。乐只君子，民之父母。乐只君子，德音不已。"

只：语助词。杞（qǐ）：枸杞。德音：好名誉。整句释为：南山生枸杞，北山长李树。君子以"为民父母"为真正之快乐，君子以远近传颂之德誉为真正之快乐。曾子引述此诗后总结道："民之所好好之；民之所恶恶之。此之谓民之父母。"此句浅显易懂，无需解释。

《诗》云："节彼南山，维石岩岩。赫赫师尹，民具尔瞻。"有国者不可以不慎，辟，则为天下僇矣。

此诗引自《诗经·小雅·节南山》首段。《毛诗序》说："《节南山》，家父（fǔ）刺幽王也。"这是讽刺周幽王时太师尹氏的诗。整句为:"节彼南山,维石岩岩。赫赫师尹,民具尔瞻。忧心如惔,不敢戏谈。国既卒斩,何用不监?"

节:通"巀(jié)",山势高峻的样子。南山:终南山,秦岭东段之主脉,今陕西省西安市南郊,周朝发源地——岐山,即位于此山北侧,故周文王、武王和周公等皆长期生活于此山之侧,山北即著名的关中平原,特产丰富,先秦时有"天府之国"美誉。维:如此。岩岩:山石重叠堆积的样子。赫赫:显贵盛大、威势可怕的样子。师:太师,官名。周代官制,称司马(掌兵权)、司徒(掌教育)、司空(管理土地)为三公,兼职三公即为太师,为职位最高的执政官。尹:尹氏,周王朝的贵族,其祖先尹秩在周武王时有功,宣王时尹吉甫伐异族有著勋,其子孙沿其姓为官名。具:通"俱",都,全。尔:你。瞻:仰望。惔(tán):火烧。国:指国运。卒:尽,完全。斩:断绝。何用:何以,为什么。监:通"鉴",察觉。傪(lǐn):通"戮",杀戮。

整句释为:高峻伟岸的终南山呀,层层叠叠,山峦起伏。权势显赫的尹太师呀,为万民所仰止。民众的内心疾苦犹如火煎,外表也不敢随意流露出谈笑(诚惶诚恐之状)。如此的民风证明,大周朝的国运就要斩断了,上天为何还不开眼呢?曾子总结道:(此诗提醒我们)当权者(国君、王公、诸侯等)于治国理政时,不可不小心谨慎呀。稍有不慎,就会被天下人推翻,(如桀、纣和周幽王那样)引来杀戮。

《诗》云:"殷之未丧师,克配上帝。仪监于殷,峻命不易。"

此诗引自《诗经·大雅·文王》。师:民众,引申为法度、原则（君王的仁政德治之原则）。配：匹配、符合。仪：法制、准则，"设仪立度，可以为准则"。监：鉴别、监察。峻命：天降之命令，峻，高大。郑玄注曰："天之大命，得之诚不易。"不易：恒久、不变。

整句释为：殷商未失民众时（即殷商昌盛之时），能谨守仁政德治之道，时刻听命于上帝并与之心心相应（即能恪守作为上帝仁爱在世间化身之身份）。殷商灭亡的教训（即失去民心，不再行德治）应该很好地借鉴，要牢记永葆天命在躬，是很不容易的。

道得众则得国，失众则失国。是故君子先慎乎德。

道：所以，故而。曾子总结曰：得民心者，则得国；失民心者，则失国。这就是为什么古来圣君贤王，为何如此地重视心性之发明、品德之修养。（不敢有丝毫之大意。）

有德此有人，有人此有土，有土此有财，有财此有用。德者，本也；财者，末也。外本内末，争民施夺。

此：乃，才能。争民：与民争利。施夺：施行劫夺。

内明性德，外显德行，如此必然感召越来越多的人归附你，臣服你，拥护你。得人，自然也就得土地（此土地或为带领大众开垦而来，或为大众原有生活处所）；有了大众和土地，也就自然有了各种财富物产；有了这些人民和财富，就可以更好地实行仁政德治，兴发心性之全体大用于天下。（一个太平盛世就是这样诞生的。）由此而知，性德才是成就王道大业之根本，而外在的这些财富物产，只是用来彰显心性本有道德的工具和手段。如果不明白此理而颠倒轻重本末，势必出现统治者与民争利，成为巧取豪夺的暴君强盗。（结果必然被民众推翻，引来杀戮而天下大乱。）

是故财聚则民散，财散则民聚。是故言悖而出者，亦悖而入；货悖而入者，亦悖而出。

如果不明"德为本，财为末"之理，而颠倒本末，统治者必然与民争利，成为民贼独夫，成为巧取豪夺的暴君强盗，这样有可能会获得一时之财富，但在获得财富之时，却失去了比财富更为重要得多的民心，人们就会避之如疫，离你而去。如果能深明"德为本，财为末"之理而行之，统治者还利于民，将财富与民共享，如此表面看上去好像临时失去了财富，但统治者却收获了比财富重要得多的民心。得民心者，得天下。这就如同我们日常说话，如果言正行邪，言高行低，后果必然如仰天吐痰，还致于己，自取其咎。同理，如果统治者将自己变质为民贼独夫，变质为巧取豪夺的暴君强盗，结果必然是民众与你反目成仇，将你从他们那里抢夺去的财富，再抢夺回来。

《康诰》曰："惟命不于常。"道善则得之，不善则失之矣。

道：因此，引申为"顺着……道路"或"恪守……法则"。《荀子·天论篇》曰："天行有常，不为尧存，不为桀亡。"上帝和一切天神地祇都必须遵守道德准则之制约，如祂们违背道德律，神也将神不起来，而不如人。故知道德律（性德）才是天地之主宰，宇宙人生和国家历史之真主人。说上帝或神祇是永恒的，那只不过是永恒的心性在神祇那里的一种体现。天帝是永恒的，但并不表明天帝对某一个暴君或国家的眷顾是不变的。得到天帝的眷顾唯有一个规律可循：遵循善行（性德）而行者，则得之；违之者，则失之矣。

无以为宝，惟善以为宝

《楚书》曰："楚国无以为宝，惟善以为宝。"

《楚书》指《国语·楚语》。《国语》是我国古代最早的一部国别史。《国语》记载史实的时间，上起西周之周穆王征犬戎（约公元前976年），下至韩、赵、魏灭智伯，共约五百年间的历史。《国语》的写作风格以记实为主，注重客观描写，它不像《左传》《史记》那样，在文中加"君子曰""太史公曰"以表明作者立场之类的评语，而是通过客观具体的描述，让读者自己去细细品味，揣摩作者的写作意图。《国语》以记述西周末年至春秋时期各国贵族言论为主，通过各有风格、各有特色的语言来塑造人物性格，表述不同人物的思想及命运，记载波澜壮阔的历史大事。其语言生动、洗练，为历代所称道。

"楚国无以为宝，惟善以为宝"是《国语·楚语下》记载的一个发生在楚昭王（熊壬，约公元前523—前489，楚平王之子。公元前516年，楚平王死，不满10岁的太子壬继位，改名熊轸，是为昭王。楚昭王是楚国的一位中兴之王）时期的一次外交对话。原文是："王孙圉（yǔ）聘于晋，定公飨之，赵简子鸣玉以相，问于王孙圉曰：'楚之白珩犹在乎？'对曰：'然。'简子曰：'其为宝也，几何矣。'曰：'未尝为宝。楚之所宝者，曰观射父，能作训比率，以行事于诸侯，使无以寡君为口实。又有左史倚相，能道训典，以叙百物，以朝夕献善败于寡君，使寡君无忘先王之业；又能上下说于鬼神，顺道其欲恶，使神无有怨痛于楚国。'"

此对话的大意是：楚昭王派王孙圉出使晋国时，晋国赵简子问楚国的珍宝美玉现在怎么样了？王孙圉答道，楚国从来没有把美玉当作珍宝，只是把善人（有才德之人）——如观射父、倚相等这样的大臣看作国之大宝。《大学》此处的"楚国无以为宝，惟善以为宝"不是原文，是对此次外交对话的概括。

舅犯曰："亡人无以为宝，仁亲以为宝。"

这句话出自《礼记·檀弓下》。舅犯：狐偃，字子犯，晋国重臣狐突之子，晋文公的母舅，故又称舅犯，春秋时晋国的大夫。晋国内乱时，晋文公（公子重耳）被迫出逃，狐偃的父亲狐突牺牲自己，以保护他和他的兄弟狐毛投奔重耳。他跟随晋文公在外流亡十九年，尽心尽力辅佐文公。亡人：流亡的人，指重耳。晋僖公四年十二月，晋献公因受骊姬的谗言，逼迫太子申生自缢而死。重耳避难逃亡在外时，晋献公逝世。秦穆公派人劝重耳归国掌政。在回程途中，子犯（舅犯）对重耳说："丧人无宝，仁亲以为宝。"——我们这些流亡在外的人，没有什么是宝，只是把仁爱德行当作至宝而已。（以此警示重耳回国掌政后，要以仁政德治为本。）

《大学》此处并非《礼记·檀弓下》原文（原文是：丧人无宝，仁亲以为宝），曾子取其大意耳。

《秦誓》曰："若有一介臣，断断兮，无他技，其心休休焉，其如有容焉；人之有技，若己有之；人之彦圣，其心好之，不啻若自其口出。寔（shí）能容之，以能保我子孙黎民，尚亦有利哉！人之有技，媢疾以恶之；人之彦圣，而违之俾不通；寔不能容。以不能保我子孙黎民，亦曰殆哉。"

《秦誓》为《尚书·周书》中非常重要的一篇。此篇首段述作此文之原由："秦穆公伐郑，晋襄公帅师败诸崤（xiáo），还归，作《秦誓》。"据《史记》载，秦穆公（？—前621），春秋时代秦国国君，姓嬴，名任好，在位39年（前659—前621），谥号穆，春秋五霸（齐桓公、宋襄公、晋文公、秦穆公、楚庄王）之一。秦穆公得到郑国人出卖郑国的消息，决定偷袭郑国。先是征求蹇（jiǎn）叔和百里奚的意见，两人分析利弊，认为不可。但秦穆公不听劝告，遂派百里奚的儿子孟明视、蹇叔的儿子西乞术和白乙丙三位大将率兵袭郑。

出发那天，百里奚和蹇叔这二位老人拦马痛哭，说看见你们出去，看不见你们回来了。秦国的军队向东出发到了滑地，遇到来献十二头牛的郑国商人弦高，并收到捎来的郑国国君之问候。秦国将领即已知道郑国有所准备，决定不去攻打郑国，转而灭掉了晋国的边城滑地。但在回归的途中却遭到了晋国军队的伏击，结果在崤地的战斗中全军覆没，三位将领也被俘虏。后在晋文公夫人的请求下，三位将领被释放回秦。秦穆公穿了丧服到郊外去迎接三位回归的将军，痛悔自己当初不听蹇叔、百里奚的劝告。《秦誓》即写于此时，是一篇历史上有名的君王忏悔录。誓，规约也，集将士而戒之曰"誓"。

整段原文为："昧昧我思之，如有一介臣，断断猗无他技，其心休休焉，其如有容。人之有技，若己有之。人之彦圣，其心好之，不啻若自其口出。是能容之，以保我子孙黎民，亦职有利哉！人之有技，冒疾以恶之；人之彦圣而违之，俾不达是不能容，以不能保我子孙黎民，亦曰殆哉！"

昧昧：暗暗思考、慎独静思之意。清末有一年科考，考题就是"昧昧我思之"，有一考生未读过《尚书·秦誓》，将"昧昧"错认为"妹妹"，于是整篇文章极尽爱恋之语。考官看后哭笑不得，也幽他一默，在一旁批注曰"哥哥你错矣"，成一时笑谈。断断：真诚的样子。休休：宽宏大量。有容：能够宽容待人。彦圣：彦，有才智。圣，有大德。彦圣，德才兼备之人。不啻：不仅仅。冒（mào）疾：妒嫉。违：阻抑。俾：使。放流：流放。

整段释义为：我（秦穆公）的内心深处始终认为，如果有这样一位大臣，他忠诚老实，虽然没有什么特别的本领，但他心胸宽广，有宽容待人的心胸，别人有本领，就如同他自己有一样；别人德才兼备，他心悦诚服，不只是在口头上表示，而是打心眼里赞赏。重用这样人，才可以保护我的子孙和百姓，才可以为他们造福的。相反，如果别人有本领，他就妒嫉、厌恶；别人德才兼备，他便想方设法压制、排挤，无论如何容忍不得，若重用这种人，不仅不能保护我的子孙和百姓，而且会使我的子孙和百姓陷于危亡之境。

曾子于《大学》此处所引之文，与原文微有出入，但无伤本义。

唯仁人放流之，迸诸四夷，不与同中国。此谓唯仁人，为能爱人，能恶人。见贤而不能举，举而不能先，命也；见不善而不能退，退而不能远，过也。好人之所恶，恶人之所好，是谓拂人之性。菑必逮夫身。是故君子有大道，必忠信以得之，骄泰以失之。

此后之文至书末，皆为曾子之总结语。

迸：即"屏"，驱逐。四夷：指四方未开化之民，夷，指古代东方的部族。中国：文明教化的中心地区。命：东汉郑玄认为应该是"慢"字之误，慢，轻慢。拂：逆，违背。菑（zāi）：灾祸。逮：及、到。夫：语气助词。骄泰：骄横放纵。

整段释为：因此，有仁德的人会把这种容不得人的人流放，把他们驱逐到边远的、未开化的四夷之地去，不让他们同住在国中。这说明，有德的人爱憎分明。发现贤才而不能选拔，选拔了而不能重用，这是轻慢；发现恶人而不能罢免，罢免了而不能把他驱逐得远远的，这是过错。喜欢众人所厌恶的，厌恶众人所喜欢的，这是违背人的天性，灾难必定要落到自己身上。所以，做国君的人如果明白忠诚信义之理，便会获得一切；如果骄奢放纵，便会失去一切。

"唯仁人放流之，迸诸四夷，不与同中国。此谓唯仁人为能爱人，能恶人。"郑玄注曰："放去恶人娼嫉之类者，独仁人能之，如舜放四罪而天下咸服。"

你觉得自己是正确的，别人是错误的；你觉得自己很高尚，别人都很卑琐；你认为自己的观点和需求很重要，别人应该对此负责……各种各样的分别心，导致人与人之间、国与国之间不断爆发出各种纷争、矛盾，乃至战争。每个人都觉得自己是正确的，邪恶在对方那一边。你有什么样的立场，就会有什么样的标准和视角，纷争存在的原因，在于人类心中有一种自以为是的观念在作怪。当他们用这种概念、想法、观点来判断这个世界的时候，就很可能会伤害那些他不认可或者与他对立的人，历史上这样的事情多不胜数。比如，当希特勒认为犹太人是劣等民族，必须从地球上清除的时候，他就会对犹太人发动种族灭绝式的大屠杀。

至人无己，圣人无名，因皆超越小我、自我、私我之故，而能无曲无蔽地彰显心性之全而不偏，葆有良知本色而不变。由是，相对而言，他们最能守法秉公，处事平正，广服众心。故"唯仁人，为能爱人，能恶人"。

生财有大道：生之者众，食之者寡；为之者疾，用之者舒，则财恒足矣。仁者以财发身，不仁者以身发财。未有上好仁，而下不好义者也；未有好义，其事不终者也；未有府库财，非其财者也；孟献子曰："畜马乘，不察於鸡豚；伐冰之家，不畜牛羊；百乘之家，不畜聚敛之臣，与其有聚敛之臣，宁有盗臣。"此谓国不以利为利，以义为利也。长国家而务财用者，必自小人矣。彼为善之。小人之使为国家，菑害并至，虽有善者，亦无如之何矣。此谓国不以利为利，以义为利也。

发：发达、发起。发身：修身。府库：国家收藏财物的地方。孟献子：以德才兼备而闻名的鲁国大夫，姓仲孙，名蔑。畜：养。乘（shèng）：指用四匹马拉的车，即"驷马"。畜马乘是士大夫必备之物，是身份的象征。察：关注。伐冰之家：指丧祭时能用冰保存遗体的人家，此是卿大夫类大官的待遇。百乘（shèng）之家：拥有一百辆"驷马"之车的人家，指有大封地的诸侯王。聚敛之臣：聚，聚集；敛，征收；聚敛之臣，搜刮钱财的家臣。长（zhǎng）国家：成为国家之长，指君王。无如之何：没有办法。

整段释为：生产财富也有正确的途径——生产的人多，消费的人少；生产的人勤奋，消费的人节省，这样，财富便会经常充足。仁爱的人仗义疏财以修养自身的德行，不仁的人不惜以生命为代价去聚敛钱财。没有在上位的人喜爱仁德，而在下位的人却不喜爱忠义的；没有喜爱忠义而做事却半途而废的。国库里的财物都是属于国君的。鲁国大夫孟献子说："养了四匹马拉车的士大夫之家，就不需再去养鸡养猪；祭祀用冰的卿大夫之家，就不需要再去养牛养羊；拥有一百辆驷马兵车的诸侯之家，就不需要去收养搜刮民财的家臣。与其有搜刮民财的家臣，不如有偷盗东西的家臣。"这意思是说，一个国家不应该以财货为利益，而应该以仁义为利益。做了国君却还一心想着聚敛财货，这必然是有小人在诱导，而那国君还以为这些小人是好人，让他们去处理国家大事，结果是天灾人祸一并降临。这时虽有贤能之人，却也没有办法挽救了。所以，一个国家不应该以财货为利益，而应该以仁义为利益。

《周易·系辞传下》曰"天地之大德，曰生；圣人之大宝，曰位；何以守位，曰仁；何以聚人，曰财；理财正辞、禁民为非，曰义。"与曾子此处语义一脉相通。

《大学》以"大人之学"开其首，以"义利之辨"束其尾。通篇之论，无非"心、性"二字，圣贤千古道统之传承，亦无过于此。此为修身慎独之根本，内圣外王之津要。苟能发明之并恪守之，则不辱先圣，无愧来者，"三纲八目"必大备于天下也。

有一个在古代印度很流行的佛教故事是这样的：

那烂陀寺始建于公元5世纪，规模宏大，有藏书九百多万卷，为古代印度佛教最高学府和学术中心。那烂陀寺历代学者辈出，最盛时有万余僧人学者聚集于此。《西游记》里的唐僧——玄奘在此寺师从戒贤法师学习佛法多年。那烂陀寺于11世纪时有一任寺主叫那洛巴（1016—1100），他几乎精通所有的佛教经典。有一天，他遇到一个很老又很丑的妇人。妇人问他："你能理解经典的文字吗？"那洛巴说："我当然能理解。"妇人非常欢喜，又问他："那你知道这些经文背后的真意吗？"那洛巴说："我能知道呀。"妇人闻后悲伤地说："想不到名扬天下的那洛巴也会骗人。"那洛巴慌忙问妇人："怎样才能彻悟经中真意呢？"妇人回答说："你必须切实修行，如此方可实知经文背后之真意。"那洛巴不愧为一代宗师，马上辞去寺主一职，潜心修行去了。若干年后，当他证悟成佛时再来看其先前学习过的佛家经典，果然句句文字背后，皆有诸多深意、妙意在焉。

被称为当代新儒学三圣之一的马一浮（1883—1967）先生曾说："国家生命所系，实系于文化，而文化根本则在思想。从闻见得来的是知识,由自己体究,能将各种知识融会贯通,成立一个体系,名为思想。"(《泰和宜山会语》)此基本观念,马先生于别处也多有重申:"古人之书固不可不读,须是自己实去修证,然后有入处,否则即读圣贤书,亦是枉然。"(《问学私记》)"向外求知,是谓俗学;不明心性,是谓俗儒;昧于经术,是谓俗吏;随顺习气,是谓俗人。"(《尔雅台答问续编卷一·示吴敬生》)

不仅当代儒圣马一浮先生于平生之中一再申述"须是自己实去修证,然后有入处,否则即读圣贤书亦是枉然"这一基本观念,当代儒家三圣之另二圣——熊十力(1885—1968)与梁漱溟(1893—1988)等,论道劝学无不如是。我们的整个东方传统文化,圣贤言教,无不是经过长期的身体力行、知行合一,才能切实领悟其真意。

儒家"一以贯之"之仁学,尽心知性以知天的成德之教,皆自圣贤之真实人生中体证而来,皆为圣贤本有心性真实无伪之呈现。任何一位学者,就算精通所有与儒学有关的概念、名词和术语,如没有经过切实地修证和涵养,也不可能彻知儒家经论和文字背后之真意。学统毕竟不同于道统。必须将《大学》之三纲八目消融于自己身心性命之中而体证之,践行之,涵养之,方能获得诸般之真实受用,此即儒门所谓的"为己之学"。子曰:"知及之,仁不能守之,虽得之,必失之。"(《论语·卫灵公篇》)"知(智)及之"者,学术也,学统也。"仁守之",发明心性,体证道德之谓也。至圣孔子这句话的意思是:如仅仅是"知及之",即仅仅是学术、学统而无体证,结果必然是

"虽得之,必失之"。《中庸》云:"博学之,审问之,慎思之,明辨之,笃行之。"进学之道,必结穴于"笃行",此可谓终极之教也。

是故,学者于此务必深切明察而后已。

附录

新国学宣言

目录

前言——我们的时代问题

一、什么是国学——中国人文化身份的认同

1. 中国文化最为悠久

2. 人口最多，地域最大，历史最久的文化圈

3. 中国文化历久弥新（自我拯救和自我更新）

4. 儒佛道是中国文化的主流（范围天地之化而不过，曲成万物而不遗）

（以下存目）

5. 中国文化是圣贤文化，是生命文化，是唯心主义文化（心起为境，性分为界）

6. 中国有科学——生命学（心性之学）

二、新国学的基本主张——不变随缘，随缘不变

1. 空言一丈，不若实行一尺——新国学的实践观

2. 尽物之力与尽人之才——新国学的政治观与科学观

3. 信而不仰——新国学的宗教观

4. 何期自性，本自具足——新国学的生命观

5. 克己复礼，天下归仁——新国学的道德观

6. 穷天人之际，通古今之变——新国学的历史观

7. 立于礼，成于乐——新国学的伦理观

8. 修其天爵，而人爵从之——新国学的人生观

9. 观乎圣人，则知天地——新国学的宇宙观

10. 茂于人者神明也，同于人者五情也——新国学的境界观

11. 无缘大慈，同体大悲——新国学的价值观

12. 是人弘道，非道弘人——新国学的文化观

三、新国学宣言——君子和而不同，小人同而不和

1. 重复即创造

2. 对传统文化的去粗取精

3. 探索才有出路

4. 文化间的求同存异

5. 圆融的智慧

6. 从我做起，从此时做起

前　言
——我们的时代问题

在没有进入正文之前，有几点申明如下：

首先，真理是天下之公理，是真理就一定有其普遍性和永恒性。真理不会因单人说出或异口同声，而有任何差别，也不会因时代、种族、性别和表达方式等的不同，而有任何增损。

其次，本宣言所有观点和主张，皆是笔者多年来吸收与糅合了无数古今中外智者贤人之探索和洞见而成。故笔者不敢贪此天功为己有。在本宣言中，笔者所饰演之角色与其说是著作者，勿宁说是一名记录员更为确当。

又次，如下所论涉及的任一主题或话头，若欲展开而详尽之，非宏篇巨制不可。因受体例和篇幅之约，在此文中，只能是点到为止。

复次，病无大小之分，唯有轻重之别。任何时代皆有诸多之问题，这些问题于轻时可忽略不计，但若延至沉重之时，任何疾患皆可害身丧命。我们这个时代里的诸多问题，若于此前，或轻如感冒。但于目前，它们已发展至攸关性命了。故我们不得不悲痛地宣告：中国文化病了，我们这个时代病了，而且病得还很不轻。面对如此顽疾，我们以为，非用高声呼救不能广人知，非有诸贤联手不能令其转。

由是，我们出于对当下时代的回应，造此宣言，命名为"新国学宣言"。宣言者，公开表白一思想或一主张，以求广为人知之谓也。

我们认为当下这个时代之顽疾主要反映在以下各方面：

大约在一个世纪前，德国化学家奥斯特瓦尔德（1909年诺贝尔奖得主）等不无豪迈地宣称："科学将能凭着其所揭示的'统一的世界观念'取代上帝的位置，它理应获得人们所能赢得或想象到的最高地位，人类即将进入科学一元化时代。"而事实上，恰如另一位科学家普朗克所坦言："科学决不可能毫不遗漏地解决它所面临的一切问题。"尽管如此，但科学一元化思想已然成为当今覆盖全球的超级意识形态。

中国人经过一百多年的西化教育，头脑同样被严重地西化了，自觉或不自觉地，以欧美文化和思维方式为认知参照和行为准则。在这百多年中，"西方"二字成了无数国人新的理想国，像佛教徒信仰西方极乐世界那样梦想生于西半球为荣。

成就科学认知必须具有两大原则：一是原子化原则；一是可重复性原则。原子化原则就是我们研究一个东西时，不需要牵涉太多别的东西，即可完成对此事物的独立研究和理解。比如说，我们研究人体，只需要用解剖学、生理学等与人体相关的方式方法来研究即可，不需要牵涉到银河系等更大的系统。如果研究人体的前提是必须清楚整个地球，研究地球的前提是必须清楚整个太阳系……如此环环相扣下去，那就没法成立任何一门独立学科。

一个事物在成为科学研究和认知对象时，它必须是可独立的和自足的，也就是说，它必须是被原子化的。在科学的原子化原则下，越来越详细的分支科学被一个个地建立了起来。但人们在不断分裂和细分下去的科学探索和学科建设中，认知体验和生命体验等同样被不断地分裂下去。我们的生活、人生、情感、人格、认知、思维等就会在不断加深的原子化思维中走向不可逆转的分裂，而成为一个越来越破碎的"人的碎片"，不再是一个有机而完整的人。原子化（也即不断分裂化或细化）的科学思维和学科建立，形成了一个个"虫洞型精神体"，即我们所研究或进身其中的学科，就是一个个的认知之洞，我们则是某个洞穴里的具体生物。这样，我们在我们的洞里，别人在别人的洞里，人们在各自的洞穴中越来越远离对方。人与人的沟通越来越困难，人与人的精神距离越来越远，人自身的完整性也越来越低。科学将人类引向了一条人格越来越分裂化，认知越来越封闭化，生存体验越来越虫洞化，心灵和思维越来越碎片化的深渊。

尽管近来科学界也注意到了科学自身的分裂化倾向，创立了一些"交叉科学""边缘科学"和"系统科学"，但由于科学探索的原子化原则注定了在科学领域，分裂永远大于综合，封闭永远大于联通。如是，科学带给人类精神的虫洞化倾向如果依靠科学自身力量，似乎是永难克服的宿命。

人类认识客观世界和主体自身，本来有无限多样种可能的方式。如果仅仅将西方科技视作人类若干种认识客观世界和主体自身的途径之一，在造福人类的同时，它的若干副作用将会降到最低，以致低到可以忽略不计的程度。但事实正好相反，人类日益将科学宗教化、万能化，大有取代上帝位置之趋势。不止是在一般民众，即使在不少科学家和科技工作者心目中，科学已不再是探索和改造世界的一种重要方式，不再是知性和理性的化身，它成了某种新兴的宗教,它的思想和学说转化成了"科学教"的教义和教规而成为科学一元化。如是,科学就会演变为一种超强的意识形态,凌驾于人类之上成为一个人类精神的超级囚牢,将整个人类的身心行为囚禁于其中。

在人类发展史上,起始时非常有益而在发展中逐步蜕化变质为人类的枷锁与囚牢,这样的事件在历史上屡见不鲜。如果任由科学的副作用——造成人类精神的严重虫洞化倾向而不能有效地化除之,谁能担保不久的将来,科学不是人类的坟墓?科学业已引发了很多越来越严重的社会和精神问题。尤其"科学一元化""虫洞化",我们认为是当前这个时代最不容忽视的问题,故将其放于我们这个时代各类问题之首位,意在引起大家足够的重视与警觉。

科学一元化就是科学至上化,就是科学万能化,更是科学霸权化。在科学被意识形态化和霸权化后,人们习惯于以"科学"为最终标准来评价一切。这样一来,传承了数千年的东方传统文化都成了"伪科学"——中医是伪科学,易经是伪科学,瑜伽是伪科学等,只要与西方现代科学不吻合处,没有什么不被冠上"伪科学"之名而欲抹杀之。

科技所强调的是工具理性,将一切客体对象视之为可利用与否的工具,这是一种彻头彻尾的实用主义与功利主义思维和动机。在这样的思维和动机下,"人"也无法例外地成为可资利用的工具。科学探索本来是为了更好地认识外部世界和主体自身,技术进步本来是为了更好地改造外部世界和主体自身,以便于更好地造福人类。但如今的科技凌驾于一切之上反将人类牢牢地掌控，将人类变成实现科技的工具和傀儡。将人类变成实现科学的工具和傀儡具体表现和象征就是：无论是一个社会还是一个个人，科技化程度越高，这个社会或个人的机械化、功利化、工具化的程度就越高。两者之间是正比例关系。凡是科技所到之处，人们无有例外地变得越来越机械教条、冷漠僵化和充满功利实用之思想，人与自己、人与人、人与社会和人与万物之间，那种与生俱来的温柔亲切、相爱无间和浪漫生动的关系，消失殆尽。仅仅数百年间，乃至仅仅数十年间，科技将人类诗意地栖居在地球上的那种充满柔情的浪漫感和艺术气息，一扫而光，代之而起的是钢铁水泥般的生硬与冰冷。人们再也见不到生活中的浪漫与诗意，人生中的温柔与亲切和身心内外那春天般的勃勃生机。科技化程度越高的地方，那里的艺术化、生命化、一体化、情感化和心灵化程度就越低——这绝对不是偶然，而是可悲的必然。这是因为科技只将人视作工具而非目的之故也。

科技催发了工商业时代的诞生。这个时代有两大主要特色，就是政治民主化和经济市场化。科技将人工具化，市场经济将人商品化。这两者有一点是相同的，即都将人视作手段，而非目的。在不断深化的经济市场化时代，人不再是人，而拥有了一个新的身份——消费者。消费者的意思就是，你不是人，你只是某个经济行为和经济环节里的工具。由无数个商业环节编织而成的社会商业网链中，渺小的个人只能被迫成为这个超级网链中一个小小的网结，而被这个商业大潮推动着与世沉浮，随风摇摆。换言之，在商业化很高的时代里，作为渺小的个人是没法做自己命运的主人的，每个人都被迫成为商业链中的一环而将自己高度地商业化、商品化、市场化！

　　商业化就是将自己和他人皆视作一个功利化的人，而不是一个自然人。一个商业化的人视一切（包括他自己）都是从功利主义角度出发。商品化就是将自己和他人，将一切全部作为一个有待开发、正在开发、已经开发出来，并已进入商业流通渠道的商品来看待。在商业化和商品化的视角下，包括自己在内的所有人，他们的价值和意义将全部由可被市场化的程度来定。市场化就是价格化，价格化就是将人视作商品交易下的一个物。

　　科技意识形态下的将人工具化，商业社会下的将人商品化，两者有一个共同点就是皆将人视作一个"物"，也即将人"物化"——工具是一个物，商品更是一个物。将人"物化"具体表现为：将人视作一个由诸多本能聚合起来的生物，一个可实现政治、经济或科技等目的的工具，一个活动着的有机物质体。——这是从正面来理解"物化"的情况。若从反面来理解"物化"，所谓"物化"就是将人去精神化、去心灵化、去情感化、去神圣化、去尊严化、去道德化、去生命化、去美感化、去一体化、去人格化等等（如果有兴趣，可以继续列举出更多我们这个时代特有的"去××化"现象）。

　　在我们这个被科技和商业两大新兴文明强力挟持和主导下的时代里，人——这一万物之灵，这一天地间最为高贵者，遭到了史无前例的贬低、肢解和流放，其严重性已到了无以复加的程度。人之为人的人性和人之为人的尊严，在我们这个时代里，受到了最为严重的蔑视和践踏。

　　不仅如此，在这个由西方文明席卷全球的时代，它所倡导的价值观，其核心是暴力的、对立的、冲突的、野蛮的、外化的（即物化的，而非向内心灵化的）等，如此则不难理解，为什么在科技文明如此"昌明"的近当代，会连续出现两次世界大战，全球性的道德崩溃，人生意义感的全面丧失，人与人之间本有之和谐关系被严重破坏，宗教与艺术以及各民族保存下来的传统文化被无情地边缘化，整个人类沉溺于本能的放纵和感官的享乐之深渊中难以自拔……这些越来越严重的时代痼疾。一言以蔽之，西方近现代文化是物性文化，是物化文明。而东方文化，特别是中国文化，是一个始终紧扣着人之为人而运思的文明，故真正的人性化文明在东方，在中国，在以儒佛道为代表的中国传统文化里。中国文化是"人"的文化，不是"物"的文化。是张扬人性的文化，不是张扬物性的文化。

并不是没有人对西方以科技和商业为主导的现代文明给予相应的反思，最先开始反思这个文明的正是西方思想家和科学家——卡夫卡、尼采、萨特、罗曼·罗兰、爱因斯坦、荣格、马斯洛等，还有近百年来各学科诺贝尔奖得主们。如此之多的思想家、文学家、政治家和科学家们，以各种方式表达着对现代西方文明的反思和忧虑。这些智者的声音足以警世，足以醒人，但人们至今充耳不闻，没有在他们的反思和忧虑基础上，更深入地思考和觉察，以至于坐视我们这个时代的顽疾层出不穷，越来越严重。

环顾世界，唯有以中国传统文化为代表的东方文明可以有效地纠正、治疗、疏导、改善、提升、弥补、润泽西方现代文明的严重痼疾和各种负面作用——我们坚信这一观点和主张，必将被越来越多的人（当然也包括西方人在内）所认可与接受。以中国文化为代表的东方传统文化，其在现代社会中拥有的不可取代之价值和地位，为什么这一二百年来，并没有更多的人给予足够的了解和重视呢？其原因或许如下：

1. 西方人对中国文化的误解

首先，向西方介绍中国文化，最初是经由二百年前到中国的基督教传教士而开始的。传教士们随着坚船利炮来到中国，其动机是向中国人传播基督教。传教士为了能更好更快地向中国人传教，他们认为有必要学一点中国文化。在如此动机下，传教士开始进行有限的研究并向西方介绍中国文化。因其动机乃在向中国传教，所以他们对中国思想文化之兴趣点，主要集中在诗书中论及上帝及中国古儒之尊天敬神之处，或于宋明诸儒的书籍中，找出一些抨击佛老的言论引为己用，意图达到排挤中国佛教和道教，以方便基督教更顺利地进入中国之目的。由于其根本动机是在中国传教，故其对中国之思想文化，很少发自内心之喜爱和敬重而研习之和向西方介绍之。故西方学者们最初接触到的——经由从中国返回的传教士们介绍的中国传统文化，是被严重过滤和着色后的中国文化，是传教士眼中的中国文化，而不是中国本色之文化。如是，引发西方人对中国文化发生种种曲解和误读，当是必然。

其次，近一二百年来，西方列强以各种方式不断入侵中国，除掠夺我们的土地、金银之外，对我们的文物和古籍等也不放过。遂有圆明园之抢劫和敦煌文献等之盗掠，所劫去、偷去、骗去的文物古籍不可胜计。西方人出于欲进一步了解其所盗文物之历史、价值与文化内涵等，以此因缘和动机而开始了解与这些文物古籍相关的地理、历史、交通、政治、文字、方言、宗教等，此之谓"汉学家"者是。研究稍深入者，偶尔亦有杰出之学术成果。但此等之汉学家者，有一共通之点：皆视中国传统文化如玛雅文化、埃及文化一样，为一死去之文化，为中国"已有"之文化，而非当下活着的文明。换言之，在西方绝大多数所谓的汉学家眼里，中国文化是一个曾经的文化，是一个文化木乃伊，是一个博物馆里的文化，他们像看待一个木乃伊或一件文物的眼光来研究中国文化。如是，西方人对中国文化发生种种曲解和误读，当是必然。

2. 我们扼杀了自己的文化

西方学者将中国文化视作一个业已死亡之文化，一个博物馆里的文化，不是偶然的。中国文化当然没有灭亡，它依然流淌在我们每个国人的血液里。但也并不是说中国文化仍然保持着强健的生命力。中国文化的确严重势微了，生病了，衰退了。在几百年里，中国传统文化的被扼杀经历了几个阶段。

清朝文字狱阶段：清朝为异族统治，对中国传统文化采用阳尊阴损之政策。通过大兴文字狱的方式，将社会上一切鲜活的或有创造力的学术思想全部无情地扼杀摧毁。文化思想学术领域迅速跌入僵化保守封闭状态，自此再无思想家、文化大师或哲学家诞生。有清一朝近三百年，仅仅考据训诂之学一枝独大。在考据家和训诂家眼里，中华文化业已亡故，只遗留下成堆的故纸和文物。这些文物典籍相距当下之心灵已渐行渐远，以至于人们无法再读懂和理解它们。于是便有一批学者站出来对这些文物典籍进行文字音形之训诂,词意演变之考据,不求后人能悟入文字三昧,但愿能顺利读诵,不生误解,心愿以足。

清末打倒孔家店阶段:清末之时,社会黑暗僵固,已达极限,百业废弛,民不聊生。适于此时,西风东进越发强劲。有若干学人志士于悲愤之余,苦思图强之术,见三百年来学术日旧,思想日腐,生命日枯,文化日衰,遂将我传统文化视作万恶之源、一切罪恶之魁首。而有"打倒孔家店"的口号之诞生和"五四"时期之要求西方之民主科学之运动。由是,中国文化在有清一朝高压禁锢之基础上,进一步遭受打击和扼杀。

十年"文革"浩劫阶段:新中国成立后,中国传统文化在五四运动基础上遭遇了更进一步的打击和扼杀。经过"扫四旧"和"文革"十年,中国文化在大地上几乎被铲除殆尽,这是中国自有文明文化以来,最为全面、最为彻最为惨痛的一次文化毁灭运动。余波所及,此风犹在……

历时三四百年之久,中华文化受此连续挫折,似乎真的衰亡了,就算没有彻底死去,也早已奄奄一息,气若游丝了。中国人不知中国文化已非一辈两辈,失去中国文化滋养润泽已达十辈二十辈之久了。

作为炎黄子孙,我们都不珍爱自己的文化,甚至争先恐后地鄙视自己的文化,我们怎么能赢得他人对自己的文化的敬意呢?我们在扼杀自己的文化时,唯恐杀之不死,死而不亡,亡而不久,试想怎么能不让他人得出中国文化已死的结论呢?

3. 西方的霸权主义文化心态

近几百年来,西方在政治、军事、经济、文化和科技等方面称霸世界,造就了西方人傲视全球的自大心态。在这种自大心态下,他们西方文化就是最好的文化,除此之外的文化,都是低级的、落后的、未开化的、不值一提的。这些文化只有两个出路:一是主动向西方文化学习,被西方文化自觉地同化掉;另一种可能就是,坐以待毙。因为包括中国传统文化在内的文化都是低级的、落后的、未开化的、不值一提的,当然也就不必要或不值得花费大量时间和精力去学习和研究它们了。

所以,在这样一种文化心态下,东西方在文化思想上没法真正平等地对话和交流,没法做到真正的互补与互助。更谈不上让西方人在真正相互尊重的友好气氛下,深入学习中国文化,认真领悟其中的美妙和神韵。在交通、通讯如此发达,跨国学术和相互访学等活动如此频繁的今日,非常让人不可思议的是,西方人对我们中国人和我们的历史文化思想学术,了解之浅薄,见识之鄙陋,结论之武断,态度之傲慢,很多时候让人大跌眼镜。

4. 文字语言的障碍

印度的佛教经典是用巴利文和梵文写成。中国为了吸收和消化印度佛教,无以计数的中印高僧往来于丝绸古道历时达一千年,最后终于将佛教思想文化完整地吸收并保存在了中国,成为中国传统文化的一个有机组成部分。由此可见,一种思想一种文化的迁移并被另一个民族或文化所吸收与消化,这是一个非常艰巨而复杂的系统工程,且这个过程持续时间是非常长久的,难以一蹴而就。西方学者当然没有中国当年在吸收佛教思想文化时的那份热情和虔诚,也没有持久的恒心和全社会的支持。尽管这几百年来西方学者在中国文化方面做了不少工作,但距离深入而全面地理解中国文化，仍然相去甚远。

中印文化从属性到形态，多有相近和相同之处。故中国在吸收印度佛教文化时，几乎没有遇到太大的障碍。但中国和西方文化在功能、属性和形态等方面，差异十分巨大，在不少方面几近于水火不容。如果西方人想深入而全面地认识和消化中国传统文化，非发大心愿不可，非下大工夫不可。不仅如此，在学统传承上，老中青不同年龄段的学者们需自觉地形成接力赛，一代代不间断地进行学术传承，如此，数十年乃至百年下来，可望小有所成。

吸收一个文化的大体过程是这样的：首先是掌握这门文化所使用的语言文字，如汉语或梵文等，对这门语言文字有字、词、成语、句式结构、语言风格、古今演变等有一个很好的了解。下一步是在此基础上全面了解这门文化的特色、风格和相关的政治、经济、地理、风俗、代表人物等。最后则进至这门文化的核心部分——哲学、宗教、艺术等领域，而如实地理会之和消化之。若依此标准来衡量西方学者吸收和消化中国文化，他们进展到了哪个环节？可能最初的语言文字环节，尚未很好地完成吧？近二百年来，中国人在吸收和消化西方文化时所付出的精力、情感和心血，西方人取其一半或三分之一，投入于吸收和消化中国文化上来，我们私忖，西方也不至于如现在这样，对中国文化感到如此的陌生隔膜而难以契合相应。

20世纪上半叶，有两件值得一提的文化交流事件：第一件是日本铃木大拙（1870—1966）博士向西方人介绍中日佛教的禅宗。不可否认，铃木大拙博士是倾尽毕生心血向西方介绍中日的禅，同样不可否认，西方的学者们也是花费了巨大的精力和时间来虚心学习，一度在西方掀起了一个不小的学禅风潮。如著名的心理学家罗洛·梅和马斯洛等人还写过一些研究禅与心理学方面的文章和书。但统观20世纪上半叶乃至绵延至今的西方学禅史，至今仍然对禅宗、禅定、禅学等这一中国文化核心组成部分了解得很少，也很肤浅。近百年过去了，始终处在"隔靴搔痒"状态，不得其门而入，难尝禅宗醍醐三昧。等而下之者，在20世纪七八十年代，西方嬉皮士们喜欢上了东方的瑜伽和禅宗，以禅者自居，谈禅、习禅，发起禅的组织，出版对禅的理解和体会的书籍等等，一时蔚然成风。更为可笑的是，在西方禅风鼓动之下，中国人和日本人也开始重新喜欢上了所谓的禅，近二三十年来，中国读书人中谈禅之风已成时尚。直到现在，随便去一家书店里看看，可以发现至少二三十种各类谈禅的畅销书在出售。其所谈之禅距离唐宋时期真正的禅宗，相去何止千里之遥。因此我们可以结论说，时至今日，发生在20世纪上半叶的以禅宗为桥梁的一轮东西方文化交流和会通，差不多以失败告终。即使不能武断地冠以"失败"二字，但至少是让我们深感遗憾，却是不争的事实。

另一件文化事件是心理学家荣格（1875—1961）对东方文化的喜爱和吸收。在荣格博士的中晚年时期，对道家内丹学代表作——《太乙金华录》（西方译名为《金花的秘密》）和印度教和佛教密宗文化中的曼陀罗（坛城）发生了极大的兴趣，并声称对这两者的研究给他的分析心理学建设，起到了不可或缺的巨大启发。受荣格博士的影响，道家内丹术和印度文化中曼陀罗在西方一度很为流行，在某些范围内引发了中国或东方文化热潮。但若深入研究荣格在各种文章和著作中论及的关于对内丹和曼陀罗的理解，与东方文化所赋予它们的真正内涵，出入很大。稍作用心比照，不难发现荣格对道家内丹修炼和曼陀罗象征的内涵等的理解，始终停留在很浅表的层面，像个刚入门的小学生。即使在"后荣格时代"，荣格学术思想的继承者们，对道家内丹学、曼陀罗、自性、共时性（即相应性）等中国和东方文化的一些核心思想和哲学学说，他们的理解和见地并没有比荣格多出多少，或更为深入多少，仍然处在肤浅、零碎、猜测或削足适履等思想文化交流过程中的初级阶段。至于那些在荣格及其追随者们的影响下，以赶时髦、猎新奇或为了迎合民众的态度，来谈论和炒作中国道家内丹修行和印度瑜伽修行，以及曼陀罗、神通、咒语、冥想、开悟等概念和术语的文章或书籍，则更是等而下之。

　　以荣格心理学为桥梁的一次东西方文化对话和会通，我们同样遗憾地看到，这仍然是一次不成功的对话和交流（乃至后来的马斯洛"超个人心理学"与东方文化的对接，半个世纪下来，如今依然处于很初级的探索阶段）。从铃木大拙的禅学到荣格的心理学，向我们反映了两点事实：第一点，真正的东西方文化对话和会通尚未正式开始；第二点，就整体而言，西方学者对中国文化的理解始终处在肤浅、恍惚、零碎、曲解和猜测等极为初级的阶段。

什么是国学

——中国人文化身份的认同

"国学"又名"汉学"或"中国学",乃"中国传统思想文化"之别名也。"国学"这个概念中国历史上就有,《周礼》《汉书》《后汉书》《晋书》等书籍里,都有"国学"这一概念。被称为宋初"四大书院"之首的"白鹿洞书院"(其他为登封嵩阳、长沙岳麓、商丘应天),但在朱熹将其扩建之前,它并不叫白鹿洞书院,而是叫"白鹿洞国学"。

"国学"作为一个现代学术的概念是什么时候出现的呢?至少从我们现在掌握的材料,1902年梁启超和黄遵宪的通信里面,就开始使用"国学"的概念了。在1902—1904年,梁启超写《中国学术变迁之大势》里面最后一节,又使用了"国学"的概念。他说现在有人担心,"西学"这么兴旺,新学青年吐弃"国学",很可能"国学"会走向灭亡。梁启超说不会的,"外学"越发达,"国学"反而增添活气,获得发展的生机。他在这里再次用了"国学"的概念,而且把"国学"和"外学"两个概念比较着使用。1922年,北京大学"国学门"成立,1925年清华大学"国学研究院成立。在1923年,北京大学"国学门"出版了一个刊物,叫《国学季刊》。

"国学"一词于英文可译为"guoxue"(音译)、"Sinology"(意译,指中国学或汉学)。"国学"一词是指,以先秦经典及诸子学说为根基,涵盖两汉经学、魏晋玄学、隋唐佛学、宋明理学和同时期的汉赋、六朝骈文、唐宋诗词、元曲、明清小说与历代史学等一套独特而完整的文化、学术体系。——这是纵向地理解"国学"一词之所涵。若横摄地理解"国学"一词之旨,它包括中国古代的思想、哲学、历史、地理、政治、经济,旁及书画、音乐、术数、医学、星相、建筑等诸多方面。

国学就是中国传统文化。那什么是"文化"呢?群经之首的《易经》贲卦的象辞上讲:"刚柔交错,天文也;文明以止,人文也。观乎天文以察时变,观乎人文以化成天下。""文化"一词自此而来。文化就是将人性中的一切所涵,黑暗沉坠的东西给予扭转化除,光明积极的一面给予彰显贞定,如此流布传播于四方,以化成天下。文化是一个民族之精神的基因,心灵的胎记,生命的家园,人生的归宿,是一个民族的凝聚力所在和身份认同的标识。一个民族与它的文化之间,是血与肉的关系,是形与影的关系,故一荣俱荣,一衰俱衰,相互间须臾不可离也。

那么,中国传统文化从大体上看,它有哪些主要特征呢?

1. 中国文化最为悠久

全世界只有两个伟大的文化传统最为悠久——那就是四大文明古国里的中国和印度。相对于印度而言,中国文化有印度所不可企及之处。

首先,就是中国文化在其发轫之初,即自觉地生起追求长久之愿望,自觉地生起维护道统不绝之誓愿。中国有舍生取义的传统。在舍生取义中,就包括如果有必要,随时可为文化和道统而献身这一内容。在中国学人心目中,文化、道统、学术和传承等都是平等于生命之物,甚至高于生命之物。中国文化虽经无数曲折，一再死而复生，绵延不绝，这与大多数中国学者皆自觉地拥有强烈的文化传承意识与文化担当精神，是分不开的。

为国家、为民族而主动殉身者，各国皆有；为宗教信仰或为神灵巫术而主动殉身者，各国皆有；为爱情或友情等而主动殉身者，各国皆有。但如王国维者辈，为一个文化、为一个道统而殉身者，此乃中华学者所独有道义担当，世界各国皆无。这是中国文化独特之处——自始即有自觉追求其长久之愿望，更有自觉担当起维护其长久之责任。

其次是天不变，道亦不变。中国人始终坚持认为，我们的文化是如实地反映天地人物之真相与本性的文化，是顺天之道、顺人之性形著而成之文化，是顺事之理、顺物之势形著而成之文化。也即是说，中国文化是顺天地之常、顺人伦之常的文化，故这种文化即可以说是人们创造的，人们发明的，也可以说是天造地设的，本来即有的、本来当有的、本来已有的文化。中国文化是"人法地，地法天，天法道，道法自然"的文化。如此，这种文化即是源自先天的文化，是存在型的文化，而不是构造型文化。最精确地定义这种文化的是孔子："夫大人者，与天地合其德，与日月合其明，与四时合其序，与鬼神合其吉凶，先天而天弗违，后天而奉天时。"如果将这句话中的"大人"换为"中国文化"不仅无损于这句话的真意，且能助我等了知中国文化之特性。

因中国文化是"天"的文化，是"道"的文化，故先辈对中国文化早有一个评断："天不变，道亦不变。"中国文化是一个天地间的常道文化，是人伦间的常道文化。只要有天地在，只要有人伦在，这个文化就必然存在——因为这种文化是与天地同在、与人伦同在的文化。

设若中国文化因某种原因从地球上消失了，另有圣贤出世，为亿万人民身心之安顿计，重开创一种新的文明，那么这种新的文明形态必然与中国文化相同或相似，不可能有太大的出入与悖逆——这就是中国先辈们对自己的文化的肯认与自信。《老子》曰："天长地久，天地所以长且久者，以其不自生，故能长生；是以圣人后其身而身先，外其身而身存，非以其无私邪，故能成其私。"——这就是中国的常道文化之所以"天长地久"之理由。这句话同时也解答了，为什么中国学者将自己的文化与天地终极之常道一体而观之，视殉身文化就是以身殉道，就是将渺小的个人与天地合其德的一种方式——类似于西方人为上帝殉道。

西方人抨击我们的文化里没有宗教——我们是没有像西方基督教式的宗教，我们没有神灵和上帝，但我们有"天"，有"道"，有"法"，天、道、法就是我们的敬拜对象，就是我们的上帝，我们的文化就是我们的宗教之教义。因我们的文化是人文文化，我们的宗教自然也就成了人文宗教。在这个人文宗教中，我们同样可以实现西方基督教所推崇出来的全部人之美德：献身、热情、无我、虔诚、奋斗、超越、牺牲、重德、博爱等，而无一遗漏之，且以更为善巧之方式而贞定之，成全之，充实之。

2. 人口最多，地域最大，历史最久的文化圈

中国自古人口众多，地域跨度大，全世界所仅有。在地域如此广大，人口如此众多，历史如此悠久，外族入侵如此频繁的情况下，中华民族始终屹立不倒，分久必合，形成天下一统，中国

一家之局势。究其原因，实赖我中国文化内含超强凝聚力之故也。中国文化中所含有的和平、慈爱、礼让、博大、稳健和圆融等诸要素，造就了中国这个国家与各国历史相比较，它有着更强健的感召力、同化力、再生力和意志力，因而塑造了中华民族和中国人特有的世界观、价值观、人生观和特有的性格。

《易经》形容"易"曰：寂然不动，感而遂通。易的这一特质与中国文化的根本特质完全一致——因为中国文化的源头就是易经文化。中国文化如天地一般最为显著——世上再也没有什么东西比之天地更为显著的了，但中国文化也如天地一般最为无形——世之人终日生活于天地间，而于天地熟视无睹，故天地在观者心目中，成为一隐形之存在。中国文化亦复如是——若视中国文化为显著，它也的确很显著，若论中国文化为无形，它也的确为"润物细无声"般的无形。以其无形，故谓中国文化"寂然不动"——视之不见，听之不闻，搏之不得，如此这般地如如而在，但中国文化却又是"感而遂通"的——即感即应，随感赴应，"千江有水千江月"。虽千万里之外，虽千百年之后，随感而至，无往而不应。中国文化此等文而化之之力，此等文而明之之威，于世界民族之林中，一枝独秀。故中国文化是印度文化勉强可以比肩的世界上最为博大而精深之文化体系，涵孕出世界上最强大也是最持久的文化圈——汉文化圈。

3. 中国文化历久弥新

德国历史学家和历史哲学家奥斯瓦尔德·斯宾格勒（1880—1936）写过一本影响广泛的著作，名为《西方的没落》。在这本书中，作者有一个著名的观点，就是"文化花期论"。斯宾格勒认为，文化的兴盛是有季节性的，就像花朵，且它们的季节只有一次，季节过后，剩下的只有凋零。在斯宾格勒看来，东方文化或者说中国文化的花季已经过去了，现在是西方文化当令的时代，正是西方文化之花盛开的季节。但西方文化虽然正在花季中，但也不要得意太早，因为它也有花果凋零之时。斯宾格勒的这个文化观，得到不少包括中国学者在内的支持和认同。

西方文化是不是如斯宾格勒所言，我们可以拭目以待。但我们想表达的是，斯宾格勒的文化观不是唯一的文化观，我们中国文化有着与斯氏全然不同的文化观——生生不息的文化观。中国人视自己的文化生命，既不是断灭论，也不是恒常论。断灭论就是如同斯宾格勒"文化花期论"。季节一过，如一个青春不再的老妇，枯守着无可奈何花落去的凄凉晚景。恒常论就是一厢情愿地认为一个文化必然会一盛永盛，一强永强。断常二论在中国人看来，都不是文化生命当有之命运。中国文化的命运既不会断灭，也不是恒常，而是波浪式前进，或再生式前进——如凤凰涅槃那样，不断地从自己的灰烬中自发地、自觉地和自然地不断更新着和再生着自己，而且在每一次的自发与自觉的更新与再生后，会变得更有生命力，更为美丽。故中国文化是龙凤文化——如龙一般集百家之精华，也如凤一般不断地涅槃重生。

保证中国文化如凤一般可以不断地通过重生而获得新的生命力和新的创造力的原因是：中国文化是一个非常成熟的文化，这个文化在其初始阶段，即包含着极深刻的自我反省能力。这使中国文化有着这样的几个特色：很强的生存能力；很强的超越能力；很强的自觉（反省）能力。这三大能力确保中国文化能够达到日久弥新，能够达到即使经历了毁灭性的灾难，也能迅速地如凤凰涅槃般地重生——这就是中国文化无与伦比的自我拯救和自我更新的超强生命力。

4. 儒佛道是中国文化的主流

中国文化大体上分为两个发展阶段：汉以前和汉以后。在汉以前，中国文化以儒、道、墨三家为主体。秦后墨家式微，退出历史。整个有汉一朝在思想文化上只有儒道两家。迄至东汉明帝时，史籍正式记载，印度佛教开始传入我国。自此，中国文化格局逐步走向定型——以儒佛道三家为主干。这三家文化体系彼此融摄、会通、比照、互动、冲突、借鉴，援另两家为参照的自身反省，如此构成了交错互动、此起彼伏的中国文化发展史。

自东汉始，中国人开始全面吸收和消化另一个文明古国——印度文化的精华——佛教文化。佛教文化是印度文化的精神之花，是印度文化的精粹和生命所在。整个印度文明用了数千年的奋斗，只是为了促成佛教的诞生。事实上，佛教也没有令印度人失望，如约而来，应运而生。佛教诞生后，撷取和融摄了印度数千年来的智慧成果。佛教对印度文化里的哲学、宗教、文学、修行、艺术、伦理等，给予了最为彻底和全面的反省、整合、提炼，令印度文化从此获得了巨大的飞跃——而这一切皆肇始于大圣释迦牟尼佛的开悟和悟后四十九年的传法布道。这一代表印度智慧乃至人类智慧最高成果的佛教，同样赢得了中国人的敬重与喜爱。在中印两国人民齐心合力下，用了上千年的时间，来吸收和消化这个文化、这个智慧体系。最后终于成功地将这门文化吸收进来，并给予了很好的消化与创新，形成了一个新型的佛教

——中国佛教。这个全新的中国式佛教与印度旧时之佛教相比，有如下之不同：

（1）佛教文化的传承者由在印度时以出家和尚为主，转为在中国以出家在家两众共主，有时则以在家众为主。

（2）佛教文化在印度时经论散乱，到中国后，中国人花大力气翻译和整理佛教经论，并集结归类，形成了《大藏经》这一佛教经律论三藏之总汇，大大方便了学者的研习和传播。

（3）佛教文化在印度时思想流派混杂，到中国后，中国佛教学者进行了深入的疏理和体系化，继而创立了中国佛教特有的八大两小，共计十个宗派（唐初法藏大师所创之华严宗；唐玄宗时善无畏、金刚智、不空大师所创之密宗；唐太宗时玄奘大师所创之唯识宗；东晋时慧远大师所创之净土宗；唐初终南山道宣律师所创之律宗；隋唐时吉藏大师所创之三论宗；唐武则天时慧能大师所创之禅宗；隋时智顗所创之天台宗；梁武帝时真谛三藏法师所创之俱舍宗；姚秦时僧睿法师等所创之成实宗）。这八大两小十个宗派在中国的相续诞生，标志着佛教思想文化在此前吸收了印度数千年的文明和智慧成果的基础上，进入一个全新的阶段——开始融摄和吸收了中国思想文化的智慧和成果。故中国佛教十个宗派具是中印智慧之结晶，汉印文化会通的成果。

（4）传入中国后的佛教在规章制度、生活习惯、思想倾向等方面大大的中国化了，在某些方面甚至出现了相反的转化。同时，佛教在接受中国化改造过程中，也在全方位并持久地影响着中国的文学、艺术、风俗、建筑、信仰、伦理和人生观、世界观和价值观等。佛教中国化的过程，同样也是中国佛教化的过程。

佛教传入中国不久，中国人即接受佛教为"我们自己的宗教和文化"。中国传统文化因而增加了一个重要的成员——佛教文化。

（5）印度向来不重视历史，印度文化中没有历史意识和历史视角。而中国是"历史学家的天堂"，是世界最重视历史记载和历史意识最强的民族。佛教进入中国，被影响后，也开始注重佛种的历史记载和研究，也开始了历史意识的觉醒和习惯于用历史视角来考量佛学。

（6）儒道两家不喜欢宗教仪式和信仰体系的建设，而是将宗教的功能和作用融摄于人文之中，成为一个"实践的宗教""生命自觉的宗教"，而不是一个"信仰的宗教""求神灵或菩萨救赎的宗教"。受此影响，佛教传入中国后，很注重佛教哲学的阐述和生命自觉的提倡，而大大地淡化了佛教通过信仰来获得救赎的强调。尽管时至今日，佛教仍然没有完全脱去它作为一个有着丰富而独立的信仰体系的宗教拥有的所有宗教都有的偶像崇拜、教主、神灵谱系、仪轨和信众等，但就其教义上大大增加了哲学思辨和学术内涵，以及对理性、知性和逻辑等的重视与提倡，却是显而易见的历史事实。这些让佛教除了始终是一个有国际影响的大宗教之外，它更是一个博大精深的生命哲学、伦理学、逻辑学、美学、史学等学术体系。

自东汉以后，中国文化以儒佛道之三足鼎立为其不变的格局绵延至今，佛教作为印度文化之核心和代表全盘移植到中国，并成为中国文化的一个重要有机组成部分，这充分说明，中国文化是由中印两个文明古国和文化大国的文化汇流而成的，是中印两国人民的智慧之结晶。故中国文化实是整个东方文化之代表，它融摄了印度河文明、恒河文明和黄河文明、长江文明这四条大河之文明成果。

《周易·系辞传》曰："范围天地之化而不过，曲成万物而不遗。"以这句话来形容儒佛道三家文化之特性是十分贴切的。就特性而言，儒家以德立体，所求在于德性之知（德智）和德性之理，可简称"性智"与"性理"。此智为道德创造之智，故曰"德智"或"仁智"；此理为道德的先天存在之理，故曰"天理"或"性理"。此仁智和天理为宇宙之基、人伦之本、道德之源、智慧之体，先天地已在，后天地不灭。故可创造出人伦和天地万有一切，为一切价值与意义之所依所本。在儒家看来，道德之源即天地之源、万有之源、人生之源、生命之源，更是人存在的价值与意义之源，儒者在此基础上立言、立功、立德，在此基础上成就文化创设。

……

后记

2012年秋，我自印度访学归国不久，百事缠身。只能勉强抽出一个月左右的时间从事著述。于是我来到南国某城开始闭关写作。当时计划在这一个月的时间内写作出一部关于《心经》的注解之书和一篇关于国学的长文。当我把《心经》注解出来时（即《〈心经〉直解》一书），所剩仅几日而已。虽然我在这有限的几天内昼夜不停地写作，遗憾的是只能完成一小部分——就是大家看到的这个半篇《新国学宣言》。出关后，我四处讲学并主持东方生命研究院的日常教务与科研工作，"偷得浮生半日闲"对我来说几成奢望，故这个残文至今无法完璧。与其完璧无期，不如早早公布出来，以就教于方家。姑且告慰自己曰：残缺也是另一种美。

就某方面而言，像《新国学宣言》这样的文章是写不完的，她永远在路上。故此文仅仅是一个抛砖引玉之作，需要所有志在国学复兴者和民族复兴者共同来继写，若干年后，方可成就一篇真正的辉煌之著。

潘　麟

记于长安

图书在版编目(CIP)数据

《大学》广义/潘麟著. —上海:复旦大学出版社,2015.8(2023.7重印)
ISBN 978-7-309-11666-3

Ⅰ.大… Ⅱ.潘… Ⅲ.①儒家②《大学》-研究 Ⅳ.B222.15

中国版本图书馆 CIP 数据核字(2015)第 171503 号

《大学》广义
潘　麟　著
责任编辑/张旭辉

复旦大学出版社有限公司出版发行
上海市国权路 579 号　邮编:200433
网址:fupnet@fudanpress.com　http://www.fudanpress.com
门市零售:86-21-65102580　团体订购:86-21-65104505
出版部电话:86-21-65642845
上海新艺印刷有限公司

开本 890×1240　1/32　印张 9　字数 181 千
2023 年 7 月第 1 版第 5 次印刷
印数 166 301—167 400

ISBN 978-7-309-11666-3/B·556
定价:36.00 元

如有印装质量问题,请向复旦大学出版社有限公司出版部调换。
版权所有　　侵权必究